中南建筑设计院股份有限公司 编著

财管
务实

——图表诗说企业财务管理与技巧

从业财融合数智化管理、财务风险管理、资金管理、数据资产管理、预算管理、投融资管理、核算管理、税务管理等方面介绍企业财务管理的基础、流程、要点、技巧、表格等，融政策性、操作性、基础性、技巧性于一体

经济管理出版社

ECONOMY & MANAGEMENT PUBLISHING HOUSE

图书在版编目（CIP）数据

财管务实：图表诗说企业财务管理与技巧 / 中南建筑设计院股份有限公司 . —北京：经济管理出版社，2022.9

ISBN 978-7-5096-8712-3

Ⅰ.①财… Ⅱ.①中… Ⅲ.①企业管理—财务管理—研究 Ⅳ.①F275

中国版本图书馆 CIP 数据核字（2022）第 172358 号

组稿编辑：杨国强
责任编辑：杨国强
责任印制：黄章平
责任校对：陈 颖

出版发行：经济管理出版社
　　　　　（北京市海淀区北蜂窝 8 号中雅大厦 A 座 11 层 100038）
网　　址：www.E-mp.com.cn
电　　话：（010）51915602
印　　刷：唐山昊达印刷有限公司
经　　销：新华书店
开　　本：710 mm × 1000 mm/16
印　　张：19.5
字　　数：358 千字
版　　次：2022 年 11 月第 1 版　2022 年 11 月第 1 次印刷
书　　号：ISBN 978-7-5096-8712-3
定　　价：68.00 元

编委会

序一　用数智化引领财务管理发展

在当前数字化、智能化的大背景下，行业变革持续升温，勘察设计行业面临的外部环境日趋复杂，市场竞争日益加剧，企业面临不断提级财务管理水平、提高企业核心竞争力和经营效率的压力。财务部门的角色正在从被动式记录历史信息的"传统部门"，转变为主动式挖掘商业模式财务价值，并主动管理风险的决策参与部门，助力企业在竞争中持续健康地发展。

在担任中国勘察设计协会建筑设计分会副会长兼秘书长10年期间，我十分重视建筑设计行业财务科学管理的进步，几乎每年都参与分会财务与资产管理工作部的工作研讨，每到一家设计院调研，必谈财务管理工作的重要性。经营、财务和质量三体系管理高度有效融合是建筑设计企业成功的基本要素，财务要实现精益化管理，需要从广度、深度、高度上进行挖掘和提升。在广度上，拓展财务领域，让财务人员懂业务，让业务人员懂财务；在深度上，深挖财务价值，业务上精益求精，管理上持续改进；在高度上，跳出财务看财务，跳出财务看业务，提高站位思考问题，全面审视经营管理。

在企业管理实践中，设计院的高、中层管理者大多是技术上的专家，对财务管理懂得不多。而现代企业管理中又离不开财务管理，因此必须有一本适合勘察设计行业的财务管理书籍。这样的专业书籍，成为很多财务人员、中层管理者、企业高管的迫切渴望。

可贺的是，中南建筑设计院股份有限公司组织高校、同行业、科技公司的同志编写了这本勘察设计行业财务管理技巧的书籍。该书将勘察设计行业财务管理领域的理论与实践、政策与经验、基础与技巧、超前与实用相结合，填补了勘察设计行业财务管理书籍国内空白，建立了勘察设计行业财务管理的制度、流程、表单标准，促进行业管理规范化。方便财务人员、中层管理者、企业高管快速掌握财务实务工作的要点、风险点，掌握管理技巧。我有幸先睹为快，读完该书的初稿，觉得该书有五大特点：

政策性：把财政部发布的新收入准则和管理会计应用指引等政策性制度文件，融入我们的行业中，充分贯彻了会计的相关政策。

贴近性：基于勘察设计行业财务管理经验，贴近行业财务管理现状。

操作性：书中的制度、流程、表格、文本可直接应用到企业实践中。

基础性：涵盖勘察设计行业财务工作者应具备的基础知识。

技巧性：运用管理会计思维，提炼管理技巧，支撑和服务业务，提高全流程效率和效益，为企业创造价值。

本书不仅适用于勘察设计企业高管、中层管理者，便于其系统掌握财税管理、资本运作等核心专业知识，快速提升管理能力；也适用于基层财务人员，提升财务人员战略谋划能力、业务融合能力、价值创造能力和风险防范能力；还适用于大学教师及学生，便于其快速了解实践前沿，理论联系实务加深理解。同时，本书的思路与技巧，也适合其他行业的高管、中层管理者、财务人员借鉴参考。

我深信，这是一本行业内关于财务管理的好书。我愿意推荐给业内外的同行，并期待大家能从中受益。

借此，向付出艰辛劳动的编写专家致敬并表达谢意。

中国勘察设计协会建筑设计分会副会长、秘书长　陈　轸

序二 从哲学层面去认识权责发生制、预算管理

2022年是中南建筑设计院建院70周年，为庆祝建院70周年，公司向各单位及部门征集书籍、回忆录、论文等系列活动，公司财务部积极响应，通过平时财务工作中的管理总结，理论联系实际，组织相关单位编写了本书。

受财务部所托为本书作序。我是清华大学学习土木专业出身的，后来从事公司管理工作才开始关注、重视财务管理工作。由于我是非财务专业出身，对财务这方面的理解不深刻，仅从哲学层面谈一下对权责发生制、预算管理的认识，与诸君共飨，是作为序言。

第一个认识是，对权责发生制的认识不要只停留在企业会计准则这个层面上。权责发生制看起来是一种记账方式，但本质上代表的是一种管理方式、管理思想、管理模式。勘察设计企业过去普遍实行的是收付实现制，它实际上对应的是包干制的管理思想和管理模式，权责发生制实际上对应的是预算制，因为权责发生制要求及时、准确、完整地确认当期的收入、费用。收付实现制和权责发生制这两种方式没有好坏之分，只有适合与不适合之分。

生产力决定生产关系，当生产力比较低下、比较原始的时候，不需要采用先进的生产关系，落后的生产力一定要匹配落后的生产关系，不要试着用先进的生产关系匹配落后的生产力。部门包干制、收付实现制在历史上、在当年具有积极的意义。因为当年生产力比较落后，适合包干制、收付实现制这种落后的生产关系。过去勘察设计企业普遍实行部门包干制、收付实现制，其收入也是大幅增长的，所以它们是匹配的。现在随着生产力的发展，公司规模的扩大，生产关系必须调整，这是由"生产力决定生产关系"这个哲学命题决定的。对应生产力的发展，我们要采用更先进的生产关系，用全面预算管理代替包干制，用权责发生制代替收付实现制。

所以，上升到哲学层面上理解权责发生制，权责发生制不仅仅是一种记账方式，它还代表一种管理思想、管理模式的变革，所以推进权责发生制不仅仅

是财务部门的事，而是公司领导、全体部门的事！

第二个认识是，落实权责发生制是公司科学化管理、精细化管理的必然要求。过去的包干制，以部门为颗粒度进行管理，管理的颗粒度很粗。现在我们要做项目预算管理，管理的颗粒度要细化到项目一级，管理精细化带来的挑战是数量级的变化。比如，一个大型设计院的内部财务报表，如果按部门维度进行管理，只需要几十套部门财务报表就够了；如果按项目维度进行管理，一个项目四张财务报表，几千个项目，对应几万张表格！这个工作量是数量级的变化，精细化管理一定会带来管理成本的提升和管理难度的提升。所以公司管理要升级，要达到科学化和精细化。

第三个认识是，权责发生制推行过程中一定要业财融合，业务和财务一定要高度融合。权责发生制看似是记账方式变化，实际上，业务部门、项目经理的作用非常关键，必须要准确、及时、完整地申报，甚至参与审核确认相关数据。业务部门如果不高度融合进去，数据就没有来源，也不真实。推进权责发生制一定要业财高度融合，绝对不是一个财务部门或者财务人员就可以完成的，所有的业务部门，大部分职能部门，包括项目运营部门、技术质量部门、人力部门必须要参与进来。贯彻权责发生制应该是"一把手"工程，只有"一把手"才能够调动这些资源，只有"一把手"亲自出面推动才能推出效果。

第四个认识是，推进权责发生制配套的信息化建设要跟上。管理的颗粒度一旦细化到项目一级，报表的数量呈几何指数上升。靠人工是不可能完成的，必须将信息化手段及时跟上去。离开强大的信息管理系统，实现不了信息化管理。

我的感受是，贯彻落实权责发生制是企业转型升级的"牛鼻子"，就是主要矛盾。抓主要矛盾，就是要用好"二八定律"。假如公司有100个问题，我们先挑出关键的20个问题，抓好了就可以实现80%的效果；我们对这20个问题，再用一次"二八定律"，20个问题的20%就剩下4个问题了，抓好了就可以达到80%的80%的效果，也就是64%的效果；如果对这4个问题再用一次"二八定律"，只剩下大约1个问题，抓好了就可以达到51%的效果。这100个问题当中的20%的20%的20%，也就是1个问题，就是"牛鼻子"。权责发生制就是这个"牛鼻子"。

用权责发生制拉动项目预算管理，把项目预算管理管到位，管出利润来，是至关重要的。管好项目预算，必须要有项目的四张财务报表，即项目利润表、项目现金流量表、项目资产负债表和项目预算执行情况表。通过四张报表，在当期完整、真实地反映项目收入、成本、利润、现金流等，这四张报表的基础就是权责发生制。

同时在项目预算管理中设置预警机制，有红色、橙色、黄色报警，如果偏差大了，发出预警，应该赶快采取措施。这才是项目预算管理，这才是PDCA闭环管理。所以，权责发生制落地了，项目预算管理也就真正落地了。

以上是我的一点感受，回到书籍本身，《财管务实——图表诗说企业财务管理与技巧》是一本深入分析企业财务管理的书籍，不仅包含了财务基础知识，还涵盖了当前热点，如业财融合、数字化、数据资产等，对相关行业财务管理能起到借鉴作用。同时也方便企业高管快速掌握财务工作的管理要点和管理技巧，值得推荐给大家阅读。

中南建筑设计院股份有限公司党委书记、董事长、
全国工程勘察设计大师 李 霆

　　本书以勘察设计行业为背景，将勘察设计行业财务管理领域的理论与实践、政策与经验、基础与技巧、超前与实用相结合，建立了勘察设计行业财务管理的制度、流程、表单标准，促进行业管理规范化。不同企业之间的财务管理原理相通，本书内容对其他行业同样具有通用性、借鉴性。

　　本书从数智化业财融合、财务风险管理、资金管理、数据资产管理、预算管理、投融资管理、核算管理、税务管理等方面介绍企业财务管理的基础、流程、要点、技巧、表格等，融政策性、操作性、基础性、技巧性于一体。同时突出亮点内容，亮点在于数智化业财融合、数据资产管理以及财务风险管理。

目　录

第一章　业财融合数智化管理 ······································· 1

第二章　财务风险管理 ··· 17
第一节　管理内涵 ··· 18
第二节　资金风险管理 ··· 20
第三节　成本风险管理 ··· 26
第四节　合同风险管理 ··· 32
第五节　印章风险管理 ··· 38

第三章　资金管理 ··· 42
第一节　库存现金管理 ··· 44
第二节　银行账户管理 ··· 52
第三节　银行存款管理 ··· 63
第四节　备用金管理 ··· 69
第五节　资金集中管理 ··· 77
第六节　银行保函管理 ··· 90
第七节　应收账款管理 ··· 100

第四章　数据资产管理 ··· 115
第一节　数据资产的概念 ······································· 116
第二节　数据资产的特征 ······································· 118
第三节　数据资产的分类 ······································· 120
第四节　数据资产的会计处理 ··································· 122
第五节　数据资产与元宇宙、区块链、NFT ····················· 129

第五章　预算管理······························· 135

第一节　全面预算管理 ························· 136

第二节　部门预算管理 ························· 147

第三节　项目预算管理 ························· 159

第六章　投融资管理··························· 186

第一节　投资管理 ····························· 187

第二节　融资管理 ····························· 202

第七章　收入及成本费用管理··············· 221

第一节　收入管理 ····························· 223

第二节　成本费用管理 ························· 232

第八章　税务管理······························· 267

参考文献······································· 291

后　记··· 295

第一章　业财融合数智化管理

【内容提要】

再造流程五务融，
信息交汇六途通。
业财同体大方向，
数智叠拥拱彩虹。

【本章导航】

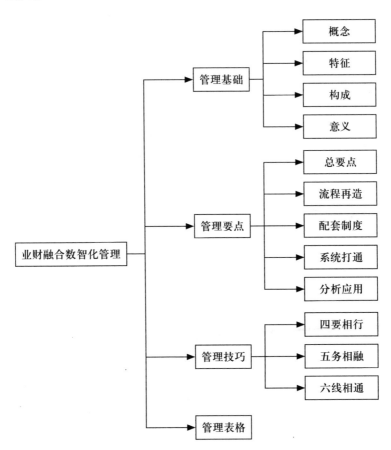

一、管理基础

（一）概念

随着"大智移云物"新一代信息技术的兴起，企业进行数字化转型成为顺应时代的必然要求。财务作为企业运营的重要环节，需要与业务、技术形成三位一体，从而迈向数智化，为打造智慧企业创造新的价值。

表 1-1　业财融合数智化概念

序号	要点	主要内容
1	业财融合	业财融合是新时代财务转型的方向，是由后台的会计核算向前台的业务发展延伸，财务要融入业务，由事后监督向事前预测、事中控制、事后监督转变，要全程参与业务发展。业财融合是指业务部门与财务部门通过信息化技术和手段实现制度流、业务流、资金流、信息流等数据源的及时共享，基于价值目标共同作出规划、决策、控制和评价等管理活动，以保证企业价值创造过程的实现
2	数智化	数智化即"数字化＋智能化"，是在数字化基础上的更高诉求，是指企业运用新一代数字与智能技术，推进企业转型升级、创新发展，实现更高的经营管理目标，更大的经营绩效，更强的竞争优势的过程
3	业财融合数智化	数智化业财融合即运用数智化技术来重构财务组织、再造业务流程，提高财务数据质量，提升财务运营效率，提级财务管理水平，从而更好地赋能业务、支持管理、辅助经营和支撑决策

（二）特征

表 1-2　业财融合数智化管理特征

序号	特征	主要内容
1	业财制度流程化	结合数智化业财融合的要求，将现有业务和财务制度进行梳理与优化、修订与新增，配套进行流程再造，识别责任部门、流程要点、关键控制点、风险控制矩阵等
2	业财流程标准化	流程标准化建设是业财融合数智化管理的基础，建立统一工作标准，对业务和财务工作职责、内容、依据、程序、档案等进行制度、流程等规范。通过标准化建设，保证工作质量，提高工作效率，控制企业运营和财务风险

序号	特征	主要内容
3	系统平台统一化	业务驱动财务，通过集成业务系统，实现业务数据驱动财务核算在线化、自动化
		在业财系统打通上，充分考虑业务和财务系统模块之间的对接，打通业财系统，并识别业财关键控制点，嵌入系统中进行事前、事中管控
4	业财融合价值化	通过数智化业财融合平台（包括招投标模块、合同模块、生产模块、资金模块、核算模块、税务模块、监控模块、重点项目管理模块等），及时、广泛地采集企业内外部数据，通过数据建模和数据智能，为管理者提供数据驱动的决策支持和价值链的业务支持

（三）构成

表 1-3　业财融合数智化管理模块构成

序号	类别	主要内容
1	智慧合同模块	包含合同签约前审批、合同登记、合同变更、合同履行等内容，实现合同的数字化审批与管理，并为核算管理等模块提供基础业务数据，以保证业财数据的统一性
2	智慧生产模块	包含生产进度、收入确认等。生产进度由生产部门进行管理，按照项目实际工作完成内容、节点以及百分比进行动态更新和维护，对已完成生产进度但未确认营业收入情况进行分析、预警
3	智慧核算模块	包含销售收款、采购付款、费用报销等，将原来分散在各地的财务报账、付款、记账工作集中共享、统一处理，以项目为单元进行核算，实现核算标准统一、业务处理集中高效
4	智慧资金模块	通过资金系统完成业务线上处理、数据实时呈现，保证资金管理"安全、高效、敏捷"，为风险预警、头寸管理、资金分析等提供系统和数据支撑
5	智慧税务模块	通过发票管理、税务管理，将公司与外部上下游业主和供应商进一步连接起来，将税务风险管理的各个要点前置到各个流程环节中，在巩固好风险监控措施的同时，提前做好风险预防，变被动为主动

续表

序号	类别	主要内容
6	智慧报表分析模块	通过月结驾驶舱、财务报表机器人等，提高内部结算、月结关账、合并报表自动化水平，实现月结高效、财报提速
		利用财务分析模型，对关键财务数据进行实时分析测算与对比，针对核心风险点、核心业务流程建立财务模型，实施自动化财务分析，把控业务关键点
7	智慧风控模块	建立财务风险管控平台，全面梳理业务、财务、资金、税务等全流程风险，建立风险指标体系，实现风险可视、自动预警、跟踪反馈
8	智慧业财融合模块	根据不同的业务场景、业务人员、业务合作方等，开发财务分析体系，将业务数据与财务数据相结合，进行业务预测、业务分析、业务复盘等，为业务发展提供全面支持
		整合外部资源，搭建财务与外部合作伙伴的智慧财务生态链，实现集团内部与外部供应链、价值链的连通，形成合作、共享、互利、互助的关系，促进整个生态体系发展

（四）意义

表 1-4　业财融合数智化管理意义

序号	意义	主要内容
1	价值创造	业财融合是企业价值创造的强劲动力，是风险防控的有力工具，是业务发展的强力支撑，是财务工作转型的有效途径。财务部门要主动嵌入业务前线、工作前端、管理前沿，服务于业务，加强业财协同，为企业发展贡献更大的价值
2	提高效率	利用数字化、智能化手段，在业财系统中进行事前规划、事中控制、事后评估，提升全流程工作效率
3	信息共享	在以项目为细胞的管理过程中实现业务层、财务层、信息层的信息及时共享，对企业经济活动全过程进行预测、决策、规划、控制、考核和评价
4	降低成本	通过业财有机融合，精准查找成本驱动因子，有效控制项目成本，提升项目经济效益

二、管理要点

（一）总要点

表 1-5　管理要点

序号	管理要点	说明
1	顶层设计 统一规划	根据企业实际深入研究，确定总体的建设目标和建设思路，从业务的全价值链、产品的全生命周期、员工的全工作流程等视角，以战略思维搭建财务管理数智化体系。即从产品全生命周期上，要融合合同管理、生产管理、核算管理、资金管理、税务管理、报表分析、风险管控等模块，将原有零散的多个业务系统和财务系统进行深度集成，通过分步实施，持续优化，逐步建设形成财务数智化整体信息生态系统
2	流程再造 配套制度	从业务源头出发，梳理出流程线，对流程进行再造、优化和系统化。针对勘察设计企业，业务的全价值链条上一般包含六条线，分别为合同线、预算线、生产线、法务线、资金线、核算线 通过六线流程图，展示业务财务流程全景图和业务财务流程中关键控制点，并从企业整体层面出台配套政策和制度，以支持流程设计成果的顺利落地和正常运行
3	系统打通 信息共享	在系统打通上，将业务层、财务层、信息层等多维度进行整合，构建财务数智化的系统架构 利用数字化、智能化手段，在以项目为细胞的管理过程中实现业务层、财务层、信息层的信息及时共享，对企业经济活动全过程进行预测、决策、规划、控制、考核和评价
4	数据互联 强化管控	统一规划主数据源，实现业财数据的标准化、颗粒化和明细化。主数据主要包括组织机构、部门、合同、项目、客商、区域、项目类别、人员档案、会计科目等，做好主数据标准的规划工作，为系统集成奠定基础
		加强数据的应用，通过数智化手段实现分析、预警和预测。对主数据规划后，需要梳理业务场景到最小颗粒度，做到业务场景数字化、标准化，形成标准业务数据，最终形成的数据资产用于财务数据的自动生成，如会计凭证、财务报表、管理会计报告等，还可以建立智能分析模型进行自动分析、风险预警和经营预测

（二）流程再造

业财融合的核心是事前规划、事中控制、事后分析评价，形成一个全面有效的闭环管理。从业务源头出发，梳理出流程线，对流程进行再造、优化和系统化。针对勘察设计企业，业务的全价值链条一般包含六条线，分别为合同线、预算线、生产线、法务线、资金线和核算线。

表 1-6　六线内容

序号	管理要点	说明
1	合同线	主要包含项目立项、招标评审、项目投标、中标、合同评审、合同签订、合同归档、合同执行、合同闭合等
2	预算线	主要包含目标预算、项目预算编制、项目预算执行与分析、预算调整、预算考核等
3	生产线	主要包含前期策划、方案投标、方案设计、初步设计、施工图设计、后期服务等
4	法务线	主要包含投标评审、合同评审及谈判、法律手段催收应收账款等
5	资金线	主要包含银行授信、保函办理、资金收付、应收账款催收等
6	核算线	主要包含及时、准确核算项目的收入、成本和利润

（三）配套制度

表 1-7　制度管理要点

序号	管理要点	说明
1	全面统筹	梳理业务线、财务线制度，同时识别业务影响财务数据的关键控制点。业务线制度主要涉及投标管理、合同管理、生产进度管理、项目预算管理等，财务线制度涉及资金收支管理、营业收入管理、成本费用管理等
		通过全面统筹与完善，基本形成事前规划、事中控制、事后评估的闭环管理，相关制度基本配备齐全
2	循序渐进	制度是随着企业组织架构、管理理念与发展战略不断完善更新，基本遵循发布—执行—意见反馈—再修订—再发布—最终执行的过程
		新制度的建立可能是一种新理念、新模式的建立，执行过程中需逐步适应和转变
3	由点到面	集团总部各方面的业务、资源相对较健全，可以先行建立自身发展相适应的制度办法等，并事先检验执行效果和成效
		待时机成熟时，再结合各分子公司业务特征、管理模式等，协助各分子公司逐步完善配套管理制度

（四）系统打通

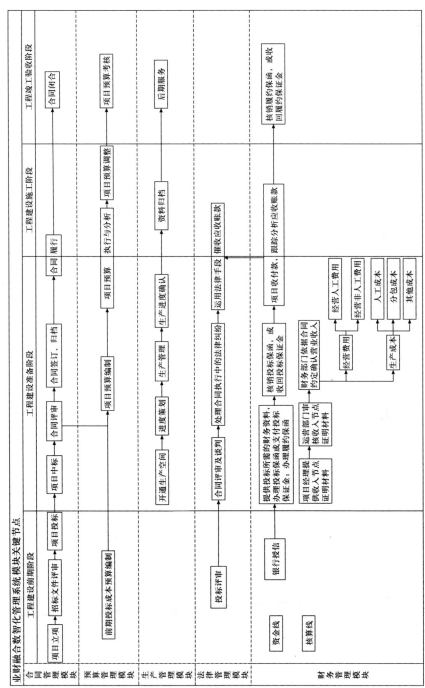

图 1-1　业财融合数智化管理系统模块关键节点

（五）分析应用

基于前期业财融合数智化基础建设、财务、资金、业务等异构系统数据信息的有效整合，依托数据存储、挖掘与分析技术，建立多角度、多层级的商务智能分析体系，夯实战略决策分析管理。

表 1-8　分析应用管理要点

序号	分析体系	说明
1	基础分析	基于原始颗粒化标准的基础数据，建立动静态结合的统计分析报表，主要包括财务报表项目分析、财务指标分析、预算分析等
2	经营分析	公司级的业务板块、合同集中度、业务区域分布等多维度分析；部门级的合同额、收入、回款、应收款等指标统计分析；项目级的项目产值完成情况、项目回款、预算执行情况等多维度统计分析
3	战略分析	通过业财融合的大数据分析，提供决策、预测、战略目标支撑
		建立定量定额标准，建立预测分析模型，为未来战略决策提供有效依据
4	风险分析	探索建立财务大数据风控模型，通过设置风险看板，将关键指标信息化、数字化，大幅度降低财务风险
5	对标分析	通过与行业对标分析，找出存在差距的原因，探索新的利润增长点

三、管理技巧

在数字化转型的战略统领下，以产品全生命周期管理为主线，通过四要相行（以战略要求技术、以需求要求供给、以终点要求起点、以结果要求过程）、五务相融（业务、财务、金务、税务、法务）、六线相通（合同线、生产线、法务线、资金线、核算线），形成点、线、网的格局，开展业财融合数智化工作。

表 1-9　管理技巧

序号	技巧要点	具体内容
1	四要相行	财务（利润+现金流）是终点、结果、目标、生存与发展之根本，业务是起点、过程、源头、生存与发展的基础，要以终点、结果、目标来规范、控制、限制、引导起点、过程、源头 ① 以战略要求战术。在"十四五"转型升级发展规划下，从业务的全价值链、产品的全生命周期等视角，以战略思维搭建财务数智化体系。将原有零散的多个业务系统和财务系统进行深度集成，通过分步实施，持续优化，逐步建设形成财务数智化信息生态系统 ② 以需求要求供给。从前端经营生产需求出发，提供决策有用的财务数据。加强数据的应用，通过数智化手段实现分析、预警和预测

序号	技巧要点	具体内容
1	四要相行	③ 以终点要求起点。按照企业会计准则、权责发生制核算企业收入、成本等外部要求，完善业务制度，梳理业务流程，在满足外部监管的同时不断提升企业内部精细化、智能化管理水平 ④ 以结果要求过程。从项目科学管理中要利润，以实现项目利润目标来规范项目管理过程，真正落实项目预算制
2	五务相融	财务核算与业务发展进行融合，做好业务决策服务 ① 制度纲领，流程落地。制定切实可行并适合企业实际发展的财务制度、操作流程和配套表格。做到岗位职责清晰，制度流程匹配，保证财务工作能在一个规范有序的环境下运行 ② 系统建设，数据互通。将财务制度中与业务关联的关键控制点固化到系统中，实现财务制度建设标准化、流程化和集成化 在投标管理模块，实现投标信息、投标审批、投标保证金、保函（投标／履约／预付款）等投标工作中各阶段的流程化和信息化管理。如控制未经过投标评审，不能借支投标保证金，保证金的定期催收，投标保函的管理，以及履约保证金的到期收回提醒 在收入管理模块，如果以合同约定收费节点为收入确认节点，需要与生产进度申报相关联，进度申报到达合同约定收费节点时，自动传递到财务系统生成项目收入核算凭证 在收费管理模块，以合同信息为基础，实现发票从申请、登记、回款、红冲到作废等全过程的信息化，并与收入管理模块相连接，实现了合同负债、合同资产、应收款项的动态监控和实时管理 在分包管理模块，与主合同收款管理、分包发票管理对接，实现分包成本、分包付款的全过程管理。分包进度和主合同匹配，成果归档流程作为分包付款的前置，保证分包成果归档，权责发生制下的分包成本匹配 在报销管理模块，与项目预算管理对接，项目无预算不开支，并实现分部门、按项目维度核算成本 ③ 统计分析，强化决策。通过财务指标分析、建模分析、同行业分析，对各项数据进行挖掘比对，充分发挥财务在决策支撑、资源保障、价值创造、风险防范等方面的作用，为企业管理层提供决策价值依据
		资金管理与业务发展进行融合，做好业务金融服务 ① 对外进一步加强银企对接，拓展丰富的金融产品，最大限度地用好用活资金，提高资金使用效益，实现合作共赢 ② 对内加强垫资项目的审批过程管理，对重大项目垫资，对其项目背景及可行性、风险性、盈利水平、资金预算等全方位进行调研分析，以保证垫付资金的合理性、安全性，降低垫资风险 ③ 发布一系列金融服务手册，如银行保函操作手册、汇票知识手册等，强化对金融产品知识的内部宣传

续表

序号	技巧要点	具体内容
2	五务相融	税务管理与业务发展进行融合，做好业务税务筹划 ① 通过信息系统对企业基础税务数据进行数字化集成，减少重复缴纳、错误缴纳、少缴纳等问题，降低企业涉税风险。建立税务数据分析。可结合税务局重点税源分析报表，从公司层面建立系统性的税务数据分析指标，实现对企业税务风险的监测 ② 定期从国家、省、市（区）相关部门网站搜索政策信息，每月编辑《财务政策信息汇编》，建立财税政策知识库，让企业及时了解并享受相关税务优惠政策，提高企业盈利能力
		法务管理与业务发展进行融合，做好业务法务支持 参与投标及合同评审，关注合同条款中的保证金条款，建议用保函替代保证金，节省资金成本；审核业主付款节点的合理性，确保资金安全；审核税收条款，降低税务风险等
3	六线相通	从业务源头出发，建立以项目为点，以项目的全价值链（合同、预算、生产、法务、资金、核算）为线，以六线互通为网的综合管理平台 在点上，统一规划主数据源，以项目为核算细胞，实现业财数据的标准化和颗粒化，使业务语言与财务结果建立起关联关系 在线上，展示项目管理流程全景图，梳理和优化合同线、预算线、生产线、法务线、资金线、核算线的流程 在网上，识别关键控制点将其纳入系统进行管控，突破部门壁垒，化解数据孤岛

四、管理表格

（一）营业收入确认表

表 1-10　营业收入确认表

基本信息					
立项号		立项名称		客户名称	
建设单位		项目规模（平方米）		项目级别	
业务类型		建筑一级分类		经营部门	

续表

基本信息					
经营负责人		项目经理		项目预算秘书	
合同信息					
合同名称		合同号		项目名称	
设计号		投资额（万元）		合同金额（元）	

营业收入确认明细							
分合同编号	分合同名称	分合同金额	分合同大类	本期申报节点	本期确认营收金额	本期累计确认营收金额	本期累计确认比例
履约证明材料	附件			甲方确认时间			

审批栏		
经办人	意见：	
	签字：	
	日期：	
项目经理	意见：	
	签字：	
	日期：	
技术部门	意见：	
	签字：	
	日期：	
运营部门	意见：	
	签字：	
	日期：	

（二）回款确认表

表 1-11　回款确认表

基本信息			
编号		到款性质	
付款单位		到款金额（元）	
到账日期		到账银行	
结算方式		财务经办人	
对应发票号			
设计号		合同号	
合同名称			
收费名称		收费类别	
合同名称		合同号	
合同金额		累计收费	
项目名称		设计号	
收费部门		收费日期	
本次收费		本次收费对应的合同节点	
审批栏			
财务部门	意见：		
	签字：		
	日期：		
业务部门	意见：		
	签字：		
	日期：		

（三）分包成本预结表

表 1-12　分包成本预结表

项目名称		设计号		业务类型	
预算数据					
分包成本预算比例		累计已确认营业收入		累计应预结分包成本	
分包成本预结总数					
累计应预结分包成本					
累计已结算分包成本					
本次应预结分包成本					
分包成本预结明细					

序号	分包商名称	分包合同名	分包合同编号	合同类型	成本类型	本次预结金额
1						
2						
3						
4						
5						
合计						

进度结算资料附件	
经办人	
项目经理	
业务部门	
商务部门	
运营部门	
财务部门	

（四）项目全流程信息表

表 1-13　项目财务报表

项目编号		项目名称	
项目总合同额		项目所属板块	
统计区间		项目执行阶段	
类别	序号	金额	备注
一、项目收入	（1）		
二、项目成本	（2）=（3）+（7）+（10）		
（一）人工成本	（3）=（4）+（5）+（6）		
1. 固定工资	（4）		以营业收入、工作量或工时等作为公共成本费用分摊参数
2. 绩效工资	（5）		按公司具体绩效工资计算规则核算到项目
3. 社保公积金等	（6）		以营业收入、工作量或工时等作为公共成本费用分摊参数
（二）非人工成本	（7）=（8）+（9）		
1. 项目直接生产成本	（8）		直接核算到项目上的非人工成本
2. 公共成本分摊	（9）		以营业收入、工作量或工时等作为公共成本费用分摊参数
（三）外部协作成本	（10）		含分包、联合体协议成本、对外合作经营成本等

续表

类别	序号	金额	备注
三、销售（经营）费用	（11）=（12）+（16）		
（一）人工费用	（12）=（13）+（14）+（15）		
1. 固定工资	（13）		以营业收入、工作量或工时等作为公共成本费用分摊参数
2. 绩效工资	（14）		
3. 社保公积金等	（15）		以营业收入、工作量或工时等作为公共成本费用分摊参数
（二）非人工费用	（16）=（17）+（18）		
1. 项目直接经营费用	（17）		
2. 公共经营费用分摊	（18）		以营业收入、工作量或工时等作为公共成本费用分摊参数
四、税金及附加	（19）		增值税附加等
五、营业外支出	（20）		根据项目罚款、盘亏、非常损失等填列
六、项目利润总额	（21）=（1）-（2）-（11）-（19）-（20）		
七、项目累计回款额			
八、项目应收账款			
九、项目应付账款			

表 1-14　项目全过程管理一览表

类别		项目 1	项目 2	项目 3	项目 4	......
合同基本信息	合同号					
	项目名称					
	建设单位					
	承包方式					
	业务类型					
	合同总金额					
	合同工期					
管理流程情况	合同评审状态					
	项目预算状态					
	合同归档情况					
	项目结算情况					
分包情况	分包单位名称					
	分包单位性质					
	分包内容					
	分包金额					
财务情况	营业收入					
	成本费用					
	毛利率					
	现金流					
结算情况	最终结算金额					
	结算差异原因					
	实际毛利润金额					

第二章　财务风险管理

【内容提要】

财务风险紧把关，
亏钱极快赚钱艰。
资金成本追精益，
协议名章列细单。

【本章导航】

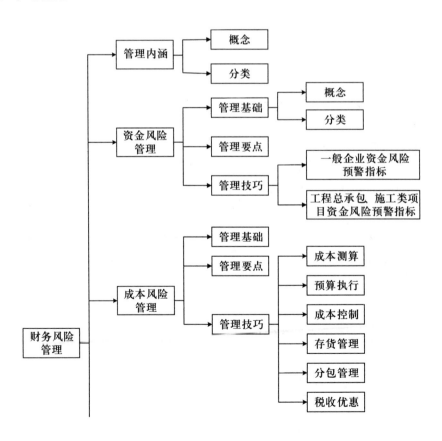

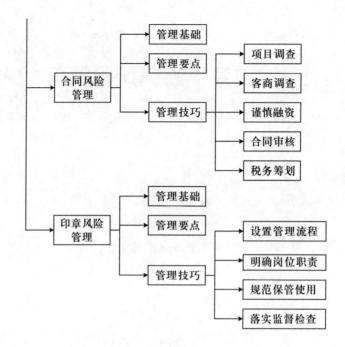

第一节　管理内涵

一、概念

财务风险管理是风险管理的一个分支，一般指企业经营主体对其财务管理过程中存在的各种风险进行判别、度量、分析与评价，并适时采取及时有效的方法进行防范和控制，以经济、合理、可行的方法进行处理，以保障财务管理活动安全正常开展，保障其经济利益免受损失的管理过程。财务风险管理是连续的、循环的、动态的管理过程，包括风险识别、风险度量、风险控制等环节。

二、分类

1. 按照业务活动类型分类

表 2-1　财务风险管理活动

序号	类别	内容
1	筹资风险管理	偿债风险、收益变动风险、利率风险、汇率风险
2	投资风险管理	与项目投资相关的经营风险、与证券投资相关的证券投资收益风险

续表

序号	类别	内容
3	资金回收风险管理	应收账款拖欠风险、坏账风险
4	收益分配风险管理	分配收益的方式、时间和金额不同导致的风险

2. 按照风险来源分类

表 2-2　财务风险影响因素

类别	风险影响因素
直接风险管理	企业的市场营销策略
	组织效能、管理现状、企业文化、中高层管理人员的状况
	产品的结构及研发
	企业风险管理的现状及能力
	财务人员素质
间接风险管理	国内外宏观经济政策以及经济运行情况
	行业发展状况
	技术变革
	产品或服务的价格及供需变化
	原材料、配件等物资的价格及供需变化
	人力成本的变化
	汇率、股票价格指数的变化
	主要客户、供应商的信用情况
	潜在进入者、竞争者及其主要产品、替代品情况
	政治、法律环境
	影响企业的新法律法规和政策
	重大合同或协议
	劳资纠纷、诉讼或仲裁
	员工遵守职业道德规范的情况
	自然灾害及其他风险

　　企业通过加强财务部门及各管理部门对内部管理活动的监督与检查，使财务风险达到可控状态。本章以勘察设计企业为例，在向工程总承包转型的背景下，根据企业承接工程总承包项目中涉及的风险影响因素，重点阐述资金风险

管理、成本风险管理、合同风险管理、印章风险管理，提出控制财务风险的管理技巧，促进勘察设计企业健康持续发展。筹资风险管理与投资风险管理在后续章节中详细介绍，此章不再累述。

第二节　资金风险管理

一、管理基础

（一）概念

表 2-3　资金风险概念

序号	概念	说明
1	资金风险内涵	资金风险是指企业资金在循环过程中，由于各种难以预见或无法控制的因素影响，使企业资金的实际收益小于预期收益而发生资金损失，从而造成企业运转不畅，甚至破产倒闭
2	管理重要性	企业的经营目的是获得效益，不仅要有利润，还要有现金流，只有稳定的"利润＋现金"增长，才表明一个企业在健康向上地发展。现金流是企业的命门，所以企业对资金进行风险管理显得尤为重要

（二）分类

表 2-4　资金风险分类

序号	类别	风险来源
1	安全风险	资金安全意识薄弱，主要表现如下： ① 机械思维。资金支付人员对业务不了解、机械地执行命令 ② 惯性思维。发现付款单据有疑点，但是形成了"领导已经签字了，可以支付"的惯性思维 ③ 无规则思维。忽视资金安全，如现金坐支、频繁对私人账户支付、先付款后审批、一人完成资金支付的全过程等
		内部控制制度缺失
		风险管理能力欠缺
2	短缺风险	企业盲目扩张，未及时掌握资金实际收支
		资金预算管理不严
		融资结构不合理

续表

序号	类别	风险来源
3	效率风险	资金分散。勘察设计企业为扩大市场，会在不同区域承接项目。应项目当地税务局要求，企业一般会在项目地设立分支机构，从而造成资金分散在多家公司，降低了资金使用效率
		应收账款居高不下。勘察设计企业迫于业主方天然地位优势，应收账款的催收显得困难重重
		营运资金流动性不足

二、管理要点

表 2-5　资金风险管理要点

序号	管理要点	说明
1	强化资金安全	强化资金安全意识。全员参与风险防控，加强资金安全管理教育培训，提高企业管理层、财务人员、其他人员的资金安全意识。打好"预防针"，防范层出不穷的互联网诈骗
		建立完善的内部控制制度并有效执行。有规可依，有章可循，上行下效，一切以规章制度为准，可有效地降低资金安全风险
		加强业务能力学习，培养一批高素质的风险管理人员，打造一支高水平的风险管理团队
		加强业财融合，搭建财务管理流程与业务管理流程连接器，借助信息化手段，提升资金安全管理能力
2	谨防资金短缺	及时掌握大额资金的收支情况，强化资金分析与运用
		实施资金预算并严格考核。"无预算不开支"，通过资金预算对资金管控起到指导性、约束性和强制性的作用
		结合自身的发展状况、政策条件、市场环境以及企业管理层的偏好等，确定合理的资本结构
3	提升资金效率	实施资金集中管理，对资金进行统一规划与使用，避免资金闲置
		及时催收项目回款，制定应收账款催收管理规定，并与相关人员绩效挂钩。定期与业主方沟通，并保留催收过程证明资料，保障自身合法权益，必要时采取法律手段
		有效管理营运资金，降低存货，提高资金周转速度，降低资金占用成本

三、管理技巧

（一）一般企业资金风险预警指标

为预防资金风险，企业应设立资金风险预警指标。从企业的偿债能力、盈利能力、营运能力三方面分别设立。

表 2-6 资金风险预警指标

类别	预警指标	计算公式
偿债能力风险指标	现金流动负债比率	经营活动现金净流量 / 流动负债
	现金债务总额比率	经营活动现金净流量 / 负债总额
	现金比率	（现金 + 有价证券）/ 流动负债
盈利能力风险指标	销售现金比率	经营活动现金净流量 / 销售收入
	全部资产现金回收率	经营活动现金净流量 / 资产总额
	盈余现金保障倍数	经营活动现金净流量 / 净利润
营运能力风险指标	总资产周转率	销售收入 / 平均资产总额
	应收账款周转率	赊销收入净额 / 平均应收账款余额
	流动资产周转率	销售收入 / 平均流动资产余额
	营运资金周转率	销售收入净额 / 营运资金

注：销售收入净额是指销售收入减去当期销售折扣、销售折让、销售退回等后的净额；赊销收入净额是指销售收入减去销售退回及现销收入后的净额。

1. 基于资金的偿债能力风险分析

偿债能力是指企业还本付息的能力，分为短期偿债能力与长期偿债能力。只有预期收益足以偿还债务并且有富余时，企业才会举债，如果企业不能获得持续性的资金净流入，则偿债能力风险较大，甚至面临严重的财务危机。企业资金偿债能力的风险指标主要包括现金流动负债比率、现金债务总额比率、现金比率。

表 2-7 资金偿债能力风险指标

指标名称	含义	作用
现金流动负债比率	该指标一般大于 1，该指标越大，表明企业偿还短期债务的能力越强，但指标过大则表明企业流动资金利用不充分，盈利能力不强	从现金流量角度来反映企业当期偿还短期债务的能力

指标名称	含义	作用
现金债务总额比率	该指标越大，表明企业经营活动产生的现金净流量越多，越能保障企业偿还到期债务，但指标过大则表明企业流动资金利用不充分，获利能力不强	评估企业中长期偿债能力的重要指标，它反映企业承担债务的能力
现金比率	该指标越大，表明变现能力越强	反映企业变现能力的指标。它将存货与应收款排除在外，只度量所有资产中相对于当前负债最具流动性的项目，最能反映企业直接偿付流动负债的能力

2. 基于资金的盈利能力风险分析

资金的盈利能力指企业通过运转资金获取利润的能力。利润是企业持续经营的动力，是股东、债权人、管理者及其他相关人员最为关心的核心指标。如果资金的盈利能力持续较差，则企业面临较大的财务风险，企业规模越大，随之而来的经营风险越大。企业资金盈利能力的风险指标主要包括销售现金比率、全部资产现金回收率、盈余现金保障倍数。

表 2-8　资金盈利能力风险指标

指标名称	含义	作用
销售现金比率	该指标越大，表明企业的收入质量越好，资金利用效率越高；反之，则表明企业的收入质量较差，资金利用效率越低	反映每元销售收入得到的经营活动现金流量净额
全部资产现金回收率	该指标越大，表明全部资产利用效果越好，能创造的净现金流入越多，企业资金盈利能力越强；反之，则表明资产利用效果有待提高，企业的经营管理水平与经济效益有待提高	反映全部资产产生现金的能力
盈余现金保障倍数（利润现金保障倍数）	该指标越大，表明企业经营活动产生的净利润对现金的贡献越大，利润的可靠性较高，具有一定的派现能力	反映了当期净利润中现金收益的保障程度，真实地反映了企业的盈余质量

3. 基于资金的营运能力风险分析

企业的营运资金随着企业产品的生产呈现不同状态，从货币形式—储备形式—生产形式—成品形式—货币增值形式循环往复。资产的营运能力反映了企业资金的运转状况及使用效率。如果资产营运能力指标低，则企业面临资金效率风险，当资金效率风险达到一定程度，就会转化为资金短缺风险。企业资金营运能力的风险指标主要包括总资产周转率、应收账款周转率、流动资产周转率和营运资金周转率。

表 2-9　资金营运能力风险指标

指标名称	含义	作用
总资产周转率	该指标越大，表明企业总资产周转速度越快，总资产使用率越高	体现了企业经营期间全部资产从投入到产出的流转速度，反映了企业全部资产的管理质量和利用效率
应收账款周转率	一般情况下，该指标越大，表明企业回款迅速，平均收账期短，坏账损失少，资产流动快，偿债能力强	衡量了企业应收账款周转速度及管理效率。及时收回应收账款是规避资金短缺风险的重要保障
流动资产周转率	一般情况下，该指标越大，表明企业流动资产周转速度越快，利用越好。在较快的周转速度下，流动资产会相对节约，相当于流动资产投入的增加，在一定程度上增强了企业的盈利能力；而周转速度慢，则需要补充流动资金加强周转，就会形成资金浪费，降低企业盈利能力	反映了企业流动资产的周转速度，是从企业全部资产中流动性最强的资产角度对企业资产的利用效率进行分析
营运资金周转率	该指标越大，表明每一元营运资金所带来的销售收入越多，企业营运资本的运用效率也就越高	反映了企业营运资金的经营效率，反映了每投入一元营运资金所能获得的销售收入，同时也反映了每一元销售收入需要配备多少营运资金

4. 科研设计企业资金风险预警指标参考值

表 2-10　科研设计企业资金风险预警指标参考值

年份	指标	优秀值	良好值	平均值	较低值
2019	现金流动负债比率	25.1	16.0	9.2	-2.1
	盈余现金保障倍数	4.7	3.2	2.1	1.7
	总资产周转率（次）	0.9	0.5	0.3	0.2
	应收账款周转率（次）	11.0	7.8	5.0	3.8
	流动资产周转率（次）	1.5	1.2	0.8	0.5

续表

年份	指标	优秀值	良好值	平均值	较低值
2020	现金流动负债比率	25.5	16.1	9.4	−0.6
	盈余现金保障倍数	4.0	2.4	1.2	0.8
	总资产周转率（次）	1.2	0.8	0.8	0.5
	应收账款周转率（次）	11.2	7.6	4.3	3.1
	流动资产周转率（次）	1.7	1.4	0.9	0.7
2021	现金流动负债比率	26.9	17.6	10.9	1.0
	盈余现金保障倍数	2.6	1.6	1.2	0.9
	总资产周转率（次）	1.3	1.0	0.6	0.4
	应收账款周转率（次）	12.0	7.8	4.6	2.5
	流动资产周转率（次）	1.6	1.3	1.0	0.6

注：以上数据来源于国务院国资委考核分配局编制的 2019~2021 年《企业绩效评价标准值》中科研设计企业全行业财务指标数据。

5. 建筑业资金风险预警指标参考值

表 2-11　建筑业资金风险预警指标参考值

年份	指标	优秀值	良好值	平均值	较低值
2019	现金流动负债比率	6.7	4.2	3.0	−2.0
	盈余现金保障倍数	2.3	0.9	0.8	−0.9
	总资产周转率（次）	0.8	0.7	0.5	0.3
	应收账款周转率（次）	6.9	4.6	3.7	2.4
	流动资产周转率（次）	1.5	1.2	1.0	0.7
2020	现金流动负债比率	7.5	4.8	2.6	−3.0
	盈余现金保障倍数	3.3	1.9	0.8	−3.0
	总资产周转率（次）	1.2	0.7	0.5	0.2
	应收账款周转率（次）	8.1	5.4	3.5	2.1
	流动资产周转率（次）	1.7	0.9	0.8	0.6
2021	现金流动负债比率	10.1	5.3	3.3	−0.8
	盈余现金保障倍数	2.8	1.6	0.9	−0.5
	总资产周转率（次）	1.0	0.7	0.5	0.2
	应收账款周转率（次）	8.6	5.5	4.1	1.5
	流动资产周转率（次）	1.3	0.9	0.8	0.4

注：以上数据来源于国务院国资委考核分配局编制的 2019~2021 年《企业绩效评价标准值》中建筑业全行业财务指标数据。

（二）工程总承包、施工类项目资金风险预警指标

为防范项目运行过程中出现资金链断裂，企业可根据合同节点、工程进度、项目投入、项目回款等要素编制项目全周期现金流量预算表，将项目资金风险分为垫资风险、进度风险、业主拖欠款风险等，并对不同类别风险建立风险评价指标，设置一般风险（黄色）、较大风险（橙色）、重大风险（红色）预警值，在项目运行过程中实行资金风险管理，如表2-12所示。

表2-12　工程总承包、施工类项目资金风险预警指标

风险类别	评价指标	指标计算公式	指标区间（参考）	风险等级
垫资风险	项目现金垫资总额比（C）	项目经营活动产生的现金流量净额/垫资总额 垫资天数/360天	C≤5%	红色
			5%<C≤6%	橙色
			6%<C≤7%	黄色
进度风险	项目进度完成率（P）	项目实际投入资金额 计划投入资金额	1<P≤1.1	黄色
			1.1<P≤1.2	橙色
			P>1.2	红色
业主拖欠款风险	项目应收账款周转率（R）	项目已结算工程款 应收账款余额	R≤2	红色
			2<R≤2.5	橙色
			2.5<R≤3.3	黄色

当项目资金管理出现黄色预警时，相关部门应引起重视，及时对项目资金投入情况、盈利能力、业主履约状况等进行分析，尽快将风险控制并改善；当项目资金管理出现橙色预警时，相关部门应在前期分析的基础上，重新进行项目风险评审以确定项目是否继续进行或中止；当项目资金管理出现红色预警时，相关部门应报公司管理部门审批后，立即中止项目，并对业主发出停工通知书。

第三节　成本风险管理

一、管理基础

表2-13　成本风险管理概念

序号	概念	说明
1	成本风险管理	传统设计企业以设计咨询业务为主，企业的成本构成简单，其中，人力成本是企业的重要成本之一。设计企业向工程总承包转型后，产生大量的材料采购、设备采购、工程施工等成本，导致企业成本管控范围增大，成本管控风险也随之增大

续表

序号	概念	说明
2	风险来源	成本测算不准确
		项目成本预算执行不严
		采购成本管理不合理
		对存货、资产的管理问题
		分包结算管理不规范
		对项目地税收政策不了解

二、管理要点

表 2-14 成本风险管理要点

序号	管理要点	说明
1	管理原则	全面性原则。成本管理既与各部门、各项目部相关，也与员工个人利益相关，企业应树立全员管理观念，做到全员参与、全程控制
		预算管理原则。所有成本必须纳入全面预算管理，各部门应当合理安排预算支出，预算内开支按程序办理，预算外开支原则上不予受理
		责、权、利相结合的原则。责、权、利相结合是实现成本控制的重要保证
		厉行节约原则。根据不同部门、项目部支出类型，设置报销标准和审批流程，减少不必要的开支，确保成本支出的合理性和必要性，杜绝铺张浪费
2	职责分工	项目部职责：项目投标前期进行成本预测，中标后编制项目预算并进行成本控制，保证项目成本开支的真实性、合理性；编制项目预算执行情况并分析等
		经营生产部门职责：保证部门成本开支的真实性、合理性；按年度部门预算进行成本控制；编制年度部门预算执行情况并分析；审核项目部投标计划中成本预测的合理性，审核项目实施中成本开支的真实性、合理性；监督项目部成本控制过程并提出意见，审核项目预算执行分析情况等
		商务部门职责：审核项目采购计划；确定采购事项的采购控制价；审核项目预结算数据

序号	管理要点	说明
2	职责分工	人力资源部门职责：负责工资总额管理，按月对工资总额依据部门和项目等类别进行分配；负责对工资按月计提和发放进行核定和控制；负责将固定工资、社保等其他人工成本分配至部门及项目
		财务部门职责：制定成本开支管理规定，对所有成本开支进行合法、合规、合理性审核；根据预算指标，严格控制每项成本支出；拟定会计核算和管理的实施细则并完成具体核算工作；负责项目资金管理，定期对项目的资金管理情况进行统计和分析，对存在资金风险的项目及时预警
3	成本预测及成本预算	项目投标报价阶段，项目部对项目财务成本及利润进行总体初步预测，包括： ① 总的收入情况：包括项目预计合同额、项目预计总收入、可执行合同额（预计总收入扣除分包预算金额后） ② 分项成本及利润情况：设计阶段、建安工程阶段的收入、成本、税金和利润 ③总承包项目利润估算金额 ④项目若存在分包，需预测分包项目内容，分包金额
		项目投标报价阶段，项目部需测算建安工程阶段的全部直接支出，包括施工工程基本直接费、工程措施费、现场管理费用、规费、资金成本、税金等，计算出工程预算成本
		经营生产部门审核项目部在投标阶段编制的项目预测情况，把控项目总体效益及项目风险，决定项目是否承接
		项目中标后签订合同，项目部编制项目预算，控制项目成本，实现项目最佳经济效益目标。项目预算包括收入预算、成本预算、风险金预算、税金预算和项目利润预算
		项目部以项目预算为基础，通过项目管理实施规划寻求降低成本的途径，制定成本控制计划措施。按成本项目确定计划支出的人工费、材料费、设备机械费、其他直接费和间接费用，编制总的工程成本预算

序号	管理要点	说明
4	成本控制	成本控制实施分级管理 ① 项目部在项目实施过程中，对发生的人力成本、材料采购成本、设备采购成本、管理费用进行审核、监督、调节和限制，及时纠正将要发生和已发生的偏差，使各项生产费用控制在成本许可范围内，以保证成本预算目标的实现 ② 经营生产部门规定项目成本审批流程及审批人员权限，要求所有项目成本开支均须提供相关证明资料，并经项目经理审核确认。经营生产部门应对项目成本控制情况进行监督管理，要求各项目部定期汇报项目资金收支情况，预计利润变动情况 ③ 财务部门规定各部门成本审批流程及审批人员权限，要求所有成本开支均须提供相关证明资料，并经部门负责人审核确认。财务部门审核经营生产部门下属项目部发起的项目成本报销流程，对成本开支的合规性进行审查，并按月（或季度）向经营生产部门报送部门及项目的实际成本开支
		对项目的工程、货物、劳务、服务大额采购建立专项采购管理制度。由采购需求部门编制项目采购计划；商务部门与采购部门负责单项采购、集中采购的发包与执行；运营部门对采购活动申请进行审批、对采购活动执行情况进行检查等。规范采购管理流程，控制采购风险，预防腐败
		建立材料物资管理制度，合理设置材料设备采购、验收、仓储保管、领用、出库流程，并定期安排检查
		规范工程、劳务等分包结算控制管理 ① 根据公司采购管理制度，选择合格分包商或劳务队伍，对分包工作内容、价款、工程进度、工程质量、付款方式及结算办理等约定，经过分包合同评审签订分包合同 ② 项目部及商务部门根据分包方实际完成工作量进行计价，按照合同约定出具月度预结算数据提供给财务部门。对于预算外签证部分，应谨慎确认 ③ 分包任务完成后，按合同约定，核实完成工作量及价款，与分包商办理工程结算。结算书需经项目经理审核后，报经营生产部门负责人最终审批
5	成本核算	建立企业成本核算管理办法，对成本核算标准保持一致性，不得随意变更
		成本核算遵循及时性原则、权责发生制原则、收入与成本费用配比原则，及时、完整地反映成本费用的开支情况，准确核算实际成本

续表

序号	管理要点	说明
5	成本核算	设立合同相关成本费用分摊标准，准确完整地核算合同履约成本，与合同相关的成本包括直接人工、直接材料（为履行合同耗用的原材料、辅助材料、构配件、零件、半成品的成本和周转材料的摊销及租赁费用等）、制造费用（或类似费用，例如，组织和管理相关生产、施工、服务等活动发生的费用，包括管理人员的职工薪酬、劳动保护费、固定资产折旧费和修理费、物料消耗、水电费、办公费、差旅费、工程保修费、排污费、临时设施摊销费等）、明确由客户承担的成本以及仅因该合同而发生的其他成本（例如，支付给分包商的成本、机械使用费、设计和技术援助费用、施工现场二次搬运费、生产工具和用具使用费、检验试验费、场地清理费等）
6	成本分析	项目部在项目实施的过程中应进行成本控制，经营生产部门应定期组织各项目部进行成本管理活动沟通，对项目管理过程中出现的问题、存在的风险进行分析，比对项目预算与实际执行数，形成总结报告
		经营生产部门根据资金收支情况，结合分析结果审查资金使用和项目成本是否正常。发现项目资金使用或成本异常时，应立即通知项目部，指导并监督其采取措施做好成本控制
		财务部门结合项目实际资金收支、收入成本核算情况，通过设置特定的财务比率指标来评估项目现金流状况、盈利状况，预测项目财务风险
		项目完成竣工结算审计，相关债权债务结清后，财务部门向项目部发送项目成本明细，由项目部出具项目收入、成本分析报告

三、管理技巧

表 2-15　成本风险管理管理技巧

序号	技巧要点	具体内容
1	合理测算成本费用	投标之前，投标部门对整个项目做成本费用测算，包括前期投标经营费用、项目生产管理费用、工程费用、分包费用等
		针对工程费用编制项目概预算，包括建筑安装工程费、工程建设其他费、预备费等，其中工程量清单的编制要求完整准确，不能漏项

序号	技巧要点	具体内容
1	合理测算成本费用	投标部门编制成本测算表后，财务部门与商务部门进行审核把关，降低成本低估的风险
2	严格执行成本预算	严格按照成本预算执行，针对设计变更、工期顺延以及其他影响工程成本或造成损失赔偿的情形，应及时办理签证或索赔。例如，有的发包方对装修临时提高标准，口头承诺后期结算相关费用，后期又因种种原因无法支付，如果企业未获取充分的纸质证明资料，这些预算外的成本将无法控制
		定期统计项目资金流入流出情况，分析项目成本变动原因。当项目发生重大变化时，及时调整预算，重新测算项目利润，将风险降到最低
3	多维控制采购成本	降低采购价格： ① 建立招投标管理机制，通过多家供应商评比，寻求最优公允价 ② 实施集中采购，通过招标或议价方式获取规模效益
		定期更新供应商库，时刻关注有无新的物美价廉的替代品出现
		建立公司采购人员管理制度，预防内部腐败
4	加强监督存货管理	材料在使用过程中既有合理损耗，也有不合理损耗，项目部应妥善管理材料，定期盘存，避免不合理损耗，降低合理损耗，减少企业损失。存货管理应注意以下五个方面： ① 确定材料的存放地点便捷安全，确保材料满足库存条件 ② 建立材料领用登记台账，每一笔材料购进、领用均由专人负责登记管理 ③ 每月末定期盘点，对盘点数量、金额进行盈亏分析，降低不合理损耗 ④ 对因管理不善、收发差错、被盗、遗失、霉烂变质等造成的库存材料损毁、损失，经由相关部门鉴定并出具报告，企业按照损毁、损失价值对责任人追究经济赔偿后履行处置程序 ⑤ 若项目结束，材料有结余，在运输成本合理的情况下，可以转移至其他项目使用，或者与材料供应商提前约定结余材料回收处置办法
5	强化分包结算管理	对项目分包方实际完成工作量进行准确计价，对于预算外签证部分需要提供获得发包方认可的充分证据，且承包方已收到相关回款，经企业经营生产部门和项目部审核认可后，方可增加分包结算量
6	及时了解税收政策	工程项目一般要求在项目所在地预缴税款，因各地方税收政策不一致，纳税人申报缴纳的税种与税率也不完全一致。企业应对项目所在地的税收政策提前了解，与企业注册地税务局提前沟通，避免税款重复征收

第四节　合同风险管理

一、管理基础

表 2-16　合同风险管理概念

序号	概念	说明
1	合同风险管理内涵	企业的财务风险不是独立存在的，而是贯穿于业务始终。业务以合同为载体，财务风险也贯穿于合同的洽谈、签订、执行、完结过程中。企业可以通过分析合同的业主信用状况、约定有利于自身的合同收付款条款等，降低合同中的财务风险
2	风险来源	项目基本信息了解不全
		合同业主信用不良
		项目要求担保或融资
		收款节点约定滞后
		分包方收款账户随意变更
		履约保函条款不合理
		质保金约定不合理
		违约赔偿高
		税务相关风险

二、管理要点

（一）根据合同管理环节解析

表 2-17　合同管理环节要点

序号	管理要点	说明
1	合同范围	明确公司合同管理范围。例如，经营类业务的主合同、补充协议、分包合同、联合体协议、对外合作经营协议，以及保密合同等
2	职责分工	设定合同管理模式。例如，可实行合同签订、实施部门负责制，审查会签责任制，归口管理责任制等管理模式。具体内容为： ① 合同签订、实施部门负责制是指合同签订、实施部门对合同订立、履行等全过程负责 ② 审查会签责任制是指审查会签部门对合同内容发表相关意见，承担相应的审查责任

序号	管理要点	说明
2	职责分工	③ 归口管理责任制是指归口管理部门对合同实行统一的全过程的管理。包括登记合同管理台账，详细记录合同的基本信息、会签、履行、终结、归档等情况
3	合同谈判	设定合同谈判的负责部门。例如，可设置合同签订部门牵头负责
		明确谈判内容。谈判内容可包括资信状况、履约能力、已有业绩等，以及工程项目的由来、土地获得情况、项目进展、资金来源等；还包括对谈判主体分析，对谈判目标的可行性及双方优势与劣势分析
4	合同评审	制定公司合同评审管理办法并严格执行
		对于重大、复杂、涉外等合同，可根据情况决定是否提请外部专家或机构进行会审
5	合同签署	划分合同签署权限，如可设置合同签订部门负责人、公司分管业务工作的副总经理和法定代表人三级单签或联签类别
6	合同履行	合同生效后方可全面实际履行。合同生效之前，原则上不得将设计成果出图盖章
		履约管理 ① 合同签订部门应确保合同款项按约定及时收回。如合同对方未按合同约定履行付款义务或已丧失及可能丧失履行能力等情形的，应及时报请相关部门向合同对方提出异议，并视具体情况考虑是否暂停合同履行 ② 合同签订部门每月对合同的履约情况进行梳理，并按要求向相关部门报告
		合同变更、解除等 合同履行过程中发生合同变更、解除、终止等情形的，应签订合同的补充、解除或终止等协议，报相关部门审核
7	纠纷处理	外部异议 在合同履约过程中收到对方异议时，合同签订部门应及时报告公司分管业务工作的副总经理，在相关部门备案，并在规定的时间内予以书面回复。出现重要异议时，应在征求相关部门意见后回复
		外部纠纷 合同签订部门在合同履行中发生外部纠纷时，应及时报相关部门，并做好应对工作。合同纠纷可能导致诉讼时，应报请公司法务部门进行处理，相关部门应当全面协助，不得以任何理由拒绝、推诿

序号	管理要点	说明
7	纠纷处理	内部纠纷 合同实施部门在履行合同过程中发生内部纠纷时，应书面报告相关部门，由相关部门根据公司制度和实际情况提出解决方案，并报公司领导审批执行
8	合同的归档	合同签订部门应建立本部门合同台账，对合同进行全过程管理。合同文本中须有明确的合同签订时间
		合同归口管理部门应在次年的第一个月将已签约合同原件统一归档至档案管理部门。档案管理部门应对商业秘密等重要信息设置保密规定
9	合同闭合管理	合同签订部门应及时对合同收费情况进行清收结算，款项全部回收后，提请合同归口管理部门对合同进行闭合处理
		合同签订后，未履行或暂停履行时间达一定时限的，合同签订部门应书面说明原因，报合同归口管理部门备案，并视情况提请合同归口管理部门进行闭合或中止处理

（二）根据合同管理关键风险点解析

分析合同条款，罗列并总结合同中的关键风险点，对预防合同中的财务风险具有重要意义。表2-18、表2-19列出设计咨询类、工程总承包类及施工类合同在签订中应注意的关键风险点清单，并根据风险条款的重要性标识不同颜色，其中红色为"重大风险，属禁止条款"，橙色为"较大风险"，黄色为"一般风险"。

表2-18　合同关键风险点清单（设计咨询类）

序号	风险条款	风险等级
1	合同范围不明确、建设手续不齐全	红色
2	通过调查发现对方的履约能力差	橙色
3	设计费的支付进度、支付比例、支付方式不明确	橙色
4	赔偿金、罚款或违约金无上限	橙色
5	法定必须招标的项目，合同实质性条款与招投标文件不一致	橙色
6	同时满足以下条件者： ① 施工图设计费需要经过图审或批复才能支付，累计支付比例低于设计费总额的一定比例 ② 施工图设计完成后，累计支付设计费金额低于市场平均水平	橙色

序号	风险条款	风险等级
7	未约定施工图提交一定时限内发包方若未进行图审或批复，视为同意支付款项	黄色
8	未明确设计的技术标准或规范	黄色
9	无定金或定金（预付款）小于一定比例	黄色
10	合同价款调整的依据、条件和方法不明确	黄色
	……	

表2-19 合同关键风险点清单（工程总承包类、施工类）

序号	风险条款	风险等级
1	营业执照、立项批文、建设用地规划许可证、土地使用权证、建设工程规划许可证等证照代码的主体与签约主体不一致	红色
2	工程价款的结算单价或工程量的结算办法不明确；设计费、合同价款调整的依据、条件和方法不明确	红色
3	合同中违约金、罚款、赔偿金额过重，且无承包人赔偿上限	红色
4	项目是采用总价包干计价方式的	橙色
5	未将设计费、建安工程费金额进行明确，税率未明确约定	橙色
6	工程款没有预付款、未约定安全文明措施费相关内容	橙色
7	需要公司提供担保或者介入进行融资的项目	橙色
8	质保金及缺陷责任期：缺陷责任期一般为1年，最长不超过2年，发、承包双方未在合同中约定或约定期限超过2年	黄色
9	针对施工分包，未约定施工单位向我公司提交履约保证金	橙色
10	需要财政审计才能结算的，但未约定一段时间内（不应大于1年）未完成财政审计视为认可我方报送的结算文件	橙色
	……	

三、管理技巧

表 2-20 管理技巧

序号	技巧要点	具体内容
1	项目调查	企业在承接工程总承包项目前，需要对项目信息进行调查，包括： ① 识别项目是否真实，企业可以查看项目立项文件，在官网搜索项目基本信息，也可以亲自去现场查勘 ② 判断项目是否合法，可以查看国有土地使用权证、建设用地规划许可，评估项目是否属于必须招投标、招投标手续是否合法等
2	客商调查	业主信用状况直接关系到项目的资金收入情况，业主信用不良的表现因素见表 2-21。对业主进行资信调查是预防财务风险和合同风险的必要程序，业主资信情况调查清单见表 2-22
		评估项目的可持续性、是否存在解约风险、资金回款障碍等风险
		总承包方在对外分包之前，应评价分包商的信用状况，包括工程专业资质情况、股权状况、资金状况、涉诉情况等
3	谨慎融资	部分总包项目要求承包人提供担保或者介入融资，这类项目使企业面临较大的财务风险。勘察设计企业为第三方（施工方）或整个项目提供担保后，若第三方违约或项目出现运营风险，则勘察设计企业应承担担保责任。勘察设计企业本身资金实力不足，无论参与项目股权融资还是债权融资，都需承担偿付股息、利息的压力，一旦企业资金出现短缺，将面临较大的财务风险
4	合同审核	签订对自身有利的收款条款 设计费一般根据设计业务完成成果阶段支付，工程进度款一般根据工程形象进度或者月度工程量进行申报支付。按照月度完成工程量的一定比例支付，相较按形象进度支付更有利于承包方。因工程完工竣工验收后，到办理完结算审计通常需要经过较长时间，特别是政府项目的结算审计，流程复杂，往往需要经过政府相关部门多次复审，因此企业在合同中应约定完成竣工验收后收款达到一定比例，对自身更有利
		书面约定分包方收款账户 分包方收款账户应与合同约定一致，如有变更，需进行书面确认，避免资金风险

续表

序号	技巧要点	具体内容
4	合同审核	**严格审核履约保函条款** ① 发包方要求承包方出具履约保函或预付款保函时，承包方应仔细审核履约保函条款，在项目实施中避免出现违约情形 ② 在开展分包或合作工作时，为更好地利用经济手段加强对分包方、劳务方或合作方工程质量、进度、安全等方面管理，无论业主在总承包合同中是否要求承包方向其提供履约保函、预付款保函等各类保函，承包方都应该要求分包方、劳务方或合作方向承包方（承包方为受益人）提供履约保函、预付款保函等各类保函，并且应仔细审核保函的生效条件和保函期限，确保保函资金能够方便索赔，尽可能延长保函的有效期，最好能达到工程竣工验收合格后1年以上。当保函的申请方出现违约，务必要注意及时行使保函权利，避免超过保函有效期导致保函失效
		合理约定质保金比例 ① 工程建设合同普遍会约定工程质保期，一般为工程竣工验收后2年，质保金的比例在3%至5%不等，承包方与发包方在签订合同时应尽量降低质保金比例，避免质保期时间延长 ② 承包方与分包方签订合同时，约定质保金比例应不低于承包方与发包方约定的质保金比例，同时应延长质保期，以此降低承包方施工质量风险
		限定合同违约赔偿 企业在签订合同前，应合理评估自身承担损失的能力，在与发包方签订的合同中约定违约金和赔偿金上限
5	税务筹划	总包项目一般包括设计咨询、工程施工、材料设备采购、管理服务等内容，主要适用6%、9%和13%三档增值税率。根据税法相关规定，合同条款中未分开列明不同业务种类的合同金额，应从高适用增值税率。所以企业应在合同中分开列明设计业务、建安工程业务、材料设备采购业务、管理服务等的合同金额，以此规避税务风险
		在选择供应商时，应尽量选择一般纳税人，这样企业才能取得增值税进项税进行抵扣。若选择的供应商为小规模纳税人，因其征收率为3%或5%，可在合同中约定因税率引起的差额由该供应商承担，或者直接要求供应商降低合同价款，以此降低承包方的税金损失
		承包方对发包方开具发票时产生纳税义务，企业应要求分包方提前开具增值税专用发票，方便承包方及时抵扣进项税额

表 2-21 业主信用不良的表现因素

序号	因素
1	自身资金状况不良（货币资金余额较低、资产负债率高、连续 2 年利润为负等）
2	企业涉及多起诉讼或仲裁
3	发生过重大违法行为
4	被法院判为被执行人的金额过大或数量较多
5	内部管理混乱
6	频繁开立与注销分、子公司
7	因企业自身原因导致投资的项目出现过项目中断、中止等

表 2-22 业主资信情况调查清单

序号	分类	调查内容
1	工商信息	注册时间、注册资本、股东信息、变更情况、法定代表人等
2	行业背景	业内口碑、付款周期、纠纷处理等
3	资金来源	财政预算内资金、银行贷款、自筹资金、其他资金等
4	资产情况	不动产、土地使用权、对外投资、知识产权等
5	利润测算	项目性质、项目位置、周边环境等
6	涉诉情况	工程款纠纷、劳资纠纷、股权转让纠纷、合作协议纠纷等

第五节 印章风险管理

一、管理基础

表 2-23 印章风险管理概念

序号	概念	说明
1	印章风险管理内涵	印章是企业进行社会经济活动的诚信凭证与法律依据，是用于确认并表明经营管理活动合法有效的重要工具 印章风险管理是指企业在印章刻制、使用、保管中因管理不当给企业带来的风险损失。与财务管理相关的印章主要包括财务专用章、法定代表人章、发票专用章、公章

续表

序号	概念	说明
2	风险来源	印章管理制度、流程缺失
		印章管理岗位设置不规范
		保管人员操作不规范
		监督检查执行管理不到位

二、管理要点

表 2-24　财务印章风险管理要点

序号	管理要点	说明
1	印章刻制	刻制印章应填写审批表，并经印章主管部门相关领导审批同意
		刻制完成后，应及时登记台账，记录印章样式、刻制时间、授权使用时间、刻制人、刻制部门等关键信息
2	印章使用	银行预留印鉴除用于日常票据的结算外，均应履行登记审批手续；发票专用章除用于开具发票外，均应履行登记审批手续
		非日常财务活动需要使用财务印章时，经财务部门负责人审批同意后，印章使用人到印章保管人处加盖印章，并在印章使用登记簿上进行登记
3	印章保管	财务印章由财务部门指定专人保管，严禁一人保管所有银行预留印鉴。法人章由法人或其授权人员保管、财务专用章由财务部门专人负责保管
3	印章保管	印章保管人要保证自己离开办公室时印章入柜落锁，未经批准并登记的财务印章不允许带出办公区域
		印章保管人员严禁在空白银行单据或者其他单据上加盖财务印章
		印章保管人员因请假等原因，需由他人临时代保管印章时，应履行代保管手续，并注明代保管时间及代保管人，在原保管人回来后，应立即将印章交回原保管人
		印章保管人离职或岗位变动时，需办理印章交接手续，由财务部负责人进行监交。交接手续应记录印章的交接时间、名称、数量，交接人、监交人

续表

序号	管理要点	说明
4	印章遗失、被盗或毁损、停用	若管理不慎使印章遗失、被盗或损毁，印章保管人需立即上报印章主管部门，由印章主管部门声明作废后制作新的印章。当印章变动时出纳要及时与银行联系，更新银行预留印鉴
		停用的财务印章应及时移交印章主管部门封存，个人不得擅自处理
5	检查监督	定期检查印章保管情况。核实印章实际保管人员，印章使用记录是否登记齐全

三、管理技巧

表 2-25 财务印章风险管理技巧

序号	技巧要点	具体内容
1	设置管理流程	建立印章管理制度，规范和加强印章的制发和管理，严格印章的办理程序和审批手续，防范印章存废及使用过程中的法律风险。其中设置印章管理流程包括： ① 设置"印章刻制申请"流程。流程发起人需写明刻制印章的名称、申请理由、印章使用范围、印章保管人或保管部门等内容 ② 设置"印章领取"流程备查。注明印的名称、印章管理部门、印章管理员、登记领取日期、上传印章留样图片 ③ 设置"印章使用申请"流程。流程发起人需写明使用印章的名称、申请理由、加盖文件的数量等内容 ④ 设置"印章移交申请"流程。流程发起人需写明移交印章的名称、使用管理部门、原印章管理员、印章接收人、接收时间，并上传印章留样图片 ⑤ 明确各印章审批流程的审批人与审批权限
2	明确岗位职责	财务部门应对印章保管人员进行岗前培训，明确岗位职责，强化责任意识
		建立印章保管岗位第二责任人制度，原印章保管人因故无法行使保管责任，可将印章交由第二责任人代管。明确印章保管岗位人员及第二责任人权利义务责任范围。发生印章代管时，登记印章移交时间、移交原因，并由印章保管人员签字
3	规范保管使用	印章保管人应严格审核用印理由，确保印章用于公司的合法、合规经营范围
		严禁在空白银行单据或者其他单据上加盖财务印章

续表

序号	技巧要点	具体内容
3	规范保管使用	及时登记印章使用记录
4	落实监督检查	建立印章抽查机制,不定期抽查印章的实际保管人员,印章使用记录是否登记齐全。发现滥用印章行为绝不姑息、及时通报印章主管部门

第三章　资金管理

【内容提要】

流动均衡奔健康，
体型强壮病疾慌。
把关进口守出口，
日月积累永保航。

【本章导航】

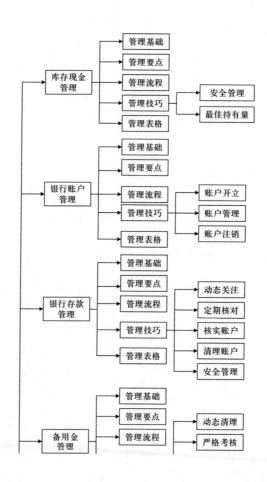

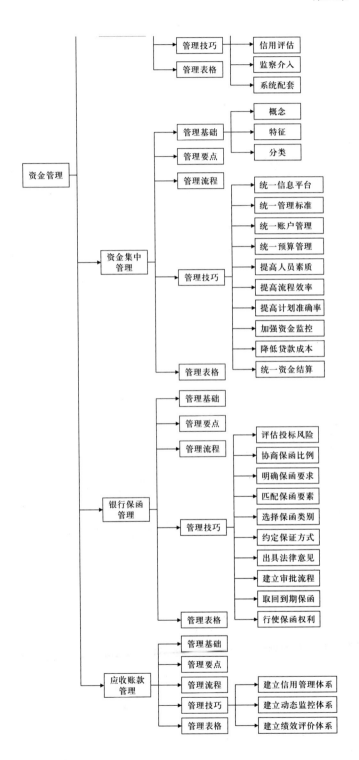

第一节　库存现金管理

一、管理基础

库存现金是指企业持有可随时用于支付的现金限额，存放在企业财务部门，由出纳人员经管的现金，包括人民币现金和外币现金。库存现金作为企业流动性最强的资产，对于维持企业正常的生产经营管理具有重要作用，但也具有容易流失的缺点。

企业应保证库存现金使用合理、规范、合法，现金收支业务经有效授权审批和监督，现金得到妥善保存，确保资金安全；同时，库存现金余额除满足正常支付需求外，还应符合经营效率目标。

二、管理要点

表 3-1　现金管理要点

序号	管理要点	说明
1	现金的范围	财务人员应严格遵守国家现金管理制度，监督现金使用的合法性、合理性
		不属于现金开支范围或超过现金开支限额的业务均应当通过银行办理转账结算
		现金管理由出纳岗位人员负责。必须严格遵守现金管理的相关规定，不准超限额储存现金，不准白条抵库，不准擅自借支、挪用现金，不准坐收坐支，不准编造用途或利用账户替其他单位和个人套取现金，不准将单位收入的现金以个人名义储蓄。严禁设立账外账、小金库
		现金使用范围： ① 支付给职工（含派遣人员）的工资、津贴、各种奖金、劳保、福利费以及国家规定的对个人的其他支出 ② 各种社会保障支出，包括离退休支出、公医费、抚恤金、丧葬费、退职费等 ③ 个人劳务报酬 ④ 根据国家规定颁发给个人的科学技术等各种奖金 ⑤ 出差人员必须随身携带的差旅费和备用金

序号	管理要点	说明
1	现金的范围	⑥ 工程总承包（含专项总包）等施工类支付给临时雇用的现场施工人员工资以及临时购买零星施工材料等费用 ⑦ 因采购地点不确定、交通不便、银行结算不便，且生产经营或特殊情况必须使用大额现金的，由使用部门向财务部门提出申请，经同意后，准予使用现金 ⑧ 结算起点以下的零星开支 不属于上述范围的开支，应通过银行办理转账结算
2	现金收入管理	公司取得的各项现金收入，必须纳入公司会计账簿内统一核算，并及时足额送存银行。大额现金送存银行时，应由出纳和另外一名财务人员一同前往，以保证现金的安全
		收取现金时，出纳应当面点清，并鉴别真伪，防止假币和错收。收讫无误后，应在收款凭证上加盖现金收讫章和出纳个人章。再由会计开具发票或收据，并核对其内容及金额，编制记账凭证
		出纳提取现金时，必须根据经复核的会计凭证填制现金支票，并注明原因，加盖印章，送银行审批后提取
3	现金支出管理	不得从公司的现金收入中直接支付（坐支）
		对不符合现金管理规定和超出现金使用范围的业务，会计不得审核通过
		办理现金支付手续时，出纳应审核会计凭证是否合规，手续是否完备。根据会计凭证实付金额支付现金，同时领款人应在凭证上签名。开具现金支票的，领款人还需在支票登记簿以及支票存根上签名，出纳应将存根联贴在凭证上。现金付讫无误后，出纳应在凭证上加盖现金付讫章和出纳个人章
4	现金保管	出纳每日结账后必须将现金存放入保险柜，保险柜钥匙必须随身携带，备用钥匙由财务部门负责人保管，绝不允许任意乱放或交予他人，保险柜密码不得告知他人。出纳更换后，应及时更改原密码
		现金保管限额最高不超过 × 万元，超过库存限额的现金必须及时送存银行
5	现金盘点	现金盘点要做到日清日结、账账相符、账实相符
		盘点结果必须备案，作为会计档案保存

三、管理流程

（一）库存现金管理流程

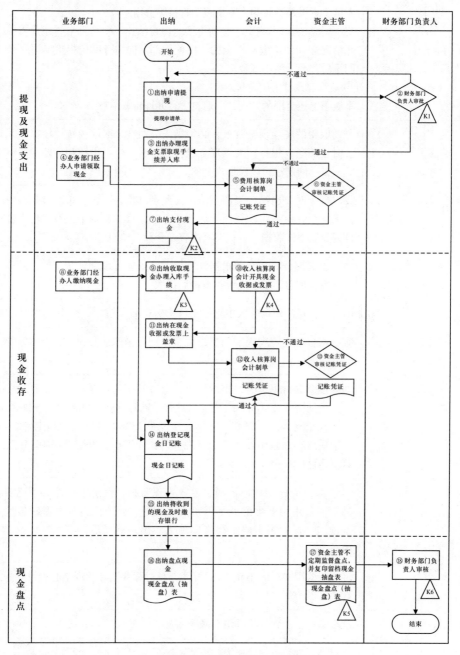

图 3-1　库存现金管理流程

（二）库存现金管理流程说明

表 3-2　库存现金管理流程说明

编号	流程步骤	流程步骤描述	责任部门	责任岗位	控制文档
①	申请提现	出纳依据日常业务需求提出取现申请	财务部门	现金出纳岗	提现申请表
②	审批	财务部门负责人审批提现申请	财务部门	财务部门负责人	提现申请表
③	取现	出纳办理现金支票取现手续	财务部门	现金出纳岗	取现银行回单
④	申请领取现金	业务部门经办人发起网上流程申请领取现金	业务部门	业务部门经办人	流程审批单
⑤	会计制单	费用核算会计审核单据并制作凭证	财务部门	费用核算会计	记账凭证
⑥	审核记账	资金主管复核记账凭证	财务部门	资金主管	记账凭证
⑦	支付现金	出纳支付现金、业务部门经办人领取并签收	财务部门	现金出纳岗	记账凭证
⑧	缴纳现金	业务部门经办人缴纳现金，并要求财务部开具收据或发票	业务部门	业务部门经办人	
⑨	收取现金	出纳收取现金后及时放入保险柜保管，保险柜钥匙应妥善保管	财务部门	现金出纳岗	
⑩	开具现金收据或发票	收入核算岗会计开具现金收据或发票	财务部门	收入核算岗、会计	收据或发票
⑪	在现金收据或发票上盖章	出纳在现金收据上加盖财务专用章或在发票上加盖发票章，并交给业务部门经办人	财务部门	现金出纳岗	收据或发票

编号	流程步骤	流程步骤描述	责任部门	责任岗位	控制文档
⑫	会计制单	收入核算岗会计制单	财务部门	收入核算岗会计	记账凭证
⑬	审核凭证	资金主管审核记账凭证	财务部门	资金主管	记账凭证
⑭	登记现金日记账	发生现金收支业务时，出纳当天及时登记现金日记账	财务部门	现金出纳岗	现金日记账
⑮	将收到的现金缴存银行	出纳将当天收到的现金及时缴存银行，不得坐收坐支，并将现金缴款银行回单交给会计制单	财务部门	现金出纳岗	现金缴款银行回单
⑯	盘点现金	发生现金收支业务的当天，出纳执行现金盘点工作，同时必须有一名会计监盘，出纳编制现金盘点并归档，双方签字	财务部门	现金出纳岗、资金管理岗会计	现金盘点表
⑰	不定期监督盘点	资金主管不定期参与现金盘点工作，关注库存现金超过限额情况，若发现要求出纳及时缴存银行处理；关注现金长短款及形成原因，若出现违规行为提交财务部门负责人处理。参与盘点时，在出纳和会计编制的现金盘点表上签字并复印留档现金抽盘表	财务部门	资金主管	现金盘点表
⑱	复核	财务部门负责人定期（至少每季度一次）复核现金盘点表	财务部门	财务部门负责人	现金盘点表

（三）库存现金管理关键控制点风险控制矩阵

表 3-3　库存现金管理关键控制点风险控制矩阵

控制编号	关键控制点	风险描述	控制措施	主控部门	主控岗位	控制文档
K1	财务部门负责人审批	出纳人员领取现金未经恰当授权审批，可能导致现金随意提取，造成资金截留风险	财务部门负责人审批提现申请，重点审核取现金额是否在额度内，相关单据是否齐全，取现理由是否合理等，并出具审批意见	财务部门	财务部门负责人	提现申请单
K2	出纳支付现金	出纳人员支付现金的金额有误，造成资金损失	出纳支付现金时应将点清的现金当面支付给业务部门经办人并获取签收签名，当天登记现金日记账并编制现金盘点表	财务部门	现金出纳岗	现金盘点表
K3	出纳收取现金办理入库手续	现金保管不善，导致丢失、损坏或被盗，造成资金损失	出纳收取现金后必须放入保险柜保存。保险柜钥匙需要妥善保管，出纳离开座位时应将保险柜钥匙随身携带或者落锁保管	财务部门	现金出纳岗	
K4	会计开具现金收据或发票	现金收入必须由会计开具收据或发票	在出纳对外柜台上明显粘贴"不收取现金"的标识。对确需收取现金的，无论经办人是否要求，会计都必须开具收据或发票，收据需连续编号，留存附件	财务部门	收入核算岗会计	收据本
K5	资金主管不定期监督盘点	库存现金未及时进行盘点，盘点未经监督，出现现金余额与账面不相符或者库存现金超过限额，公司库存现金遭受损失风险	出纳日常盘点时，需有会计人员参与监督；资金主管不定期参与现金盘点工作，关注库存现金超过限额及现金长短款情况；财务部门负责人月末核对现金日记账以及现金盘点表	财务部门	资金主管	现金盘点表
K6	财务部门负责人复核			财务部门	财务部门负责人	

四、管理技巧

表 3-4　库存现金管理技巧

序号	技巧要点	具体内容
1	加强现金安全管理	存放现金和空白票据的保险柜钥匙出纳应随身携带，离开位置时随时落锁。出纳如果短期外出不在办公室，可以将钥匙放置在使用手机动态密码开启的安全盒子，需要的时候由出纳发送一次性的手机动态密码给指定的会计人员，由其进行相关操作。出纳如果休假超过 1 天，则应按照规定休假交接流程操作
		建议在出纳岗位和存放保险柜的房间安装摄像头。监控应当指派专门人员进行不定期检查，并形成抽查记录，明确监控关注的要点，逐项勾选；明确监控的保管期限，如果监控信息会定期覆盖的，考虑下载存档，达到一定期限，经审批后方可删除
		在现金使用限额范围内，经会计审核制单后，办理现金收付款业务
		支付现金，务必要求领款人签字。代领现金，要求代领人提供身份证明等资料以备查
		应尽量避免大额现金支取，特殊情况需说明原因
2	预测最佳现金持有量	通过定期编制现金预算，观测现金实际使用情况，如现金使用的金额大小和频率，合理预估每月、每周、每日的现金使用量，从而降低取现频次，避免日现金余额超过现金库存限额，以防范资金风险

五、管理表格

（一）提现申请表

表 3-5　提现申请表

使用日期		经办人	
使用事由			
取现金额	小写：		
	大写：		
财务部门负责人意见：			

（二）现金盘点表

表 3-6 现金盘点表

一、盘点日期	202×/××/××	
二、清点实有现金		
货币面值	张数	人民币余额
100.00		
50.00		
20.00		
10.00		
5.00		
2.00		
1.00		
0.50		
0.20		
0.10		
0.05		
0.02		
0.01		
合计：盘点日现金实有数额		
三、盘点日现金账面余额		
盘点日现金账面余额		
加：至盘点日未入账现金收入		
减：至盘点日未入账现金支出		
调整后现金余额		
四、账面与实有现金差额		
差额		
长款		
短款		
五、差异原因：		
盘点人		日期：202×/××/××
监盘人		日期：202×/××/××
会计主管人员		日期：202×/××/××

第二节　银行账户管理

一、管理基础

（一）概念

银行账户是企业在银行开立的办理资金收付结算的存款账户。

（二）分类

银行账户根据用途的不同，分为基本存款账户、一般存款账户、专用存款账户和临时存款账户。

表 3-7　银行账户类型

分类标准	账户类型	含义
用途	基本存款账户	基本存款账户是存款人因办理日常转账结算和现金收付需要开立的银行结算账户。一个公司只能有一个基本存款账户
	一般存款账户	一般存款账户是存款人因借款或其他结算需要，在基本存款账户开户银行以外的银行营业机构开立的银行结算账户
	专用存款账户	专用存款账户是存款人按照法律、行政法规和规章，对有特定用途资金进行专项管理和使用而开立的银行结算账户
	临时存款账户	临时存款账户是存款人因临时需要并在规定期限内使用而开立的银行结算账户

二、管理要点

表 3-8　银行账户管理要点

序号	管理要点	说明
1	管理职责	公司财务部门为银行账户管理责任部门，负责公司银行账户的开立、变更、撤销、使用管理
		财务部门负责银行账户管理基本信息的建立、日常维护和管理
		银行账户由公司财务部门统一开立、统一管理，严禁违反规定多头开户，严禁出租、出借和转让银行账户
2	管理要求	公司财务部门应对银行账户基本信息进行登记管理，实时更新
		银行账户基本信息包括户名全称、开户银行全称、银行账号、币种、账户类别、账户用途、开户日期、账户变更日期、销户日期、网银U盾数量和权限、网银使用人

序号	管理要点	说明
2	管理要求	银行账户管理直接责任人为出纳，公司负责人、财务负责人为账户管理的第一责任人
		直接责任人必须具备相应的职业素质，规范银行账户开立、变更、销户、年检以及日常使用管理，建立健全本公司银行账户管理档案
		银行账户开立、变更和撤销，必须由相关经办人员填写银行开（销）户申请表，经分管财务工作副总经理等领导批准后方可执行
		财务部门应保管好银行账户对应印章、网银U盾，确保银行账户安全。印章与网银U盾的保管应按岗位分离原则设置
		银行账户管理人员应确保账户信息安全，未经批准，严禁对外提供账户相关任何信息
3	开立账户	开户管理原则 ① 一个公司只能开立一个基本存款账户 ② 根据对外借款、融资以及结算需要，公司可向银行申请开立一般存款账户（包含共管账户）。共管账户是指因项目管理需要，建设单位与总承包方等双方或多方共同管理的银行结算账户 ③ 需要设立临时机构、异地临时经营和注册验资的，公司可以申请开立临时存款账户
		开立账户审批程序 ① 申请开户。业务部门经办人提交银行账户开户申请资料并由其部门负责人审批同意 ② 审批账户。公司财务部门审核开户申请资料，报公司领导审批同意 ③ 开立账户。财务部门按照领导签批的要求办理有关手续
4	变更、撤销账户	因公司人事变动或其他原因需要变更银行印鉴或信息等，应在变更事项得到开户银行变更确认后在银行账户基本信息中记录变更信息
		财务部门应及时清理不需使用的银行账户，防止不必要的多头开户和重复开户情形，撤销多余的银行账户
		办理银行账户撤销前，财务人员需与开户银行核对存款余额，并将余额划至正常结算账户，并按规定核销空白票据及结算凭证
		撤销银行账户后，应在银行账户基本信息中及时记录撤销信息
5	银行存款备查账	出纳应按照公司管理规定，严格审核付款凭证，审核无误后方可付款，并同时登记银行存款日记账备查
		每日扎账后，出纳应核对当日银行存款明细账与个人登记的银行存款日记账，确保资金收付准确、无误。若出现错误，应及时查明原因解决
		每月底，总账会计应与出纳核对本月银行存款明细账，存在不一致的，应由会计编制《银行存款余额调节表》，同时分析未达账项产生原因，及时清理未达账项

三、管理流程

（一）银行账户开户流程

1. 流程

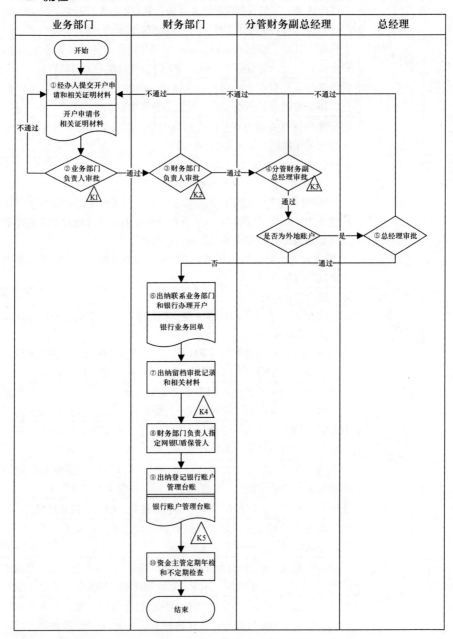

图 3-2　银行账户开户流程

2. 流程说明

表 3-9 银行账户开户流程说明

编号	流程步骤	流程步骤描述	责任部门	责任岗位	控制文档
①	提交开户申请材料	业务部门提前与财务部门对开户事项充分沟通，提交开户申请材料	业务部门	业务部门经办人员	开户申请书及相关文件证明材料
②	审批	业务部门负责人审批银行账户开户申请	业务部门	业务部门负责人	审批记录
③	审批	财务部门负责人审批银行账户开户申请	财务部门	财务部门负责人	审批记录
④	审批	分管财务副总经理审批银行账户开户申请	分管财务工作副总经理		审批记录
⑤	审批	对外地银行账户，由总经理审批银行账户开户申请		总经理	审批记录
⑥	联系业务部门和银行办理业务	出纳及时联系业务部门办理开户业务，取回银行业务回单。原则上不允许由出纳以外人员借出财务印章办理开户，确需带出办理的，遵循财务印章外使用流程，承担相应的责任，由出纳以外人员办理后，将银行取得所有资料交给出纳	财务部门	现金出纳岗	银行业务回单
⑦	资料留档	将开户申请材料审批记录、银行业务回单建档保存，确定建档序号，分别留存纸质档案和电子档案	财务部门	现金出纳岗	开户申请材料记录、公司审批记录、银行业务回单
⑧	指定网银U盾的保管人	财务部门负责人指定网银U盾的保管人，遵循职责分离、分开保管原则，保管人签收后交由出纳保管	财务部门	财务部门负责人	网银U盾签收单
⑨	登记银行账户管理台账	登记《银行账户管理台账》，记录银行账户基本信息和网银U盾等重要资料保管人信息	财务部门	现金出纳岗	银行账户管理台账
⑩	定期年检和不定期检查	资金主管每年度获取中国人民银行《已立银行结算账户清单》，核对《银行账户管理台账》信息，对银行账户存续状态、开销户情况复核。不定期抽查开销户资料存档情况	财务部门	资金主管	银行账户不定期检查表

3. 关键控制点风险控制矩阵

表3-10　银行账户开立和日常管理关键控制点风险控制矩阵

控制编号	关键控制点	风险描述	控制措施	主控部门	主控岗位	控制文档
K1	业务部门负责人审批	① 银行账户未严格履行银行账户设立及管理程序，导致公司银行账户管理无法得到有效管控	① 审批重点包括是否符合公司银行账户管理规定，是否符合实际需要，理由是否充分、合理等	业务部门	业务部门负责人	审批记录
K2	财务部门负责人审批	② 共管账户的开立不符合公司资金集中管理要求，导致公司对共管账户的资金无法实时掌控，执行监督不到位，可能使共管账户内的资金安全受到威胁，无法进行有效管理	② 针对共管账户，需重点审核合同条款或业主审函等开户依据，与业务部门和业主沟通预留印鉴。开立网银等手续。共管资金仅限于项目工程资金的结算，不得作为其他用途。共管账户应实行网银复核管理。工程结算在柜台办理相关结算业务。工程账户应及时付完毕，共管账户应及时注销	财务部门	财务部门负责人	审批记录
K3	分管财务工作副总经理审批			分管财务工作副总经理		审批记录
K4	审批记录和相关材料留档	审批记录和相关材料保存不当，网银U盾未分别保管，导致财务风险和内部控制风险增加	银行网银应办理一级/二级复核，银行网银U盾等应交由不同权限人员保管，遵循职责分离原则	财务部门	现金出纳岗	审批记录和相关材料
K5	登记银行账户管理台账	对银行账户相关材料管理，缺乏有效的管理，导致银行账户管理混乱，增加银行账户使用风险	出纳登记银行账户管理台账，记录银行账户基本信息和网银U盾等重要资料保管人信息。资金主管对银行账户余额、存续状态，审批记录和相关材料等进行年检和不定期检查	财务部门	现金出纳岗、资金主管	银行账户管理台账、银行账户不定期检查表

（二）银行账户变更及销户流程

1. 流程

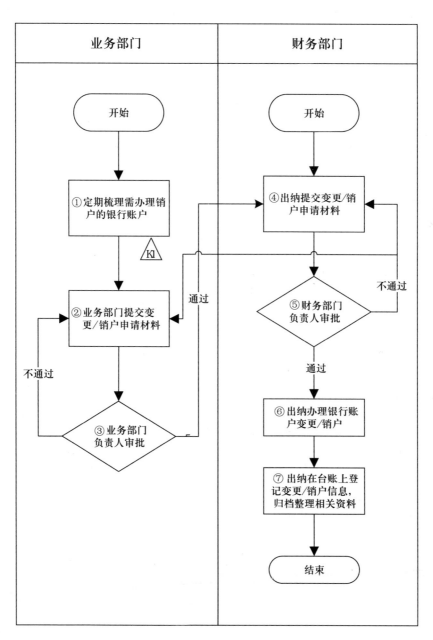

图 3-3　银行账户变更及销户流程

2. 流程说明

表 3-11   银行账户变更和销户流程说明

编号	流程步骤	流程步骤描述	责任部门	责任岗位	控制文档
①	定期梳理需办理销户的银行账户	出纳定期（至少每年度）梳理长期未使用的账户、下一年度到期的临时户、已完成项目的银行账户和久悬户情况，与业务部门沟通了解是否达到销户标准，并与银行沟通销户要求。计划销户的情况经会计主管审核后，并上报财务部门负责人	财务部门	现金出纳岗	银行账户销户提示表
②	业务部门提交变更/销户申请材料	对业务部门申请开立并且达到变更/销户要求的银行账户，业务部门经办人提交银行账户变更/销户申请及相关证明材料	业务部门	业务部门经办人员	银行账户变更/销户申请书及相关文件证明材料
③	审批	业务部门负责人审批银行账户变更/销户申请	业务部门	业务部门负责人	银行账户变更/销户申请书
④	出纳提交变更/销户申请材料	对财务部门申请开立并且达到变更/销户要求的银行账户，出纳提交银行账户变更/销户申请及相关证明材料	财务部门	现金出纳岗	银行账户变更/销户申请书
⑤	审批	财务部门负责人审批银行账户开户申请	财务部门	财务部门负责人	银行账户变更/销户申请书
⑥	办理银行账户变更/销户	出纳到银行办理银行账户变更/销户，取回销户回单	财务部门	现金出纳岗	
⑦	台账登记并归档	出纳及时在银行账户管理台账上更新账户变更/销户信息，将变更/销户电子档案和纸质档案整理归档。收回销户账号网银 U 盾，和纸质资料一并归档	财务部门	现金出纳岗	银行账户管理台账

3. 关键控制点风险控制矩阵

表 3-12　银行账户变更和销户关键控制点风险控制矩阵

控制编号	关键控制点	风险描述	控制措施	主控部门	主控岗位	控制文档
K1	出纳定期梳理需办理销户银行账户情况，与业务部门沟通后报财务部门负责人	无用或失效的银行账户未及时办理销户，导致账户管理混乱，增加银行账户使用风险	出纳定期（至少每年度）梳理长期未使用的账户、下一年度到期的临时户、已完成项目的银行账户和久悬户情况，与业务部门沟通了解是否达到销户标准，并与银行沟通销户要求。计划销户的情况经会计主管审核后，上报财务部门负责人	财务部门	现金出纳岗	

四、管理技巧

（一）银行账户管理技巧

表 3-13　银行账户管理技巧

序号	管理环节	技巧内容
1	银行账户开立	① 会计人员应随同出纳一起到银行办理银行账户开立工作 ② 公司可与有战略合作、资金支持的银行优先合作
2	银行账户日常管理	遵循不相容职务分离原则。财务部门应将银行网银 U 盾、印鉴章等交由不同职责人员保管，防范资金支付风险，严禁银行存款的收支业务全程由一人负责办理，严禁网银交易的经办与审核授权由同一人员操作
		建立银行账户管理档案制度。公司应做好银行账户基本信息登记、开销户情况备查登记等，所有银行账户应纳入会计核算体系，不得账外循环

续表

序号	管理环节	技巧内容
2	银行账户日常管理	建立银行账户对账制度。负责银行对账工作的会计人员应当每月（或每季度）按公司管理要求落实对账工作，并完整编制《银行存款余额调节表》，如有未达账项，应查明原因并跟进。再由会计主管审核银行存款余额调节表的正确性，并报财务部门负责人审阅，三方确认无误后签字（盖章），由会计主管列入档案管理
		建立银行账户年检制度。出纳定期清理银行账户，设立《银行账户管理台账》，列出每个银行账户开户银行、银行账号、开户日期、销户日期、银行账户类型、用途和限额等信息，该台账定期更新。会计主管定期（不少于每年一次）在中国人民银行下载《已开立银行结算账户清单》，关注当年度新增银行账户和银行账户销户情况是否与出纳记录的表格信息一致，新增或销户是否合理，账户是否正常使用（是否存在久悬、冻结的情况）。将该项工作作为年度例行工作
3	银行账户注销	基于对银行账户的日常管理，出纳应定期（至少每年度）梳理长期未使用的账户、下一年度到期的临时户、已完成项目的银行账户和久悬户情况，与业务部门沟通了解是否达到销户标准，并与银行沟通销户要求。计划销户的情况经会计主管审核后，上报财务部门负责人。经审核无误后，及时办理销户，建议明确时间，如审批下达后，一个月内完成销户工作。将该项工作作为年度例行工作

（二）共管账户管理技巧

表 3-14 共管账户管理技巧

序号	管理环节	技巧内容
1	共管账户开立	业务部门提出书面开户申请，同时提交开户事由相关文件证明材料（例如，合同条款明确约定，或业主来函明确要求），并经业务部门负责人以及财务部门负责人审批签字
		审批通过后，财务部门经办人员及时联系业务部门和开户银行，办理相关开户手续。财务部门经办人员登记账户管理台账，并在财务管理系统中统一设立银行档案
		财务部门经办人员将开户申请、相关文件证明材料、相关部门审批意见、银行开户回单、预留印鉴卡等文件集中整理归档

续表

序号	管理环节	技巧内容
2	共管账户管理	共管账户双方不得撤销或者更改共管账户性质，不得将此账户对外抵押或担保，管理期限应为合同签订开始至合同履行完毕，包括款项结算完毕
		共管账户预留银行印鉴应为公司指定的财务专用章和法人名章，对于业主要求加盖预留印鉴，需提前报财务部门负责人同意。共管期间，共管账户不得变更印鉴章（法人变更除外，并且需提供工商变更通知书复印件）。共管账户需刻制专门印章作为银行预留印鉴的，应上报公司印章刻制审批部门审批，刻制印章应记录备案，由财务部门领取并妥善保管
		共管账户原则上应实行网银付款复核管理，共管账户不得在柜台办理相关结算业务。银行网银经办U盾和复核U盾应分开保管
		对于业主要求不得开立网银，必须通过柜台转账办理付款等特殊情况，应提前报财务部门负责人同意。出纳需将购买的空白票据进行登记，并作为重要单据保存在保险柜中。空白支票与预留银行印鉴分管，不得提前签盖空白支票
		甲乙双方均无权单独对共管账户进行资金提取及划转等操作，有权从银行获取项目共管账户的资料，如对账单、银行存款余额、账户资金收支明细资料等
		银行共管账户款项付款。工程资金的结算支付必须提供相应的付款节点证明资料，按公司相关制度经业务审批和财务审批两道程序后方可办理
		出纳应及时取得收款、手续费、利息（存续期间利息所得归共管账户设立方所有）等银行回单并交付会计制单
3	共管账户销户	依据完工进度，业务部门申请销户后，财务部门经办人员填报《银行账户变更、撤销申请表》
		共管账户协议应约定共管期限到期、双方结算完毕后，甲方必须配合乙方无条件解除共管账户的共管，并配合销户工作
		审批通过后，财务部门经办人员及时联系银行办理销户相关手续，并在财务管理系统中停用相关银行档案，销户资料应留存归档

五、管理表格

（一）银行账户开户申请表

表 3-15　银行账户开户申请表

年　　月　　日

开户单位名称				开户单位地址	
法定代表人		单位负责人		经办人	
开设银行账户用途					
开户银行名称及账号					
开户银行所在地					
银行开户性质	基本（　　　）　　一般（　　　）　　专用（　　　）　　临时（　　　）				
申请单位/部门（签章）					
财务部门					
分管财务工作副总经理					
总经理					

注：在非合作协议银行开立结算账户的，需要提供相关业务证明材料或指定开户证明材料。

（二）银行账户变更、撤销申请表

表 3-16　银行账户变更、撤销申请表

年　　月　　日

开户单位名称				开户单位地址	
法定代表人		单位负责人		经办人	
银行账户变更、撤销原因					
原开户银行名称及账号					
原开户银行所在地					
原银行开户性质	一般（　　　）　　专用（　　　）　　临时（　　　）				
具体变更、撤销事项说明					
申请单位/部门（签章）					
财务部门					
分管财务工作的副总经理					
总经理					

第三节 银行存款管理

一、 管理基础

银行存款是企业存放在银行或其他金融机构的货币资金。根据我国现金管理制度的规定，企业之间的经济往来，除按照现金管理制度规定的范围可以使用现金外，应通过银行或其他金融机构办理转账结算。广义的银行存款主要包括人民币账户存款、外币账户存款、信用证存款、外埠存款、银行本票存款、银行汇票存款等。

二、 管理要点

表 3–17 银行存款管理要点

序号	管理要点	说明
1	银行结算管理	银行存款的收付业务由出纳和会计负责办理，按照开户银行及账号设置银行存款明细表，以反映所有账户的收支情况
		出纳办理银行收付业务前，会计人员需严格审核凭证。财务人员应严格遵守国家的银行结算制度，依照规定的结算方式和手续办理业务。凡不符合制度规定的，不得办理
		纳人员必须及时掌握和上报银行存款的实际情况，把握账户的资金动态，每天更新银行存款明细表
		会计人员应于月底及时编制银行存款余额调节表，保证账实相符
2	网银支付管理	公司因业务需要开通网上银行查询、支付功能的，应由财务部门提出书面申请，经分管财务工作的副总经理签批同意后，由出纳在相关银行办理，其余人员未经许可一律不得兼办
		财务部门根据财务管理职责分工，将银行制发的网银 U 盾指定专人保管，并进行网银 U 盾领用登记
		网上银行业务办理至少应设置操作员、二级复核员进行管理。初次申领网银 U 盾应对初始密码进行修改。一人不得保管支付银行款项的所有网银 U 盾
		财务部门应加强对网银 U 盾的管理，梳理网银 U 盾日常维护工作流程并严格遵照执行。不得将网银 U 盾、登录密码和支付密码泄露或交予他人代为操作和保管，登录密码和支付密码要做到定时更新

续表

序号	管理要点	说明
2	网银支付管理	网银 U 盾保管员因临时离开、岗位调动、离职等原因无法及时进行网上银行业务办理的，应办理代管、移交手续，并由财务主管监交
		网银操作人员应在办理网上银行业务的计算机上安装防火墙及杀毒软件，确保网上银行使用时计算机环境安全、可控

三、管理流程

（一）银行存款管理流程

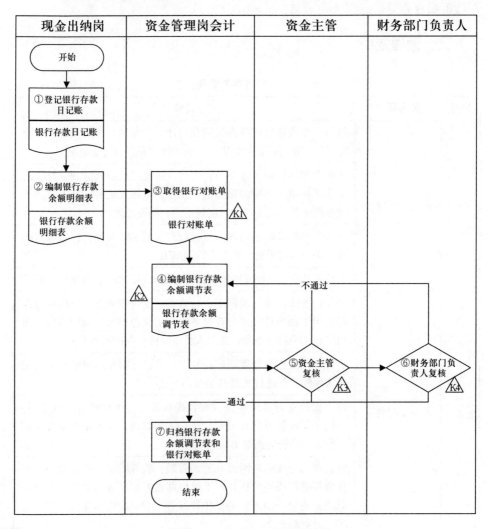

图 3-4　银行存款管理流程

（二）银行存款管理流程说明

表 3-18 银行存款管理流程说明

编号	流程步骤	流程步骤描述	责任部门	责任岗位	控制文档
①	登记银行存款日记账	出纳登记银行存款日记账，定期核对银行账户余额	财务部门	现金出纳岗	银行存款日记账
②	编制银行存款余额明细表	出纳每周编制银行存款余额明细表报送资金主管和财务部门负责人，每月报送分管财务的副总经理	财务部门	现金出纳岗	存款余额明细表
③	取得银行对账单	会计根据银行账户性质及使用频率，明确各银行账户对账频率，按月/季度取得银行对账单	财务部门	资金管理岗会计	银行对账单
④	编制银行存款余额调节表	会计按月/季度编制银行存款余额调节表，对未达账项查明原因并进行处理	财务部门	资金管理岗会计	银行存款余额调节表（套表）
⑤	复核	资金主管复核会计编制的银行存款余额调节表和银行对账单	财务部门	资金主管	银行存款余额调节表（套表）
⑥	复核	财务部门负责人复核银行存款余额调节表	财务部门	财务部门负责人	审核记录
⑦	归档银行存款余额调节表和银行对账单	会计对审核后的银行存款余额调节表和对应银行对账单归档管理	财务部门	资金管理岗会计	银行存款余额调节表（套表）、银行对账单

（三）银行存款管理关键控制点风险控制矩阵

表 3—19　银行存款管理关键控制点风险控制矩阵

控制编号	关键控制点	风险描述	控制措施	主控部门	主控岗位	控制文档
K1	会计取得银行对账单	银行出纳领取银行对账单并编制银行存款余额调节表，导致出纳违规调账，可能造成银行账户资金监管失控，公司的资金安全受到威胁	由会计人员根据银行账户性质及使用频率，明确各银行账户对账频率，按月/季度取得银行对账单	财务部门	资金管理岗会计	银行日记账
K2	会计编制银行存款余额调节表	未及时核对银行存款日记账及银行余额对账单并编制银行存款余额调节表，可能导致银行存款账实不符，未达账项披露不准确	会计人员按月/季度编制银行存款余额调节表，对未达账项查明原因并进行处理	财务部门	资金管理岗会计	银行存款余额调节表（套表）、银行对账单
K3	资金主管审核	银行余额调节表编制完成后没有复核，导致银行存款账实不符，导致无法及时发现，公司的资金安全受到威胁	资金主管对银行存款余额调节表和对应银行对账单进行审核，重点包括银行对账单信息是否正确，调节表编制是否合规，信息是否真实准确等，并出具审核意见。	财务部门	资金主管	银行存款余额调节表（套表）、银行对账单
K4	财务部门负责人复核			财务部门	财务部门负责人	银行存款余额调节表（套表）

资金主管对会计清理未达账项进行审核和监督，重点包括未达账项的形成原因及变化等，并进行跟踪确认、及时处理

四、管理技巧

表 3-20　银行存款管理技巧

序号	技巧要点	具体内容
1	动态关注账户余额	出纳应时刻关注银行存款余额，掌握资金的使用情况，预防资金短缺。出纳应及时、准确编制银行存款余额明细表，并实时更新，以便于公司管理层掌握资金余额，做出合理的业务决策
2	定期核对账户余额	应当指定负责银行对账工作的会计人员每月（部分未发生业务的银行账户为每季度）至银行取得银行对账单，或者要求银行将对账单邮寄给该名会计人员
		根据银行账户的性质、使用频率，明确哪些账户按月对账、哪些账户按季度对账。负责银行对账工作的会计人员应当每月或每季度按要求落实对账工作，并完整编制《银行余额调节表》，如有未达账项，应查明原因并进行跟进。再由会计主管审核银行存款余额调节表的正确性，并报财务部门负责人审阅，三方确认无误后签字（盖章），由会计主管列入档案管理
		会计人员、资金主管应定期对账，核对银行存款账面余额、发生额是否与银行对账单相符。不仅仅只关注期末余额，如发现银行对账单记录了相等金额的一收一付，而银行存款日记账却未进行记录，则要进一步查明原因
3	核实账户余额合理性	出纳人员需定期核实每个银行账户存在的原因和合理性，并确认该账户存款余额是否符合其功能属性。例如，在每月完成税款缴纳后，纳税专户不应留存大量资金，由于专用账户的特定功能属性，纳税专户不能购买支票和对外转出资金，如发现存款余额过大，应及时核查原因，并确认是否需要转入基本户中
4	清理特定余额账户	针对银行存款余额长期为零的账户，核查是否还有使用需求；针对银行存款余额长期不变的账户，核查是否还有使用需求以及账户状态是否冻结或久悬，并上报资金主管确认是否应该撤销，以便及时清理不必要的账户
5	加强网银安全管理	每次使用网银支付功能前，应检查办公电脑的使用环境是否安全，并定期进行环境检测与木马查杀
		网银 U 盾日常使用完成后，应及时退出网银系统，使用人将网银 U 盾取回并及时落锁保管。出纳定期（不少于每年一次）对网银 U 盾的保存状态进行跟踪了解
		分开保管网银 U 盾及密码。网银 U 盾如果遗失，应当及时联系银行办理挂失。因故由他人代为操作网银 U 盾进行款项支付，原保管人取回网银 U 盾时应及时修改密码

五、管理表格

表 3-21　银行存款余额调节表

单位名称			账号					开户行		
								对账日期：　　年　　月　　日		
1	单位账面余额					1	银行账户余额			
	日期	摘要	凭证号	金额	查找记录		日期	摘要	凭证号	金额	查找记录
2.加：银行已收，单位未收款						2.加：单位已收，银行未收款					
	合计						合计			
3.减：银行已付，单位未付款						3.减：单位已付，银行未付款					
	合计						合计			
试算平衡						试算平衡				

第四节　备用金管理

一、管理基础

（一）概念

备用金是指企业预付给职工和部门用作差旅费、零星采购等日常零星开支的备用款项。备用金的管理包括备用金的审批、核销、清查与坏账准备计提等事项。企业应合理使用备用金，提高资金使用效率，有效控制资金占用。

（二）分类

根据备用金的使用用途可分为一般备用金和部门周转备用金，如表3-22所示。

表 3-22　备用金分类

序号	类型	含义及特点	使用举例
1	一般备用金	指员工因临时性需要向公司借用的资金，具有一次性、时间短的特点	为办理结算事项发生的临时性支出
			因公出差临时性借款支出
			部门公车保险、油费充值等支出
			招标文件费、中标服务费、场租费、代理服务费等支出
			部门专家评审费支出
			部门驻项目现场人员异地办理缴纳税款等支出
			经领导批准的其他临时性支出
2	部门周转备用金	指部门因经营管理需要频繁支出而向公司借用的资金，具有时间长、比较固定的特点	市场营销、业务拓展发生的支出
			其他经领导批准的支出

二、管理要点

表 3-23　备用金管理要点

序号	管理要点	说明
1	备用金申请	**申请主体** 与公司签订了合同的员工，包括公司正式职工及派遣职工
		使用时间 借款人提交备用金申请时应注明备用金借用时间范围，及预计归还或冲销时间
		申请要求 借款人应在申请中注明借款事由，并对真实性负责，同时提供相应的证明资料
2	备用金审批	公司应制定备用金审批权限，并按权限规定严格审批
3	备用金核销	**管理原则** 备用金实行"前账不清，后账不借"的管理原则
		管理要求 ① 借款人应于业务结束后 ×× 个工作日内，凭票据办理报销冲账手续 ② 部门周转备用金原则上不得跨年使用，存在特殊情况的，需提交情况说明 ③ 对于超过预计还款日期 ×× 个月未还借款，系统应于次月 ×× 日前发出催款提醒
4	备用金清查	**人员调动** 备用金未清理完毕的借款人，不能办理离职和部门调整手续
		备用金的清查 备用金原则上应实行年底"清零"。财务部门应定期对备用金进行清查，并将备用金的清收情况加入绩效考核。对年底备用金未清零的事项，应由借款部门的分管领导特批
5	责任追究	在备用金管理工作中存在以下行为的，移交纪检部门处理。构成犯罪的，依法移送司法机关处理： ① 在备用金管理工作中未按照规定做好备用金的管理工作，导致备用金损失，造成国有资产流失的 ② 在备用金的使用管理工作中，存在违纪、违规行为的

三、管理流程

（一）备用金管理流程

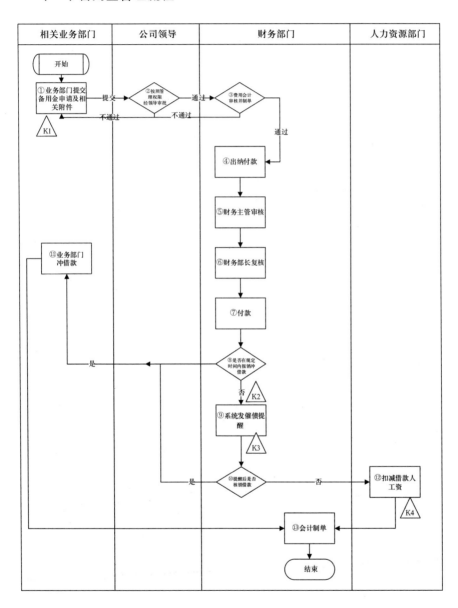

图 3-5　备用金管理流程

（二）备用金管理流程说明

表3-24　备用金管理流程说明

编号	流程步骤	流程步骤描述	责任部门	责任岗位	控制文档	备注
①	备用金申请	借款人按"借款单"规定的格式完整填写借款人、借款时间、借款事由、借款金额、预计还款日期等内容，按照管理权限等审批后方可办理	借款部门	借款人	借款单	部门周转备用金限额备案表
②（01）	审批	部门负责人对借款事项进行审批	借款部门	部门负责人	审核记录	
②（02）	审核	根据申请的备用金金额，公司领导依次按审批权限对款本次申请是否符合备用金付款要求	分管业务工作的副总经理、分管财务工作副总经理、总经理		审核记录	
③	审核并制单	费用会计审核是否符合备用金付款要求	财务部门	核算会计	会计凭证	
④	付款	出纳制作网银付款单	财务部门	出纳	网银付款单	
⑤	付款复核	资金主管、财务部门负责人进行二级复核，审核会计凭证及附件是否符合备用金付款要求，确认付款信息是否准确	财务部门	资金主管、部门负责人		
⑥	付款	银行系统划转资金，确认银行回单	财务部门	出纳	银行回单	
⑦	冲销借款	借款人将报销单据交由财务部门费用会计审核是否符合报销条件，并予以冲销借款	借款部门	借款人	还款单	

续表

编号	流程步骤	流程步骤描述	责任部门	责任岗位	控制文档	备注
⑧	系统发送催款提醒	对于超过预计还款日期未还清的借款，系统在预计还款日期到期时及预计还款日期到期后××个月，及预计还款日期到期后××个月的次月××日分别发出催款提醒	财务部门	核算会计		
⑨	仍未冲销借款且无故拖延的，通知人力资源部扣减工资	借款人员应于业务结束后××个工作日内，凭票据到财务部门办理报销冲账手续，未使用完的备用金应采用现金或者转账方式归还	财务部门	部门负责人	通知单	
⑩	扣减借款人工资	人力资源部扣减工资	人力资源部	薪酬专员		
⑪	会计制单	报销冲借款由费用会计制单；现金还款由资金岗会计制单	财务部门	核算会计	会计凭证	
⑫	定期清理备用金借款	财务部门每季度定期对备用金借款进行清理	财务部门	核算会计	备用金清查表	
⑬	备用金账龄分析、坏账准备计提	财务部门对备用金借款按照《企业会计准则》和集团总部会计核算办法及时计提坏账准备	财务部门	核算会计	账龄分析表	

（三）备用金管理关键控制点

表3-25　备用金管理关键控制点风险控制矩阵

控制编号	关键控制点	风险描述	控制措施	主控部门	主控岗位	控制文档
K1	部门负责人审批	①备用金未按规定使用、未经业务部门有效审批，导致备用金随意支出，公司资产遭受损失	①只有公司本部正式职工及派遣职工、才能在公司本部借支备用金，分子公司自聘员工及其他人员（各部门临时聘用等）一律不允许在公司本部借支备用金②拟投标项目经评审通过后，方可支付投标保证金	借款部门	部门负责人	①借款审批单、一般报销单、还款单②记账凭证③审核记录④审批记录⑤备用金清查表
K2	按照审批权限经公司领导审批	②备用金未经财务部门严格审批，产生资金支出风险	公司领导按照审批权限依据审批权限对借款事项进行审批，包括借款事项是否必要、内容是否符合公司要求等	公司领导		
K3	核算会计审核并制单	③备用金未及时清理、备用金借支管理失控，可能导致公司资产遭受损失	①一般备用金管理控制关键点：通过还款/冲账时间控制，每笔借款申请均需提供附件资料，实行"前账不清，后账不借"的管理原则②部门间转备用金管理控制关键点：通过还款/冲账时间控制及部门间转备用金总额双重控制，对于未按管理办法管理的取消当次年备用金周转备用金借支资格	财务部门	核算会计	
K4	定期清理备用金借款		①备用金原则上应实行年底"清零"。核算会计每季度定期清理备用金借款，对于超过预计还款日期××个月未还借款，财务部门应于次月××日前发出催款提醒，对无故拖延且在财务部门发出催款提醒后仍不办理者，财务部门将根据人力资源部从下月起直接从借款人工资中扣款，不再另行通知②对年底备用金未清零的事项，应由借款部门的分管领导审批特批	财务部门、借款部门	核算会计、分管业务工作的副总经理	

四、管理技巧

表 3-26　备用金管理技巧

序号	技巧	内涵
1	建立动态的备用金清理机制，确保备用金健康流动	动态的备用金清理机制应主要包括定期清理与适时清理相结合、全面清理与专项清理相结合、主动清理与上级要求清理相结合等各方面内容
		在备用金清理的频度上，公司应按月度、季度或年度开展定期清理，做好备用金业务的日常监控，对于尚未到清理周期但确实需立即清理的事项应开展适时清理，如公司某员工因工作调动、辞职或其他原因而离开原工作单位时，必须启动适时清理
		在备用金清理的范围上，公司既要对已发生但尚未核销的所有备用金业务进行逐项分析清理，即全面清理；更要针对因历史原因形成的备用金呆坏账，以及无正当理由但又长期拒不还款的"老赖"行为，分别制订清理方案，开展专项清理
		在备用金清理的能动性上，不仅要按照公司备用金管理制度和备用金年度清理计划进行主动清理，而且还要严格落实上级业务部门部署的备用金清理工作要求，不折不扣地完成上级业务部门下达的备用金清理任务
2	建立严格的备用金管理考核机制，实行备用金管理与经营业绩考核相挂钩	确定备用金管理考核目标，并细化分解到责任部门和责任人，建立、实行备用金管理与责任部门经营业绩、责任人个人薪酬挂钩的考核办法： ①与财务部门工作履职情况挂钩考核 ②与备用金借用部门经营业绩挂钩考核 ③与备用金借用部门负责人个人薪酬、职务晋升挂钩考核 ④与备用金借用人员个人薪酬、职务晋升挂钩考核 通过建立和推行备用金管理考核机制，将备用金管理与责任部门、责任人经济利益直接捆绑在一起，提高备用金管理责任部门、责任人的管理主动性，为更加有效地将公司备用金管理制度落到实处起到良好的推动作用
3	建立科学的员工信用评估机制，实行备用金管理与员工职务晋升相挂钩	建立健全公司员工信用评估机制，将员工执行备用金管理制度的具体表现纳入公司员工信用考评体系中，作为公司选人用人决策和员工职务晋升的重要参考因素

续表

序号	技巧	内涵
4	建立纪检监察部门介入机制，正确处理违纪违法行为	公司备用金必须专款专用。对于编造借款理由套取现金、未按规定借用备用金等违反公司备用金管理制度的行为，由公司纪检监察部门依照公司有关职工违纪违规行为处分规定等进行处罚；对触犯国家法律构成违法犯罪的行为，移交司法机关依法追究刑事责任
5	利用信息化手段辅助备用金管理	梳理备用金管理业务流程，通过信息系统固化流程，识别风险点，设置审批环节，减少人为干预

五、管理表格

（一）部门周转备用金限额备案表

表 3-27　部门周转备用金限额备案表

部门名称			经办人	
部门周转备用金限额（小写）		部门周转备用金限额（大写）		部门周转备用金使用期限	
（请详细说明事由）				
部门负责人签字：				
分管业务工作的副总经理签字：				
总经理签字：				

（二）差旅借款事前审批单

表 3-28　差旅借款事前审批单

出差人		出差时间			
出差事由					
借款人		借款时间		预计还款时间	

续表

借款金额		借款金额 （大写）	
借款金额明细（单位：元）			
费用类别		**金额**	
1. 公共交通：			
2. 住宿费：			
3. 文印制作费：			
4. 其他：			
合计：			
出差部门负责人签字：			
备注：此表仅用于需要借支一般备用金的差旅事前审批			

第五节　资金集中管理

一、管理基础

（一）概念

表 3-29　资金集中管理概念

序号	概念	说明
1	资金管理	企业对资金来源和资金使用进行计划、控制、监督、考核等工作的总称。资金管理是财务管理的重要组成部分
2	资金集中管理	资金集中管理是指将整个集团的资金归集到集团总部，在集团总部设立专职部门代表集团总部实施对资金的统一调度、管理、运用和监控
3	管理目的	资金集中管理目的是实现集团范围内资金的整合与调控，充分盘活资金存量，调剂资金余缺，促进资源的优化配置，有效提高资金使用效率，降低财务成本和资金风险
4	管理内容	集中管理模式、管理职责分工、资金账户管理、资金预算管理、资金归集与支付管理、资金核算与收益管理等

（二）特征

资金管理中心一般是在集团总部财务部门内部设立的、办理内部成员单位现金收付和往来结算业务的专门机构。资金集中管理的特征如表 3-30 所示。

表 3-30 资金集中管理特征

序号	特征	主要内容
1	成员单位独立核算	成员单位具有自己的财务部门和各自的银行账户。资金集中管理不改变成员单位对资金的所有权和经营权
2	收支两条线	统一上划成员单位的现金收入，再根据成员单位上报的资金预算统一下拨货币资金，同时监控资金的流向和使用情况
3	成员单位内部结算	成员单位之间的内部往来结算通过资金管理中心调剂，以"走账不走钱"的形式完成，极大地降低整个集团的资金需求量
4	内部存贷	资金管理中心与成员单位之间上收、下拨资金形成内部存款、内部借款和还款。实行有偿存贷制度
5	统贷统还	成员单位有贷款需求，向资金管理中心申请，资金管理中心根据整个集团的资金存量、统筹贷款规模，向银行申请贷款。然后资金管理中心向成员单位统一发放贷款并收回本息

（三）分类

表 3-31 资金集中管理模式分类

序号	主要模式	主要特点	集权程度	适用范围
1	统收统支模式	所有资金收入、支出均由集团总部的财务部门负责调度	高度集权	初创期
		内部各成员单位不单独设立账号，无资金支配权限		
2	拨付备用金模式	集团总部的财务部门上收各成员单位的资金收入，同时向其定期拨付一定金额的资金，由成员单位自由支配	集权	初创期
		各成员单位不单独设置财务部门，可根据需要向总部申请资金		
3	结算中心模式	在企业内部设立财务结算中心，作为一个独立运行的机构	集权与分权结合	成长期
		由结算中心办理企业内部各成员或分公司的现金收入、支付和往来结算业务		

序号	主要模式	主要特点	集权程度	适用范围
3	结算中心模式	各成员单位开立2个结算账户，实行收支两条线管理	集权与分权结合	成长期
		由结算中心统一对外筹资，确保集团资金需求		
		各分公司有各自的财务部门，有独立的二级账户，有财务管理权		
		减少现金沉淀，提高资金利用效率和效益		
4	内部银行模式	通过引入商业银行的结算与信贷职能和管理方式在企业内部设立的资金管理机构	集权与分权结合	成长期
		通过设立内部结算账户，为企业总部和各成员单位日常资金的收付、往来进行结算		
		由内部银行统一对外筹资，对内可进行资金的存款、贷款业务		
		对各成员单位的资金收支进行监管、统一调剂、定期反馈信息		
5	现金池模式	设立集团现金池账户，总部与各子公司通过第三方（商业银行）建立双向委托贷款关系	集权	适用于中型、大型企业集团
		每日定时将子公司资金余额上划至集团现金池账户，实现"零余额管理"		
		各子公司定期编制资金预算，集团总部在各子公司账户存款余额的限度下，根据预算拨付子公司需要使用的资金数额		
		集团总部按期给付子公司利息，若子公司存款余额不足，可向集团总部申请贷款，按期偿还利息		
		利用商业银行专业化服务，对集团现金流量进行监控和预警，反映集团实时、准确的现金运作状况		
		现金池管理模式要求集团总部有较强的控制力和较高的信息化程度，并且必须结合其他管理模式（包括资金结算中心等）		

续表

序号	主要模式	主要特点	集权程度	适用范围
6	财务公司模式	财务公司作为集团的子公司而设立，属于非银行金融机构	分权	成熟期，适用于大型企业集团
		财务公司可办理结算、筹资、投资等业务，加速资金周转，最大限度降低资金成本		
		集团各子公司具有完全独立的财务管理权，对现金的使用具有决策权		

二、管理要点

表 3-32　资金集中管理要点

序号	管理要点	说明
1	职责分工	集团总部财务部门职责包括：监督管理资金中心日常运行情况、审核全公司资金计划并对其执行情况进行考核、审核资金收益分配方案等
		集团总部财务部门下设资金中心，其职责包括：制定资金集中管理相关制度、编制本公司资金计划、审核下属分子公司上报的资金计划并汇总编制全公司资金计划、按照资金计划进行资金调度管理和运行分析、对全公司的银行账户进行管理监督、制订资金收益分配方案等
		集团下属分子公司，统称为成员单位，其主要职责包括：建立本单位资金管理制度、编制资金收支计划、对账户余额、资金收付情况进行实时监控与管理
2	资金账户管理	集团总部对成员单位实行资金收支两条线管理方式。具体是指成员单位各种形式的资金收入，必须全额定期上划至集团总部母账户；成员单位各种形式的资金支出，由集团总部按照各成员单位上报的月度资金支付计划进行统一下拨至成员单位账户
		成员单位按照资金收支两条线管理的要求开立内部账户和外部账户（银行账户）。各成员单位在资金中心开立一个内部账户，用于核算与资金中心的往来业务。成员单位将银行账户按照收入账户、支出账户进行分设，一般可设立 1~3 个收入账户、1 个支出账户

续表

序号	管理要点	说明
2	资金账户管理	集团总部根据业务发展需要确定 3~5 家银行作为资金集中管理的银企直联合作银行。合作银行必要时可进行调整
		成员单位只能在集团总部指定的银行范围内选择合作银行开立账户，除此以外的银行账户要逐步清理和撤销，现有业务到期后不得再办理新业务
		集团总部资金中心制定统一的银行账户管理办法，对各成员单位内部账户及银行账户开立、变更和撤销行为进行统一规范
3	资金归集、支付管理	资金归集 ① 成员单位各种形式的资金收入必须通过设定的收入账户进行收取，不得使用支出账户等其他账户收取资金。因特殊情况无法通过收入账户进行当日归集的，需向集团总部资金中心报备 ② 集团总部与成员单位合作银行签署服务协议，委托银行定期（例如，每日终了、每周终了）将成员单位收入账户的资金上划至集团总部母账户
		资金支付 ① 成员单位各种形式的资金支出必须通过设定的支出账户进行对外支付，不得使用收入账户等其他账户支付资金 ② 集团总部按成员单位上报的资金计划，于每月初第一个工作日上午某一时点前将本月计划支出资金下拨至各成员单位支出账户
		余额上划管理 每月末最后一个工作日下午某一时点前，集团总部委托银行将成员单位支出账户未使用完的资金上划至集团总部母账户
4	资金计划管理	资金计划管理要求 资金中心对成员单位实行资金计划管理，按照年度和月度资金计划安排日常资金。各成员单位在资金计划范围内使用资金
		资金计划的编制与审批 各成员单位在本公司可用资金额度范围内根据实际情况编制年度和月度资金计划，经履行内部审批程序后上报至集团总部资金中心。资金中心编制集团总部资金计划，经履行相关审批程序后，汇总集团所有成员单位的资金计划上报集团总部财务部审核，再报请集团总部分管财务工作的副总经理、总经理签批

序号	管理要点	说明
4	资金计划管理	资金计划的调整 ① 成员单位如遇年度资金预算内月度资金计划外的紧急用款，应提前 5 个工作日向资金中心申请并报送相关说明资料，经集团资金中心与财务部审核，并报集团总部分管财务工作的副总经理、总经理签批同意后，方可办理 ② 如遇年度资金预算外的紧急用款，应按照集团总部《预算管理办法》相关规定上报预算调整申请，经集团总部审核批准后，方可办理
5	内部资金调剂	成员单位存在资金短缺，可向资金中心申请内部资金调剂。内部资金调剂统一由资金中心管理执行，各成员单位之间不得自行拆借资金或变相拆借资金
		内部资金调剂期限以 1 年期以内（含 1 年）为主，一般用于成员单位生产经营中的流动资金需要。原则上不进行中长期的内部资金调剂
		资金中心设置内部资金调剂的利率水平。自实际调剂之日起开始计算资金占用费，并按季进行结算
		成员单位应按期归还调剂资金，原则上不允许展期。确需展期的，成员单位应于资金到期前一个月向资金中心报送相关申请资料，说明展期的原因、期限、归还措施
		成员单位提前归还调剂资金的，资金中心按实际使用时间收取资金占用费
6	资金核算管理	资金中心建立独立的会计核算体系，专门用于核算集团总部与各成员单位之间的资金上收、下拨、调度、计息等业务
		资金中心按季度对成员单位存放在集团总部母账户中的存款结息，资金中心参照同期银行活期存款利率或定期存款利率等计算存款利息
7	融资、授信管理	根据业务需要，各成员单位自行与银行协商办理融资、授信相关工作，并报送资金中心备案
		资金中心对各成员单位对外借款使用情况进行监督检查

三、管理流程

（一）资金计划管理流程

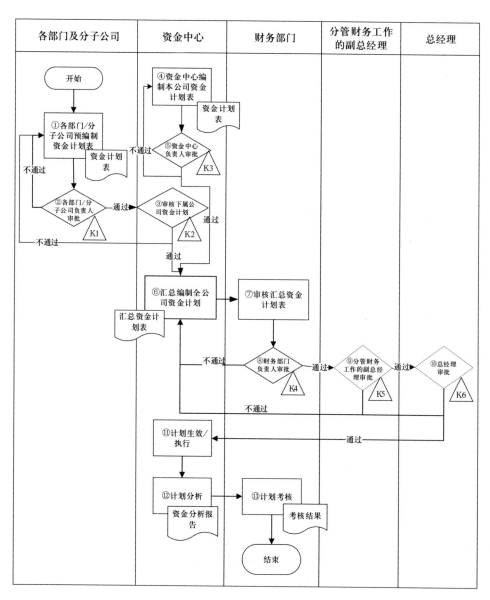

图 3-6 资金计划管理流程

（二）资金计划管理流程说明

表3-33　资金计划管理流程说明

编号	流程步骤	流程步骤描述	责任部门	责任岗位	控制文档
①	预编制资金计划表	各部门及分子公司依据实际情况预编制年（月）度资金收支计划	各部门及分子公司	资金计划管理岗	资金计划表
②	审批	将年（月）度资金收支计划报送各部门/公司负责人进行审批	各部门及分子公司	各部门/公司负责人	审批记录
③	审核	资金中心审核下属分子公司年（月）度资金收支计划	资金中心	资金计划管理岗	审核记录
④	编制资金计划表	资金中心依据实际情况编制本公司年（月）度资金收支计划	资金中心	资金计划管理岗	资金计划表
⑤	审批	资金中心负责人审批本公司年（月）度资金收支计划	资金中心	资金中心负责人	审批记录
⑥	汇总编制资金计划表	资金中心资金计划管理人员对年（月）度资金计划进行汇总编制平衡，并上报财务部门	资金中心	资金计划管理岗	汇总资金计划表
⑦	审核汇总资金计划表	财务资金计划审核专员对年（月）度资金计划进行审核后上报审批	财务部门	财务资金计划审核岗	审批记录
⑧	审批	财务部门负责人对汇总资金计划表审批	财务部门	部门负责人	审批记录
⑨	审批	分管财务工作的副总经理对汇总资金计划表审批	分管财务工作的副总经理		审批记录
⑩	审批	总经理对汇总资金计划表审批	总经理		审批记录
⑪	计划生效/执行	资金计划生效，各部门及分子公司依据计划执行生产经营活动	各部门及分子公司	各部门/公司负责人	汇总资金计划表
⑫	计划分析	根据资金计划实际执行结果对比分析资金计划编制准确性	资金中心	资金计划管理岗	资金分析报告
⑬	计划考核	对各部门、分子公司资金计划编制准确率进行考核	财务部门	财务资金计划审核岗	考核结果

（三）资金计划管理关键控制点风险控制矩阵

表3-34　资金计划管理关键控制点风险控制矩阵

控制编号	关键控制点	风险描述	控制措施	主控部门	主控岗位	控制文档
K1	各部门负责人审批	①资金计划未按照公司相关规章制度制定 ②资金计划收支脱离生产经营实际，资金计划编制不合理 ③一方面，资金流入受公司信用政策、资金管理手段、外部市场因素等影响；另一方面，资金流出的不确定性影响，导致资金计划编制不准确	①严格审批资金计划，包括资金计划编制是否合理，依据是否充分切实可行，是否有利于提高资金效率等 ②汇总资金计划后重点检查计划表编制是否合理。较上月、上年同期是否有较大差异；与公司年度资金计划进度是否匹配，与经营计划现金流是否匹配，并解释原因 ③在资金管理系统中设置检查公式，校验表单数据计算是否正确合理 ④定期对资金计划管理进行分析考核，查找资金编制的难点，资金执行的痛点，提高资金计划管理效率	各部门及分子公司	各部门负责人	审批记录
K2	审核下属公司资金计划			资金中心	资金计划管理岗	审批记录
K3	资金中心负责人审批			资金中心	资金中心负责人	审批记录
K4	财务部门负责人审批			财务部门	部门负责人	审批记录
K5	分管财务工作的副总经理审批				分管财务工作的副总经理	审批记录
K6	总经理审批			总经理		审批记录

四、管理技巧

表 3-35　资金集中管理技巧

序号	技巧要点	具体内容
1	统一信息管理平台	建立统一的资金集中管理信息系统，及时掌握现金流量的状况，对资金预算执行情况进行有效监督
		使用统一的财务管理软件，方便查验各类经济活动核算情况，实时对比分析现金流
2	统一集中管理标准	构建统一的资金集中管理体系，建立完善的资金集中管理制度，包括资金集中管理办法、资金预算管理制度、资金结算管理制度、资金安全管理制度、资金集中管理会计核算制度等
3	统一资金账户管理	各成员单位应在集团指定的合作银行范围内开设资金结算账户，经授权，集团总部可对成员单位的各账户进行资金的实时查询和归集上划工作
4	统一资金预算管理	规范资金预算的批复流程。下属成员单位根据资金实际需求定期编制并上报资金收支预算，集团总部在履行资金预算审批程序后再下达各成员单位执行
		根据支出的性质设置资金申请流程。对于日常经营性的支出，集团总部审批资金收支计划后，可直接下拨给各成员单位；对于非日常经营性的支出，如项目专项支出，应先由成员单位单独进行申请，并提供项目的可行性研究报告、资金收支计划，及相关决策审批等文件，经集团总部审核通过后再下拨项目资金
		严格控制预算外的资金支出。必须待预算调整后方可支付预算外的资金，同时对大额资金应进行实时跟踪监控，保证企业的支付能力与偿债能力
		加强资金预算的事前、事中、事后管理。加强事前资金预算分析，有效评估项目现金流入与流出，及时进行事中控制监督，对项目变化及时作出资金评估，并在事后反馈以建立完善的资金预算管理体系
5	提高人员素质能力	企业应加大对财务人员资金集中管理方面的知识培训，提高财务人员资金预算分析能力以及资金管理水平

序号	技巧要点	具体内容
6	提高流程审批效率	合理设置资金审批流程，根据不同流程的紧急程度、资金使用的不同目的等配置不同的人员审批权限，以此来对资金进行分级管理。包括日常资金审批流程、特殊项目资金的审批流程、紧急款项的申请审批流程等
		大力开发手机智能终端审批流程。通过手机移动审批使资金发起与审批流程更便捷、及时、高效，极大地解决了资金审批及时性问题
7	提高计划编制准确率	掌握行业资金收支的周期性规律。通常，12月、1月为勘察设计行业资金收入的"旺季"，3月、4月为资金收入的"淡季"，旺季资金收入高，淡季资金收入低
		了解日常资金用途、战略性资金布局。比如，有的企业会在每月末或每季度末预发绩效工资，而有的企业会在年末（12月）或农历新年之前（1月末2月初）集中发放绩效工资
		积极落实项目资金是否到位。对于实施工程总承包的企业，设备材料款及分包款占企业资金支出比重大，这些款项的支付往往跟合同约定的付款条件、项目进度以及业主资金来源密切相关
8	加强收支监控、账户监控	借助资金管理系统监控资金收支。一是对大额资金变动进行监控；二是对同一客商在一段时间内的多次密集性付款进行监控；三是对同一单位既付款又收款进行监控；四是对资金余额不足的分子公司进行监控
		针对未纳入资金集中管理的监控型账户，要求账户管理单位定期报送资金的收支流向。工程总承包业务的业主通常会要求总承包方开立共管账户，满足业主对资金的监管需要。企业集团在实施资金集中管理后，共管账户的资金一般无法直接上划或监控，仍然需要成员单位人工报送账户信息。对这部分账户进行资金监管是扫除资金管理的最后死角
9	降低贷款成本	将资金从富余的公司调拨到缺乏的公司，在内部解决部分公司短期资金需求
		针对长期资金需求，可以集团名义向银行贷款。集团总部需要将资金归集到少数几个合作银行账户中，通过规模优势与银行进行协商谈判，争取低利率贷款和更大的授信额度

续表

序号	技巧要点	具体内容
10	统一资金结算	为减少资金的体外循环，使资金内部使用效率最大化，统一内部结算成为较多公司的选择。集团总部对内部公司间的资金流动，不做实际性银行间划转，只做账务记载，可以减少资金实务操作，提高效率
		统一外部结算，对同一家采购商统一结算时间，减少资金的零散支出，提高资金的利用效率

五、管理表格

表3-36 公司月度资金计划表

编制单位：　　　　　　　　　年　　月　　　　　　　　单位：万元

预算指标	本月预算数	上月预算数	增减率	备注
一、期初余额				
二、资金收入计划				
（一）主营业务现金流入				
1. 设计咨询业务收入				
2. 工程总承包业务收入				
（……按收入类别增加）				
（二）其他业务现金流入				
（三）其他与经营活动有关的现金流入				
（四）收回投资所收到的现金				
（五）取得投资收益所收到的现金				
（六）处置固定资产、无形资产和其他长期资产所收回的现金净额				
（七）其他与投资活动有关的现金流入				
（八）吸收投资所收到的现金				
（九）借款收到的现金				
（十）其他与筹资活动收到的现金流入				
三、资金支出计划				
（一）人工成本支出				

预算指标	本月预算数	上月预算数	增减率	备注
1. 职工工资				
2. 职工社保费、公积金、福利费等				
3. 其他人员费用				
（二）生产成本				
1. 分包支出				
（1）设计咨询业务分包支出				
（2）工程款分包支出				
2. 项目物资采购款支出				
3. 差旅费、招待费等业务费支出				
4. 其他成本支出				
（三）期间费用				
1. 销售费用				
2. 管理费用				
3. 财务费用				
（四）研发支出				
（五）税费支出				
（六）其他与经营活动有关的现金支出				
（七）购建固定资产、无形资产和其他长期资产所支付的现金				
（八）投资所支付的现金				
（九）支付其他与投资有关的现金				
（十）偿还债务所支付的现金				
（十一）分配股利、利润或偿付利息所支付的现金				
（十二）支付其他与筹资有关的现金				
四、期末余额				

第六节 银行保函管理

一、管理基础

（一）概念

表 3-37 银行保函概念

序号	内容	说明
1	保函	保函又称保证书，是指银行、保险公司、担保公司或担保人应申请人的请求，向受益人开立的一种书面信用担保凭证，以书面形式出具的、凭提交与承诺条件相符的书面索款通知和其他类似单据即行付款的保证文件。保证在申请人未能按双方协议履行其责任或义务时，由担保人代其履行一定金额、一定时限范围内的某种支付或经济赔偿责任
2	银行保函	银行保函是指银行应申请人要求而开立的具有担保性质的书面承诺文件，一旦申请人未按其与受益人签订的合同约定偿付债务或履行义务，由银行履行担保责任

（二）特征

表 3-38 银行保函特征

序号	特征	内涵
1	受偿性高	银行保函依托于银行信用，相较于其他保证形式，当满足保函所要求的付款条件时，保函受益人从银行实际获得保函约定资金的可靠性更高
2	违约管理、获得赔偿	保函具有保函受益人对保函申请人违约行为进行经济管理和获得赔偿的作用。当各类保函申请人不履行合同项下责任或义务时，保函受益人可凭保函向担保银行索赔，可以及时地、实际地获得经济赔偿。保函申请人为避免保函中的款项被兑付，往往会更加注意合同的履行，因此保函也是保函受益人加强对保函申请人合同履约管理的一种经济手段
3	制约作用	谁申请开具保函，保函就对谁有约束力。银行在接受保函申请人申请后，依照指示开立保函给受益人，只要合同出现违约并符合保函约定的支付条件，银行可以直接向受益人付款。在银行向受益人赔付后，有权向保函申请人追索，因此在合同履约过程中，由哪一方开具保函，直接影响到合同双方或多方的利益

序号	特征	内涵
4	缩短资金占用时间	履约保函与履约保证金相比，省略了收取、退回保证金环节，提高了合同双方的工作效率，同时还可以减少保函申请人因缴纳保证金造成的长时间资金占用，使保函申请人能撬动更多项目，提高资金收益

（三）分类

勘察设计企业在经营过程中经常使用的保函主要包括投标保函、履约保函、预付款保函，其具体含义如表 3-39 所示。

表 3-39　银行保函分类

序号	类别	解释
1	投标保函	在招投标过程中，招标人为避免投标人撤销投标文件、中标后无正当理由不与招标人订立合同等情形，一般会要求投标人在提交投标文件时一并提交由银行出具的书面担保
2	履约保函	应承包方（或劳务方等申请人）的请求，银行金融机构向工程的发包方（受益人）做出的一种履约保证承诺。如果承包方（或劳务方）日后未能按时、按质、按量完成其所承建的工程，则银行将向发包方支付一笔款项（占合约金额的 5%~10%，具体以合同约定的比例或金额为准）
3	预付款保函	承包人要求银行向发包方（受益人）出具的保证发包方所支付的工程预付款用于实施项目的一种信用函件。例如，承包人不履约，发包方可凭保函向担保银行索赔

二、管理要点

表 3-40　银行保函管理要点

序号	管理要点	说明
1	职责分工	业务部门 ① 负责提供开立保函所需的资料、办理保函审批手续、到期收回保函原件、办理保函延期等 ② 负责办理保函的收取、审核、移交、到期退还工作 ③ 监督分包方履约情况，在保函有效期内及时行使保函权利

续表

序号	管理要点	说明
1	职责分工	法务部门 ① 负责制定符合公司要求的保函格式模板 ② 负责审核非公司标准模板保函的条款
		财务部门 ① 负责公司保函的开立、保管及核销 ② 统筹公司银行保函的授信额度管理 ③ 建立、健全保函管理台账
2	开立保函管理要求	在项目投标、合同谈判阶段应从保证金额、保证时间等方面主动争取对公司有利的条件
		因项目投标、合同履约等需向甲方办理保函或交纳保证金的，要求保函优先，保证金次之
		以联合体方式承接总承包项目时，争取由联合体施工方向发包方开立保函
		开立保函时，应按照"公司保函标准格式模板"办理，非标准格式需要经过法务部门审核
		在通过招标文件评审后，才可支付投标保证金或投标保函
3	收取保函管理要求	当公司作为保函受益人接受分包方开立的保函时应注意： ① 公司应在招标文件或合同文件里加入经过公司审核的保函标准格式模板；非模板保函的条款应经过法务部门审核 ② 保函中索赔文件应该为公司比较容易提交的、简单的证明文件，原则上不应把法院的生效法律文书作为保函的索赔文件 ③ 工程类保函有效期应该包括项目实施期间以及竣工验收合格交付之后一段时间（例如，竣工验收合格后 1 年以上） ④ 公司应审核开具保函的银行资信情况，针对如财务公司、担保公司等非银行金融机构出具的保函，原则上不予接受 ⑤ 分包方未按时提供保函的，或开具的保函金额低于合同约定的，公司应要求其在限定日期内补开保函，或将保函差额补足，未补开或未按时补足的，应暂停支付其分包款或扣减相应的分包款金额 ⑥ 项目未能按照合同约定时间验收交付，分包方提供的保函已到期且尚未办理延期的，原则上应停止一切付款，并尽快联系分包方协商是否办理保函延期

三、管理流程

（一）银行保函管理（开立）流程

1. 银行保函管理（开立）流程

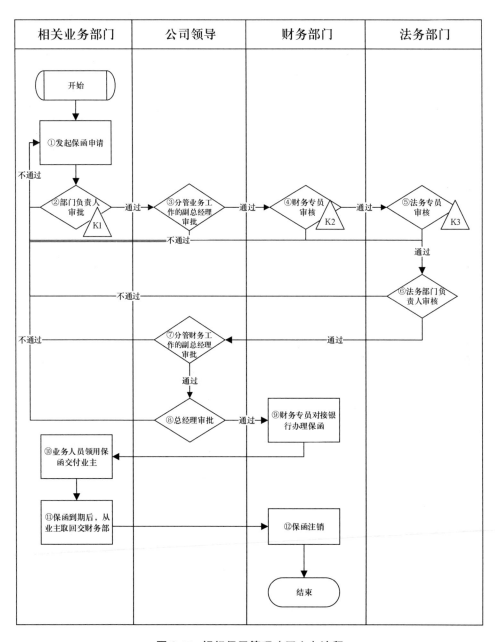

图 3-7　银行保函管理（开立）流程

2. 银行保函管理（开立）流程说明

表 3-41　银行保函管理（开立）流程说明

编号	流程步骤	流程步骤描述	责任部门	责任岗位	控制文档
①	发起保函申请	申请人按照招标文件、合同条款正确填写保函相关信息，准备向银行申请保函所需的全部资料	经营部门	申请人	开具保函审批单
②	审批	对是否同意向银行申请保函做出初步批示	经营部门	部门负责人	审批记录
③	审批	对是否同意向银行申请保函做出批示	经营部门	分管业务工作的副总经理	审批记录
④	审核	对申请人填写保函信息的正确性进行确认，主要审核是否与所提供的招标文件、中标通知书或合同中的对应信息一致，填写资料是否符合银行要求	财务部门	资金会计	招标文件、中标通知书、合同、保函申请书
⑤	审核	对合同中关于保函的条款以及保函格式进行审核	法务部门	法务专员	审核记录
⑥	审核	对保函文本中的条款进行审核，主要审核和提示是否有不给当地增加公司合同责任的条款	法务部门	部门负责人	审核记录
⑦	审批	对是否同意向银行申请保函做出批示	分管财务工作副总经理		审批记录
⑧	审批	对是否同意向银行申请保函做出最终批示	总经理		审批记录
⑨	办理保函	财务专员将保函申请资料提交给银行办理保函，保函办理完成后，财务专员向银行领取保函原件，复印保函原件并通知业务部门经办人领取保函	财务部门	财务专员	申请资料保函复印件
⑩	领用保函	业务部门经办人到财务部门签收领取保函原件，并交付业主	经营部门	申请人	保函原件、保函领取登记台账

续表

编号	流程步骤	流程步骤描述	责任部门	责任岗位	控制文档
⑪	到期取回	保函到期后，业务部门应将原保函从业主取回，交财务部门	经营部门	申请人	保函原件
⑫	保函的注销管理	财务专员将保函原件和撤销说明交由银行办理保函撤销	财务部门	资金会计	保函原件、保函撤销说明

3. 银行保函管理（开立）关键控制点风险控制矩阵

表3-42 银行保函管理（开立）关键控制点风险控制矩阵

控制编号	关键控制点	风险描述	控制措施	主控部门	主控岗位	控制文档
K1	业务部门保函审核	因保函内容不合理造成违约风险	业务部门负责人审核保函开具的必要性，到期是否可收回，保函条款的合理性	业务部门	部门负责人	开具保函管理审批单
K2	财务部门审核	因保函开具不当造成财务风险	对涉及相关财务条款进行审核	财务部门	财务专员	开具保函管理审批单
K3	法务部门审核	开给业主的保函中要求发生索赔时的证明文件过于简单，如只需要业主提供附有索赔金额的索赔通知和保函原件，不利于维护我方权益	保证开具保函的保函在符合业主要求的前提下，尽量按照我公司的标准格式，增加索赔时的证明文件（如鉴定机构对质量缺陷的证明资料及文件、实际损失的证明单位的损失审计报告、相关建筑审计单位的损失审计报告、保函申请人违约的合法证明文件等）	法务部门	法务专员、部门负责人	开具保函管理审批单

（二）银行保函管理（收取）流程

1. 银行保函管理（收取）流程

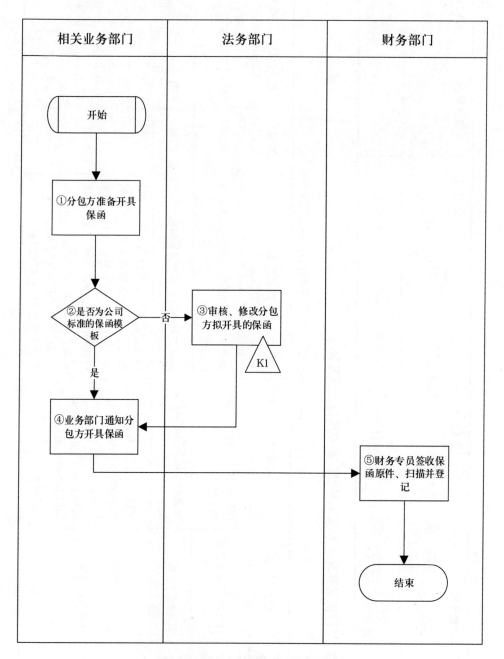

图 3-8　银行保函管理（收取）流程

2. 银行保函管理（收取）流程说明

表 3-43　银行保函管理（收取）流程说明

编号	流程步骤	流程步骤描述	责任部门	责任岗位	控制文档
①	准备开具保函	分包单位中标后，准备向我公司开具保函	经营部门	申请人	招标文件、保函文本
②	审核保函格式	审核分包单位拟开具的保函是否为公司标准的保函模板，若不是，需要进行进一步审核、修改	经营部门	申请人	保函文本
③	审核、修改分包方保函	法务部门对分包提供的非公司模板的保函进行审核、修改	法务部门	法务专员	保函文本
④	通知分包方开具保函	业务部门通知分包单位按照审核后的格式开具保函	经营部门	申请人	
⑤	收取保函原件	财务部门签收保函原件，扫描并登记	财务部门	资金会计	保函原件、收取保函登记台账

3. 银行保函管理（收取）关键控制点风险控制矩阵

表 3-44　银行保函管理（收取）关键控制点风险控制矩阵

控制编号	关键控制点	风险描述	控制措施	主控部门	主控岗位	控制文档
K1	收取保函审核	我公司作为受益人的保函中索赔文件条款过于复杂、苛刻，如索赔文件证明资料要求提供法院的生效法律文书，该类资料无法在保函有效期内取得，造成对分包单位索赔困难	对分包单位开具的保函进行审批，减少所需要的索赔证明文件	法务部门	法务专员、部门负责人	

四、管理技巧

表 3-45　银行保函管理技巧

序号	技巧要点	具体内容
1	评估投标风险	公司在投标前，需对该项目进行风险效益评估。根据招标资料，综合分析考评项目的成本效益情况，达到公司收益要求才能参与投标，办理保函。例如，项目存在重大风险，收益较低，公司就要综合考虑是否参标，不符合要求的不参与投标，则不能办理保函
2	协商保函比例	开具保函之前，可与业主和联合体成员方沟通，按各自承担工程量比例来开具保函，节省由牵头方开给业主，施工方再开给牵头方的重复环节，节约公司授信额度和保函手续费
3	明确保函要求	公司与业主、分包方签订合同时，尽量在合同中明确保函要求，争取采用公司已审核的标准保函格式。对外分包项目需收取分包方保函时，业务部门需要在编制对外招标文件中加入公司标准保函格式，要求分包方提供符合标准的保函
4	匹配保函要素	保函除相关责任条款外还有几个重要的要素，分别是保函的受益人、申请人、所担保的项目标段名称、保函金额和保函期限等。这些要素一定要和项目所提供的资料相匹配，并有合理的文本资料作为参考依据。例如，不能无依据地增加或减少保函金额、不能无依据地延长或缩短保函期限、不能简写或漏写项目标段名称等，应根据合同资料的相关规定进行办理
5	选择保函类别	保函类别有多类，根据项目所处阶段主要分为：投标保函、履约保函、预付款保函、质量保函等，公司应根据不同业务类别办理不同保函
6	约定保证方式	保函中应明确约定保证方式，保证的方式包括一般保证和连带责任保证。根据法律规定，当事人在保证合同中对保证方式没有约定或约定不明确的，按照一般保证承担保证责任。企业应根据实际情况选择对自身有利的保证方式
7	出具法律意见	由于项目、受益人不同等因素，导致保函虽是同一类别，但是格式各有不同，相关条款普遍偏向受益人。若公司作为保函申请人，则在办理中需由内部法律部门审核，并出具法律意见书，再根据意见书的要求与受益人沟通协商，进一步修改保函格式文本，将风险控制在公司可承受范围内 关于保函格式的修改，有以下示例可做参考。在保函文本中增加索赔通知需要附带的文件包括：

续表

序号	技巧要点	具体内容
7	出具法律意见	① 鉴定机构对质量缺陷的证明文件、实际损失的证明资料及文件、相关建筑审计单位的损失审计报告、保函申请人违约的合法证明文件等 ② 一项书面声明，声明索赔款项并未由保函申请人或其代理人直接或间接地支付给你方 ③ 证明保函申请人违反上述合同或协议约定的义务以及有责任支付你方索赔金额的证据等。例如将"如果承包人未按主合同的约定按期完工"修改成"如果承包人单方过错未按主合同的约定按期完工造成受益人损失"
8	建立审批流程	建立公司内部保函办理的审批流程，根据保函性质、类别、风险、金额等设置审批流程和各环节审批人的权限和责任。要求公司下属各分子公司、经营管理部门、项目部等在办理保函业务时一事一报，一事一批，不能自行办理，防止造成公司损失
9	取回到期保函	银行原则上不应开具无固定期限的敞口保函。因此公司在保函开立时应写明到期日，一旦到期就要及时与受益人沟通取回保函正本，并与银行联系做好保函撤销清理事宜。这样既能防范风险，又能及时增补授信额度，让公司能够循环高效利用银行授信
10	行使保函权利	当公司作为保函受益人，一方面，应与分包方协商延长保函有效期，争取有效期达到工程竣工验收合格后 1 年以上。另一方面，当保函的申请方存在违约时，应及时行使保函权利，避免超过保函有效期导致保函失效

五、管理表格

表 3-46　开具保函审批单

基本信息			
经营部门		填写日期	
前期立项号		保函开立银行要求	
前期立项			
合同金额（元）		比例（%）	
保函金额（元）			
保函类型		保函类型（其他）	
开具保函单位			

续表

基本信息	
期限	
事项说明	
经办人	
部门负责人	
财务专员意见	
法律顾问意见	
法务部门负责人意见	
分管业务工作的副总经理意见	
分管财务工作的副总经理意见	
总经理意见	
银行保函办理反馈	
领用人意见	

第七节　应收账款管理

一、管理基础

表 3-47　应收账款管理概念

类别	概念
应收账款的定义	应收账款是指达到合同（协议）约定的条件或者履行了合同约定的义务，无条件向对方收取的部分或全部价款，该权利仅取决于时间流逝因素，实质是一种以摊余成本计量的金融资产
应收账款的作用	贷款融资。应收账款可以用于企业的流动资金贷款的基本条件，根据其大小及应收下游企业性质可以向银行申请流动资金贷款，用于企业的扩大经营与生产
	扩大销售。赊销具有比较明显的促销作用，对企业销售新产品、开拓新市场具有更重要的意义
	减少库存。把存货转化为应收账款，减少产成品存货，节约相关的开支
应收账款管理的定义	应收账款管理是指包含应收账款的确认、回款、催收、对账、坏账计提、坏账损失核销及考核的全流程管理

续表

类别	概念
应收账款管理的风险	确认风险。由于未准确核算、确认应收账款，导致应收账款未及时确认或者将不具备无条件收款权的业务纳入应收账款，以及坏账准备计提不及时、不准确，导致不能真实反映公司财务状况，对外披露数据不真实
	催收风险。由于经营部门未及时组织人员对应收账款清收，可能导致已确认的应收账款不能及时回收，造成应收账款的坏账损失
	核销风险。由于财务部门未按照国家及公司的审批程序和要求核销坏账或擅自核销不构成坏账的应收账款，可能导致公司无法取得税收抵扣的相关支持性证据，导致公司税收风险和损失

二、管理要点

表 3-48　应收账款管理要点

序号	管理要点	说明
1	职责分工	合同签订部门 ① 严格执行公司合同管理制度，重视合同评审环节，加强合同各付款节点的管理 ② 在项目完成阶段性工作量后，收集相关证明资料，并参照营业收入申报管理办法，及时申报营业收入 ③ 及时向合同甲方申报债权，督促合同甲方付款，定期同合同甲方进行账款核对，积极处理差异并取得双方确认的书面文字材料 ④ 登记合同应收账款台账，配合财务部门与合同甲方进行应收账款的函证工作 合同签订部门的部门负责人为应收账款的主要责任人，直接经营人员为应收账款的直接责任人，负责应收账款的催款工作
		运营部门和法务部门 ① 结合合同的执行情况，监督检查应收账款的回收 ② 指导和协助合同签订部门运用法律手段解决应收账款的回收或处理催款工作中的法律事务 ③ 与财务部门密切配合做好应收账款的统计和分析工作及客户的信用评级工作
		财务部门 ① 对应收账款进行核算，并定期与合同签订部门进行核对 ② 建立应收账款函证制，定期与合同甲方进行函证 ③ 对应收账款进行账龄分析，并统计应收账款催收情况，分析应收账款逾期风险，提高应收账款回款率

续表

序号	管理要点	说明
2	应收账款的确认	当项目达到合同付款节点，合同签订部门应及时收集完成阶段性成果的证明资料，并参照营业收入申报管理办法，申报营业收入，之后方可申请开具发票。财务部门根据开具的发票在账务上确认应收账款，同时合同签订部门应第一时间内督促合同甲方付款。应收账款与合同资产的区别见表3-49。应收账款确认的特点见表3-50
3	应收账款的催收	对合同甲方未及时付款的，合同签订部门应积极与甲方沟通，并与甲方协商约定收款期限。对即将逾期或已经逾期的应收账款，应积极采取各种合法、有效的方式（包括电话沟通、请款函、催款函等）进行催收。同时将催收情况报送运营部门、法务部门和财务部门
		对应收账款确实无法收回需诉诸法律的，应兼顾成本效益原则
		为了防止因人员调离导致坏账产生的情况，参与应收账款管理的责任人员应在调离时与交接人进行应收账款核对，形成书面的交接文件，同时报财务部门备案
4	应收账款的坏账损失核销	对已计提了坏账准备的应收账款，在有确凿证据表明确实无法收回的情况下，上报公司并经审批后可以对发生坏账损失的应收账款进行核销。应收账款坏账损失类型列举见表3-51，应收账款坏账损失核销的处理程序见表3-52
		坏账核销不转移原应收账款相关合同签订部门及责任人的责任，不解除其继续追讨应收账款的义务
		对已作坏账核销的应收账款，合同签订部门应账销案存，除有确凿证据证明无法收回的情况外，至少每年进行一次追踪调查，以保留对债权的追索权

表 3-49　应收账款与合同资产的区别

序号	区别	说明
1	确认时点	应收账款 当企业取得无条件收款权时，也就是相应工程款、设计费等得到业主或总包方确认时，确认"应收账款"
		合同资产 当企业按照履约进度计算出应该确认收入，而尚未得到业主或总包方确认时，确认"合同资产"

续表

序号	区别	说明
2	风险	应收账款 信用风险：随时间流逝而无法收回款项的可能。
		合同资产 ① 信用风险：随时间流逝而无法收回款项的可能 ② 履约风险：如必须在保证工程质量合格后，才能达到无条件收款的条件

表 3-50　应收账款确认的特点

序号	区别	说明
1	应收账款确认的及时性	公司在收款节点到来之前应积极准备工程价款或设计咨询款结算工作，整理好工作量清单、工程或设计变更签证等结算资料，组织监理和业主单位及时审验，按时结算
2	应收账款确认的准确性	公司在向合同甲方提交各阶段设计成果并收到甲方签收的完工进度确认单或其他验证资料时，应当评估各阶段合同价款的可回收性，在确认甲方有明确的付款意图时，方可确认申请开具发票、确认应收账款

表 3-51　应收账款坏账损失类型列举

序号	类型列举	说明
1	破产 / 清算	债务人被依法宣告破产、清算的，应当取得人民法院的破产、清算公告等有关资料，在扣除以债务人清算财产清偿的部分后，可以确认为坏账损失
2	法律诉讼	实施法律诉讼的，应取得人民法院的判决书或裁定书或仲裁机构的仲裁书，或者被法院裁定终（中）止执行的法律文书等有关资料，确实无法清偿的应收账款，可以确认为坏账损失
3	停止营业	债务人停止营业的，应取得工商部门注销、吊销营业执照证明等有关资料，可以确认为坏账损失
4	死亡 / 失踪	债务人死亡或者依法被宣告死亡、失踪的，应取得公安机关等有关部门出具的债务人个人的死亡、失踪证明等有关资料，其财产或者遗产确实不足清偿且没有继承人的应收账款，可以确认为坏账损失
5	不可抗力	债务人遭受重大自然灾害、战争等不可抗力而无法收回的，应取得债务人受灾情况说明以及放弃债权申请等有关资料，可以确认为坏账损失
6	逾期多年	逾期 3 年以上，经"多次催讨无效"，实施法律诉讼不符合成本效益原则的应收账款，可以确认为坏账损失

续表

序号	类型列举	说明
7	其他情形	其他国家法律法规认可的情况，取得相关资料后，可以确认为坏账损失

注：关于"多次催讨无效"的界定：相关责任部门向债务人发送或指派专人直接送达询证函、催款函，对方签署"不同意支付"意见、拒绝签收或未做任何回复的。

表 3-52　应收账款坏账损失核销的处理程序

序号	程序	说明
1	提交坏账损失核销申请报告	责任部门按照坏账损失的确认条件，积极获取证据，并提交坏账核销申请报告，经责任人及相关部门负责人签字认可后，报财务部门、法务部门审核
		各责任部门负责人对提交资料真实性、合法性负责
		坏账核销不转移原责任部门的责任，不解除其继续追讨应收账款的义务。对已作坏账核销的应收账款，责任部门应账销案存，除有确凿证据证明无法收回的情况外，至少每年进行一次追踪调查，以保留对债权的追索权
2	聘请中介机构	公司聘请律师事务所、会计师事务所，结合应收账款具体情况，出具律师意见书、应收账款经济损失鉴证报告
		公司聘请的律师事务所对出具的律师意见书负责，公司聘请的会计师事务所对应收账款经济损失鉴证报告负责
3	公司会议决策	财务人员根据审批通过的文件，进行账务处理
		若为集团下属分子公司进行应收账款坏账损失核销，应先经过本级公司会议决策，再报请集团总部审批或备案

表 3-53　应收账款各阶段的控制证据

序号	程序	说明
1	应收账款的确认	合同、项目完成进度确认单、合同履约进度证明资料（如政府批文、施工图合格证、工程竣工验收资料等）、发票、记账凭证等
2	应收账款的催收	应收账款催款函、询证函、律师函、诉讼资料、应收账款逾期风险报告等
3	应收账款的核销	坏账损失核销报告及相关资料（如人民法院的破产清算公告、人民法院的判决书或决裁书、工商部门吊销注销营业执照证明、公安机关等有关部门出具的债务人个人的死亡失踪证明等）、坏账损失核销批复文件、公司总经理办公会议纪要等

三、管理流程

（一）应收账款管理流程

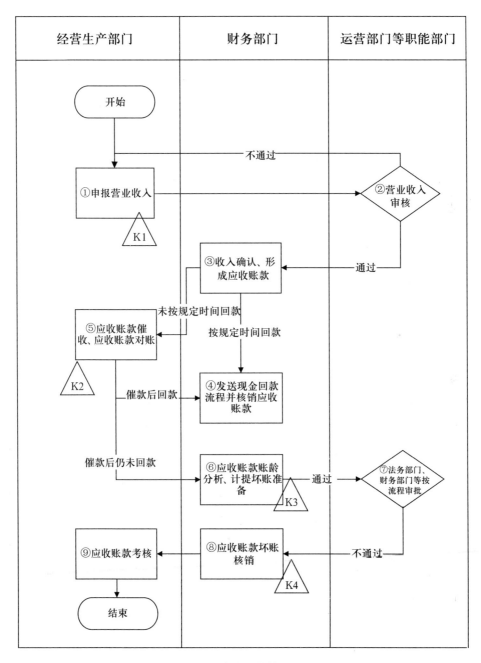

图 3-9　应收账款管理流程

（二）应收账款管理流程说明

表3-54　应收账款管理流程说明

编号	流程步骤	流程步骤描述	责任部门	责任岗位	控制文档	备注
①	营业收入申报	详见项目营业收入申报确认管理	经营部门	项目经理	履约进度证明资料	
②	营业收入审核	详见项目营业收入审核确认管理	运营部门、技术部门、商务部门	各部门经办人员	审核记录	
③	应收账款的确认	财务部门根据开具的发票、合同、项目完工进度证明资料等在账务上确认应收账款	财务部门	核算会计	合同、项目完工进度确认单、合同履约进度证明资料（如政府批文、施工图合格证、工程竣工验收资料等）、发票、记账凭证	
④	应收账款的回款	详见收款管理	财务部门	核算会计	银行回单、现金回款流程、记账凭证	
⑤	应收账款的催收、对账	经营部门对应收账款积极采取各种合法、有效的方式（包括电话沟通、请款函、催款函等）进行催收；并定期与业主方电话催讨等方式进行面函证、并保留催讨证据，依法清收	经营部门	经营部门负责人	应收账款催款函、询证函、律师函、诉讼资料、应收账款逾期风险报告、发票询证函、会议纪要	
⑥	应收账款的坏账计提	财务部门按照《企业会计准则》和集团总部会计核算办法及时计提坏账准备	财务部门	核算会计	坏账准备计提表、记账凭证	

续表

编号	流程步骤	流程步骤描述	责任部门	责任岗位	控制文档	备注
⑦	应收账款的坏账核销申请、审批	对已计提了坏账准备的应收账款，在有确凿证据表明确认无法收回的情况下，经营部门上报坏账损失核销申请并经过逐级审批审批	经营部门、财务部门、法务部门	部门负责人、分管业务工作的副总经理、总经理办公会	坏账损失核销报告及相关资料、坏账损失核销审批复文件、公司总经理办公会议纪要	
⑧	应收账款坏账核销的账务处理	财务部门根据坏账损失核销审批复文件等进行账务处理	财务部门	核算会计	坏账损失核销报告及相关资料、坏账损失核销审批复文件、公司总经理办公会议纪要、记账凭证	
⑨	应收账款的考核	对经营部门的应收账款催收管理进行考核。经营部门根据应收账款催收考核目标，积极催收应收账款	经营部门	部门负责人	应收账款催收目标	

（三）应收账款管理关键控制点风险控制矩阵

表3-55　应收账款管理关键控制点风险控制矩阵

控制编号	关键控制点	风险描述	控制措施	主控部门	主控岗位	控制文档
K1	营业收入申报	①由于未准确核算、确认应收账款，导致应收账款未及时确认或者将权不具备无条件应收款的业务纳入应收账款，以及坏账准备核算	向合同甲方提交各阶段设计成果并收到甲方签收单或其他验证资料时，应当评估各阶段的完工进度确认资料的可回收性，在确认甲方有明确的付款意图时，方可申报营业收入、确认应收账款。确认应收账款后，方可申请开具发票，积极催收应收账款	经营部门	项目经理	合同、项目完工进度确认单、合同履约进度证明资料（如政府批文、施工图合格证、工程竣工验收资料等）、发票、记账凭证

续表

控制编号	关键控制点	风险描述	控制措施	主控部门	主控岗位	控制文档
K2	应收账款的催收	①计提不及时，不准确，导致不能真实反映公司财务状况，对外披露数据不真实 ②由于经营部门未及时组织人员对逾期应收账款清收，可能导致已确认的应收账款不能回收	①经营部门及时组织人员对逾期应收账款进行清收 ②财务部门制定《应收账款催收奖惩办法》，落实部门职责，按年度下达催收目标和具体奖惩措施 ③对于项目应收款项，为防止债权有效期限超过3年，导致司法障碍，责任部门需定期与企业主方通过书面函证、电话催讨等方式进行对接，并保留催讨证据，依法清收	经营部门、财务部门、法务部门	部门负责人	应收账款催款函、询证函、律师函、诉讼资料、应收账款逾期风险报告
K3	计提坏账准备	不能及时计提坏账，造成应收账款损失 ③由于财务及公司未按照国家和公司的审批程序和要求核销坏账或擅自核销应收账款，可能导致公司无法取得税收抵扣的相关支持性证据，导致公司税收风险和损失	根据应收账款账龄，按照《企业会计准则》和集团公司总部会计核算办法及时计提坏账准备	财务部门	核算会计	应收账款催款函、询证函、律师函、诉讼资料、应收账款逾期风险报告
K4	应收账款的坏账核销	照国家和要求核销坏账或擅自核销应收账款，可能导致公司无法取得税收抵扣的相关支持性证据，导致公司税收风险和损失	①责任部门按照坏账损失的确认条件，积极获取证据，并提交坏账核销申请报告，经责任人及相关财务部门、法务部门审核 ②公司聘请律师事务所、会计师事务所，法务部门，结合应收账款具体情况，出具律师意见书、应收账款经济损失鉴证报告 ③公司会议决策。财务人员根据会议审批通过的文件，进行账务处理	经营部门、财务部门、法务部门	部门负责人	坏账损失核销报告及相关资料、律师意见书、应收账款经济损失鉴证报告，坏账损失核销审批复文件，公司总经理办公会会议纪要

四、管理技巧

表 3-56　应收账款管理技巧

序号	技巧要点	具体内容
1	建立客户信用管理体系，做好应收账款事前防范	强化客户信用管理，减少坏账损失 公司要建立"客户资信库"，在投标前对客户资信状况进行摸查，加强对客户履约能力及偿付能力的评估；同时，对于已执行合同，要加强对客户资信的持续跟踪分析，减少因甲方变更、破产、经营困难等原因形成的坏账损失
		加强合同评审，控制应收账款风险 公司要重视合同签订之前的评审，严守合同付款方式及付款条件的谈判底线，识别与业主签订合同的法律漏洞，同时还应在合同中设置保护性条款，降低款项回收风险
		加强应收账款占用源头控制工作 公司要积极探索创新业务模式，优选项目，有效管控经营风险，从项目源头控制应收账款占用
2	建立动态的应收账款监控体系，做好应收账款事中控制	提高应收账款的信息化管理水平 公司应通过提高应收账款的信息化管理水平，建立一套与企业运营匹配的应收账款监控体系，及时、准确、完整地反映应收账款信息；同时引入"预警机制"，在应收账款到期前、逾期后分别向应收账款回款责任人发出提示
		监督合同履约情况，建立应收账款催收目标 公司应全面筛查合同履约情况，将催收目标落实到具体合同。对已结算或已竣工未结算合同占用资金，应指定具体催收责任人，设定催收时限，并定期通报催收进展情况，采取各种可能的措施，确保催收目标的实现
		加快应收账款周转，控制新增欠款 对"已生成多年的坏账，经多次清欠无结果的或债务单位故意拖欠款项的"，应采取必要的法律措施；对于追回、扣押、查封或胜诉实物资产，要加快处置变现，降低赔付损失，确保资金尽快回笼；对有确凿证据无法收回的应收款项，应按照《××公司应收账款管理办法》的规定进行处置

续表

序号	技巧要点	具体内容
3	建立激励与约束、调节与控制相适应的绩效评价体系，做好应收账款事后管控	严格控制应收账款规模与增长速度 在以前年度专项催收工作基础上，继续开展应收账款压控工作，狠抓落实，保持增量部分增速呈下降趋势，加快资金周转，减少资金占用
		加大应收账款催收考核力度 建立应收账款催收目标考核机制，分解任务目标、明确奖惩政策、严格考核兑现。改进考核指标设置，在考核压降规模指标的基础上，增加效率性指标考核比重，实现考核的正向激励作用
		强化跟踪分析和督促检查 公司对各部门应收账款专项催收进行逐月报送、逐季监测、按年考核，并将考核结果纳入各部门负责人经营责任考核统筹考虑

表 3-57　应收账款催收考核管理技巧

序号	技巧要点	具体内容
1	公司层面高度重视	将应收账款催收工作列入公司年度工作要点
		完善组织构架，如成立应收账款催收工作领导小组，公司领导任组长；强化法务部门以法律手段催收应收账款职责
2	明确职责分工	合同签订部门为应收账款催收管理的直接责任部门。主要履行以下职责： ① 及时向合同甲方申报债权，督促合同甲方付款，定期同合同甲方进行账款核对，积极处理差异并取得双方确认的书面文字材料 ② 在信息系统中管理合同应收账款台账，配合财务部门与合同甲方进行应收账款的函证工作 ③ 安排专人对项目的资料进行收集、汇总：合同；银行回款凭据；交验产品凭据；欠款明细；询证函或欠款确认书；其他资料。其中银行回款凭据和询证函由财务部门收集和汇总
		法务部门负责应收账款催收管理的法律事务工作，主要履行以下职责： ① 指导和协助合同签订部门运用法律手段解决应收账款的回收或处理催款工作中的法律事务

序号	技巧要点	具体内容
2	明确职责分工	② 与财务部门密切配合做好应收账款的统计和分析工作 ③ 对已生成多年的坏账，经多次清欠无结果的，或债务单位故意拖欠款项的，合同签订部门可将应收账款催收工作移交给公司法律顾问团队，借助法律手段强制收回
		财务部门为应收账款催收的财务管理部门，主要履行以下职责： ① 制定应收账款催收相关工作制度，监督落实应收账款催收情况，并指定专人督办和定期汇报应收账款催收工作 ② 对应收账款进行账龄分析，并统计应收账款催收情况，分析应收账款逾期风险，提高应收账款回款率
		审计部门负责对应收账款催收过程及结果进行审计监督
		当出现部门分立、合并、撤销等情形时，必须对原部门签订的合同明确新责任部门，由新责任部门履行合同签订部门职责
3	制订应收账款催收机制	公司每年下达各部门应收账款催收目标，催收目标根据集团预算及考核指标，并结合公司应收账款账龄情况制定
		为鼓励各部门积极催收陈欠款，在完成催收目标的前提下： ①对收回账龄超过2年的应收账款，公司对相关责任人按照项目回款金额进行一定比例的奖励。具体奖励比例，依据每年发布的通知为准 ②当出现部门负责人调离公司时，收回前任部门负责人负责的账龄超过2年的应收账款。其中工程咨询类项目，在上述奖励比例的基础上增加一定比例，工程总承包类项目，在上述奖励比例的基础上增加一定比例 ③以下情形不纳入奖励范围：按合同节点正常回款；按合同约定正常收回合同尾款（含质保金） ④应收账款移交法务部门（公司法律顾问团队），诉诸法律后收回款项的，在扣除相关法律诉讼等费用后，按一定比例奖励公司法律顾问团队。具体奖励比例，依据每年发布的通知为准

序号	技巧要点	具体内容
3	制订应收账款催收机制	对未完成催收目标的，依据催收目标的完成情况，给予主要责任人员年度绩效工资一定范围内的处罚
4	多形式催收应收账款	责任部门采取发询证函、电话催讨、派专人上门催收、聘请专业催收公司催收、法律诉讼等多种形式催收回款
		责任部门对业主方不按合同付款、拖延付款、延迟核定进度款等事项造成事实拖欠项目款项的情况，分析拖欠原因，制订催收方案，有效实施催收清欠工作
		对于项目应收款项，为防止债权有效期限超过3年，导致司法障碍，责任部门需定期与业主方通过书面函证、电话催讨等方式进行对接，并保留催讨证据，依法清收
		运用应收账款保理等新型金融工具，尽快回收款项
5	多途径落实催收进展	以"五定"作为应收账款催收工作的指导思想，具体为"定收款责任人、定收款时间、定收款目标、定奖惩挂钩、定清收方式"
		建立周工作督办机制，各责任部门应每周汇报回款进度。例如在公司营销例会上按季度进行应收账款分析
6	"业主以发票退回、发票遗失等相关理由拒绝付款"应对	发票退回并不能作为应收账款核销的依据，应收账款的核销应严格按照会计准则及各公司应收账款管理办法的规定和程序执行
		纳税人遗失已开具增值税专用发票发票联和抵扣联，可凭加盖销售方发票专用章的相应发票记账联复印件，作为增值税进项税额的抵扣凭证、退税凭证或记账凭证（国家税务总局公告2020年第1号）
		在税务局进行发票遗失作废处理会使税务局对公司进行罚款及税务处罚，影响公司纳税信用评级，进而影响投标等工作。实际工作中，如果是由于甲方原因导致发票遗失的，可要求甲方在其主管税务机关进行发票遗失作废处理

五、管理表格

表 3-58 应收账款明细表

_____年___月___日　　　　　　　　　　　　（单位：元）

序号	核算账簿名称	客商类型	客商名称	应收账款初始金额	凭证号（年月）	截至目前已核销应收账款金额	凭证号（年月）	截至目前应收账款余额	责任人	责任部门	未回款原因	已采取的措施	是否发询证函	后续采取的措施	回款期限	备注
1																
2																
3																
4																
5																
6																
7																
8																
9																
10																
合计																

表 3-59　应收账款询证函

编号：

　　　　　　：

　　根据××公司内部管理要求，公司拟对往来账款进行全面清理，特此询证本公司与贵公司的往来账款等事项。下列应收账款信息出自本公司账面记录，如与贵公司记录相符，请在本函下端"信息证明无误"处签章证明；如有不符，请在"信息不符"处列明不符金额及相关说明。

回函地址：××　　　　　　　　　　　邮编：××

电话：　　　　　　　　　　　　　　　联系人：

1. 本公司与贵公司的往来账项列示如下：

截止日期	项目名称	应收贵公司账面金额（元）	其中已开发票号码及金额（未开发票，填"未开票"）	备注

2. 其他事项：

　　若"信息不符"，请贵公司列明不符项目及具体内容。若上述款项在上述日期之后已经结清或部分支付，仍请在回函写明。

　　感谢贵单位的支持与配合。

（公司盖章）

年　　月　　日

以下仅供被询证方回复说明	
1. 信息证明无误。 确认上述贵公司应收账面金额与本公司应付账目相符。	2. 信息不符。 请贵公司列明不符项目及相关说明内容（或在本函背面说明）。
（公司盖章） 　　　经办人： 年　　月　　日	（公司盖章） 　　　经办人： 年　　月　　日

第四章　数据资产管理

【内容提要】

> 数字经济热地球,
> 数据资产拓芳洲。
> 三层分类同心链,
> 核算精明倚运筹。

【本章导航】

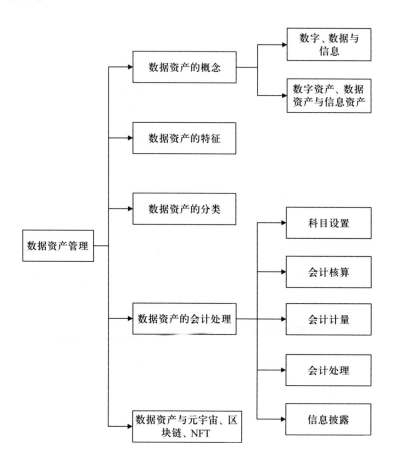

第一节　数据资产的概念

我们的时代已经从农业时代、工业时代迈向信息时代、数字时代，新名词、新观念、新理念层出不穷，人们应接不暇、眼花缭乱。数据资产出现，与其相近的信息资产、数字资产也出现在我们眼前。在了解和掌握数据资产的历史、概念、范围时，还要了解信息资产、数字资产等容易混淆的概念，以及相关的信息、数据、数字等基础概念，有利于对数据资产进行全面认识。

一、数字、数据与信息

表 4-1　数字、数据与信息的概念

概念	具体内容
数字	从《现代汉语词典》角度看：数字，一是表示数目的文字。汉字的数字有小写、大写两种："一二三四五六七八九十"等是小写，"壹贰叁肆伍陆柒捌玖拾"等是大写。二是表示数目的符号，如阿拉伯数字："0、1、2、3、4、5、6、7、8、9"
	从信息科学的角度来讲，在计算机系统中，数据以二进制信息单元 0、1 的形式表示。数字和数据并无本质差异，两者都属于"可传输和可存储的计算机信息"。数据只是数字在数量上的扩展。数字的基本单位是"比特"（Bits）；而数据的基本单位是"字节"（Bytes），8 个数字量（Bits）等于 1 个数据量（Bytes）
数据	从《现代汉语词典》角度看，数据是指进行各种统计、计算、科学研究或技术设计等所依据的数值
	从信息科学的角度来讲，当数字达到一定量后便成为数据；当数据达到一个更大数量级后便成为大数据。大数据的计量单位包括 PB、EB、ZB、YB，其中 PB 是大数据的基础（最低）计量单位，1PB 约等于 1.13×10^{15} Bytes。1PB 的数据相当于 30 个国家图书馆的藏书规模。按照计算机术语，数据是事实或观察的结果，是对客观事物的逻辑归纳，是用于表示客观事物的未经加工的原始素材。数据可以是连续的值，如声音、图像，称为模拟数据；也可以是离散的，如符号、文字，称为数字数据
信息	20 世纪 40 年代，信息论之父、美国数学家香农（C.E.Shannon）给出了信息的明确定义："可以用来消除随机不确定性的东西。"经济管理学家认为"信息是提供决策的有效数据"。科学的信息概念可以概括如下：信息是对客观世界中各种事物的运动状态和变化的反映，是客观事物之间相互联系和相互作用的表征，表现的是客观事物运动状态和变化的实质内容

表 4-2　数字、数据与信息的关系

范畴大小	具体对比	
信息的概念范畴大于数据，数据的概念范畴大于数字	数据与信息	数据是信息的表现形式和载体，可以是符号、文字、数字、语音、图像、视频等。数据和信息是不可分离的，数据是信息的表达，信息是数据的内涵。数据本身没有意义，数据只有对实体行为产生影响时才成为信息
	数字与数据	狭义来看，数字是具有数量意义的符号，基于数字能够进行代数运算，大家习惯把数据与数字等同看待
		广义来看，数字可以是数据，而数据是我们利用某些约定的方式对客观世界进行记录和表达的产物，可以是定性的，也可以是定量的，数字只是其中的一种呈现方式。除了数字以外，我们还可以通过文本、图形、声音等格式对数据加以呈现。因此，数据与数字并不等同，广义上讲数据与数字是包含与被包含的关系，数据中包含着数字，但不仅限于数字

二、数字资产、数据资产与信息资产

表 4-3　数字资产、数据资产与信息资产的概念

概念	内容
数字资产	"数字资产"最早由 Helen Meyer 于 1996 年在《维护数字资产技巧》一文中提出。2013 年，Alp Toygar 等认为"从本质上说，数字资产拥有二进制形式数据所有权，产生并存储在计算机、智能手机、数字媒体或云端等设备中"
数据资产	"数据资产"最早由 Richard Peters 于 1974 年提出。2018 年，朱扬勇等将数据资产定义为拥有数据权属（勘探权、使用权、所有权）、有价值、可计量、可读取的网络空间中的数据集
信息资产	"信息资产"最早由 Stuart Kaback 于 1977 年介绍一款索引系统时提出。1994 年，The Hawley Report 将信息资产定义为"已经或应该被记录的具有价值或潜在价值的数据"

　　基于上述概念以及人们习惯的关系，本书采用数据资产作为表述对象，如表 4-4 所示。

表 4-4　数据资产内容要素

内容	要素解释
指被企业控制或者拥有的，以电子数据形式，在网络空间存在，其成本和价值能够可靠地加以计量，预期会给资产控制或持有者带来经济利益或具有潜在经济价值的资源，从概念上数据资产包含数字资产	网络空间是指计算机网络、广电网络、通信网络、物联网、卫星网等所有人造网络和设备构成的空间，这个空间真实存在。电脑、手机、移动硬盘等都是网络空间的组成部分。现在，空调、冰箱、自动窗帘、电子门锁等也已经成为网络空间的组成部分
	电子数据可以分为技术类电子数据和司法类电子数据 ① 技术类电子数据一般是指基于计算机应用、通信和现代管理技术等电子化技术手段形成包括文字、图形符号、数字、字母等的客观资料 ② 司法类电子数据是指电子数据包括网页、博客、微博客等网络平台发布的信息；手机短信、电子邮件、即时通信、通信群组等网络应用服务的通信信息；用户注册信息、身份认证信息、电子交易记录、通信记录、登录日志等信息；文档、图片、音频、视频、数字证书、计算机程序等电子文件；其他以数字化形式存储、处理、传输的能够证明案件事实的信息

第二节　数据资产的特征

表 4-5　数据资产的特征

特征	具体解释
存在所有者或控制者	任何资产都存在所有者或控制者，数据资产也不例外。所有者或控制者具有数据资产的所有权、使用权、转让权等相关权利，有利于数据资产的生产、存储、流转、转让。如果出现了以电子数据形式的资产，没有所有者或控制者，不能确定为数据资产。因为没有所有者或控制者，将来产生收入，无法确定会计主体
以电子数据形式展现	数据资产与实物资产的区别 ① 数据资产的生产过程是抽象的、看不见的。其产品形态是无形的、摸不着的，不需要建造有形的仓库进行储存，是以无形的形式存放在磁介质中，可交换的价值是以数字化方式呈现 ② 实物资产的生产过程是具体的、看得见的。其产品形态是有形的、摸得着的，需要建造有形的仓库，进行储存，是以有形的形式存放在物理空间里，可交换的价值是以物理方式呈现

续表

特征	具体解释
以电子数据形式展现	③ 数据资产与现实资产最大的不同，就在于数据资产可交换的价值是以数字化方式呈现的，数字时代各类信息技术在网络办公、电子支付及商品交易等场景的广泛应用，正逐渐产生大量数据和数字化商品，并且这些数据和数字化的商品，越来越体现出资产的性质，即能够为持有者带来预期经济效益
具有开放性	数据资产与无形资产比较 ① 相近处：一是没有实物形态；二是具有可辨认性，能够从企业中分离或者划分出来，并能单独用于出售或转让；三是成本和价值能够可靠地加以计量 ② 不同处：无形资产是企业拥有核心竞争力的获得超额利润的资产，一般是不进行销售的。其专利权、非专利技术、商标权、著作权、土地使用权、特许权等无形资产具有排他性，而数据资产是为了销售而存在的资产，销售其使用权，还保留所有权，是开放性的
边际成本递减	边际成本递减是指随着产量增加，所增加的成本将越来越小。数据资产的成本构成主要是在前期的研究开发阶段的费用、销售过程中发生的销售费用和其他经营费用。数字产品特性决定其产量，理论上的无限性，数字产品成本随着销售量的不断扩大，其成本是越来越低的，呈现边际递减。数字产品特殊的成本结构表现在，生产第一个产品的成本非常高，但用于拷贝生产的成本则极其低廉。例如，研发一种软件，时间短则几个月，长则一年至几年，需要投入大量的人、财、物。对于新产品，一旦母体（第一份）成形之后，用于拷贝的成本都是很小的。数字产品的固定成本高并且是沉没成本，即若停止生产，前期投入的人力、物力、财力等固定成本将无法收回；与传统产品不一样，传统产品停止生产后可以通过折旧等方式挽回部分成本 数据赋予价值。数据在应用之前，需要先进行场景拆分、清洗、标注等一系列工作，因此数据的生产成本很高。而数据的价值链非常长，且随着数据被反复使用，不断集成，其本身的价值也会持续增大，数据的价值是一个动态发展的过程。由此，数据资产的起点是高成本，终点是长期回报 数据价值很难用成本法来计算，而以收益法计算则要考虑权利金的节约、超额收益和增量收益等多重因素。以市场法估算数据价值需要每一个所有者、经营者、使用者和分配者都在其中公平地分享一个权重，共同投资数据，共同分享长期收益 数据的经济学特征：数据的虚拟特性，使其可重复使用，且转移成本为零；数据有高昂的固定成本，且复制成本几乎为零；数据可以共享，即具有非竞争性和非排他性。这三个特征，在经济学意义上为数据创造了很大的想象空间

第三节　数据资产的分类

数据资产按照不同维度，有不同的分类方法。这里主要依照常用方法进行分类，如表4-6所示。

表4-6　数据资产的分类

分类		定义
按照资产是否原生	原生数据资产	原生数据是指最初开始的、原始的信息表现形式和载体，不依赖现有数据而产生的数据，即数据从0到1的过程，是不能再生的数据。从会计定义来看，原生数据资产是被企业控制或者拥有的，以电子数据形式，在网络空间存在，其成本和价值能够可靠地加以计量，预期会给资产控制或持有者带来经济利益或具有潜在经济价值的原始资源。这类数据资产是基于区块链技术，并主要在区块链生态内发行流转的数据资产类型，自诞生之日起，就以纯数字化的形式存在于互联网上，主要作用在于解决链上生态的问题。原生数据资产包括能够带来收益、可以计算成本的原生数据
	衍生数据资产	衍生数据是指原始数据被存储后，经过数据分析、数据挖掘、算法筛选聚合、加工、计算而成的，系统的、可读取的、有使用价值的信息表现形式和载体，是可再生的数据。例如，购物偏好数据、浏览偏好数据、分析数据等。从会计定义来看，衍生数据资产是被企业控制或者拥有的，以电子数据形式，在网络空间存在，原始数据被存储后，经过算法筛选聚合、加工、计算而成的，系统的、可读取的、有使用价值的，其成本和价值能够可靠地加以计量，预期会给资产控制或持有者带来经济利益或具有潜在经济价值的资源。衍生数据资产包括能够带来收益、可以计算成本的衍生数据，也包括西方社会认可的通过首次代币发行（Initial Coin Offering，ICO）等方式产生的新的数据资产。目前ICO在我国现行监管规则下，是一种非法公开融资行为，涉嫌非法发售代币票券，非法发行证券以及非法集资、金融诈骗、传销等违法犯罪活动
	举例	以大家经常用到的互联网来看，互联网上的数据主要基于用户行为而产生。以阿里巴巴的淘宝为例，在淘宝平台上的操作一般包括两个基本动作：输入、点击。两个基本动作在网上进行操作，带来原始数据。在进行用户注册时输入姓名、邮箱、电话、地址等，在使用搜索引擎时输入的搜索内容，诸如衣食住行的具体事项，使用服务后输入评论等；在购买商品时通过鼠标点击页面、点击商品链接、点击下单、点击提交、点击付款、点击确认等。在以上用户输入和点击日志基础上，通过数据分析，数据挖掘，数据算法计算、加工、聚合后形成一条条结构化的数据，形成衍生数据

续表

分类		定义
按照资产是否原生	举例	当数据量小时，原生数据体现数据的价值，因为从数据内容中可以直接读取直观的信息获取价值。当面对大数据时，原生数据的直观价值锐减，反而侧重于数据之间相关性、分类性的价值挖掘，产生所谓的衍生数据价值。大数据时代，原生数据不能被直接利用，需要对其进行加工。数据就像玉石原石的开采，在没有加工成饰品时，玉石原石与一般石头没有什么大的区别，这时就像是原生数据。对玉石原石进行开采，发现是一块翡翠或是一块和田玉。这种数据加工、计算、聚合，让数据原石到数据宝石的突变，实现了从原生数据向衍生数据的飞跃。在数字经济时代，遍地是原生数据，数据价值最高级是衍生数据，衍生数据价值的高低取决于原生数据到衍生数据的聚合、加工、计算的准确程度
按照资产是否以货币方式出现	货币性数据资产	货币性数据资产是指以电子数据形式，在网络空间存在，企业拥有或控制的数字货币及将以固定或可确定金额的货币收取的经济资源，包括法定数字货币、虚拟数字货币
	非货币性数据资产	非货币性数据资产是指以电子数据形式，在网络空间存在，企业拥有或控制的不是以数字货币及将以不固定或不可确定金额的货币收取的经济资源，也可以说是货币性数据资产以外的数据资产，包括数据类资产和数字权益类资产
按照资产的用途	数字藏品	是指使用区块链技术，对特定的作品、艺术品生成的唯一数字凭证，在保护其数字版权的基础上，实现真实可信的数字化发行、购买、收藏和使用。元宇宙中带有文化艺术属性的内容资产，其主要价值在于审美和收藏，一些具有审美意义的数字文物、数字绘画、数字建筑等。数字藏品成为行业热点，品类丰富，包括但不限于数字图片、音乐、视频、3D 模型、电子票证、数字纪念品等有文物价值的各种形式
	数字物品	是用户在元宇宙游戏世界中生存和开展活动的虚拟媒介数字物品，更多地具有工具属性，也可以称为"数字道具"，构建在虚拟地块上的数字房产、数字办公室、数字服装、数字商品等。除了游戏领域外，元宇宙在其他领域也在迅猛发展。比如，用非同质权益凭证（Non-Fungible Tokens，NFT）铸造有价值的数字物品，如视频、音乐、活动门票
	数字地产	是在元宇宙项目中，一种基于区块链和 NFT 等技术创造出来的，具有产权标识的虚拟土地。比较火爆的是 Decentraland、Sandbox 等元宇宙平台中的虚拟地块。2021 年 11 月 23 日，一位著名歌手在推特上宣布，自己买了 Decentraland 平台上的三块虚拟土地，正式涉足元

分类		定义
按照资产的用途	数字地产	宇宙世界。他购买这三块"地皮"据估算花了大约 12.3 万美元，约合人民币 78.3 万元。接着 2021 年 12 月初 Sandbox 上的一块土地，以 430 万美元的价格售出，刷新元宇宙房地产的成交纪录。实际上这种地块跟现实中的房地产是一样的，是社交活动的必需场所，因此是一种典型的数据资产
	数字形象	数字形象是人进入元宇宙的通行证。很多元宇宙平台目前受技术的限制，数字形象停留在较为简单的捏脸层面，数字技术的不断发展，仿真数字形象会快速在元宇宙里呈现，那时自身物理形象不会受到限制，让自己在元宇宙中以理想形态并且是不止一个"分身"开展活动，而且随着"数字人"社交活动展开，必然形成数字 IP。数字形象不仅仅是传统互联网中的一个头像符号，而是能够独立承载个人品牌价值、虚拟社会关系的载体
	数字货币	就像现实世界中的货币一样，大部分元宇宙中都有发行自己的货币（如 Decentraland 的 MANA 币和 SandBox 的 SAND 币）。数字货币在元宇宙中充当着一般等价物的角色，平台也通常会通过算法等控制货币发行量，从而使之与元宇宙中的资产价值总体匹配，持有数字货币本身就代表着持有数据资产

第四节　数据资产的会计处理

前面对数据资产及相近的概念等进行了陈述、分析、比较，明白相关概念，知晓哪些资产可以成为数据资产，目的是如何对数据资产进行会计处理。

一、数据资产的资产属性

复旦大学教授朱扬勇、熊赟提出数据具有物理属性、存在属性和信息属性（见表 4-7），与此相结合，我们归纳出数据资产的资产属性，如表 4-8 所示。

表 4-7　数据的属性

数据的属性	具体内容
物理属性	是指数据在存储介质中以二进制形式存在。数据的物理存在确实占用了存储介质的物理空间，是数据真实存在的表现，并且可以度量，可以直接用于制作数据文本和数据传输

数据的属性	具体内容
存在属性	是指数据以人类可感知（通常为可见、可听）的形式存在。在计算机系统中，物理存在的数据需要通过 I/O 设备输出，才可以被人感知、认识。人通过 I/O 设备感知到的（如看见的）数据被认为是在数据界中存在的数据。I/O 设备指的是输入输出（Input /Output）设备，是数据处理系统的关键外部设备之一，可以和计算机本体进行交互使用，最常见的 I/O 设备有打印机、键盘、鼠标、写字板、麦克风、音响、显示器等
信息属性	一个数据是否有含义？含义是什么？这是数据的信息属性。通常数据经过解释就会有含义，数据的含义就是信息，也有一些数据是没有含义的，例如，一个随意打入的字符串 "20xad7f 和 7s9f9a–877w2" 就没有含义，但它是数据自然界中的一个数据

表 4–8　数据资产的资产属性

数据资产的资产属性	具体内容
具有无形资产属性	数据的信息属性以及数据勘探权、使用权等，其价值来自某些权利，决定了数据资产具有无形资产的特点
具有流动资产属性	资产的流动性是按照资产拥有者持有的目的来进行划分的，如果数据资产的持有者持有的目的满足流动资产的条件（按照准则规定，满足四项之一即可：① 预计在一个正常营业周期中变现、出售或耗用；② 主要为交易目的而持有；③ 预计在资产负债表日起一年内（含一年，下同）变现；④ 自资产负债表日起一年内，交换其他资产或清偿负债的能力不受限制的现金或现金等价物），则应将数据资产划分为流动资产
具有长期资产属性	如果不满足上述流动资产的条件，则应划分为长期资产

二、数据资产的确权

数据资产的确权通俗地讲是数据资产的权属归谁拥有。数据资产的属性决定它与实物资产、无形资产的不同，权属也不同，数据具有所有权、使用权和经营权。数据要在市场上流通、交易，最首要的就是对数据进行确权，也有利于会计的核算工作。目前，法律界、实务界有不同的观点，一些地方政府出台了《数据条例》为数据资产确权提供了法律依据。据不完全统计，贵州、天津、海南、山西、吉林、安徽、山东、深圳、上海等省市都颁布了数据条例。其中，《贵州省大数据发展应用促进条例》在 2016 年 3 月 1 日已经正式施行；

2022 年 1 月 1 日实施的《上海市数据条例》明确自然人、法人和非法人组织可以通过合法、正当的方式收集数据，并对其合法取得的数据，可以依法使用、加工。在数据交易活动的动态发展中，明确保护民事主体合法获取的数据利益，让交易主体自行探索，待交易市场培育成熟法律再予以固定，厘清权利边界。

一些机构先后成立了数据交易平台，为数据资产确权、交易提供了便利。京东云旗下京东万象数据服务商城宣布，其大数据交易平台将运用区块链技术，实现数据的溯源、确权。应用区块链技术后，得到权益保障的数据提供方会更愿意参与数据交易，而数据需求方也可以轻松地获取原始数据，查看数据质量，得到指导服务等。京东万象采用区块链技术后，无须第三方认证，即具有可确权、可溯源的功能。通过采用区块链技术，京东万象平台把数据变成受保护的虚拟资产，每笔交易和数据都有确权证书。而未经许可的盗卖没有确权证书，或者证书与区块链确权不匹配，数据提供方就可要求法律保护。《人民日报》所属的人民数据资产服务平台也是行业内首个集数据合规性审核、数据确权出版、数据流通登记、数据资产服务为一体的平台。

三、数据资产的估值

数据资产作为信息技术发展起来后产生的一种资产形态，具有自身的特点。数据资产的评估方法选择，影响到外部采购数据购买价格的合理性、减值测试的科学性、企业整体价值评估的准确性等。资产估值中一般采用比较多的方法是成本法、收益法、市场法（见表 4-9），在对数据资产进行估值时，要充分考虑数据资产的特性，进一步细化操作。

表 4-9　数据资产的估值方法

资产估值方法	操作运用
成本法	运用成本法对数据资产评估中，以数据资产形成时必要的人力、物力投入作为基础，结合数据质量、流通性、垄断系数等因素计算，可以参照一些成熟案例，判断数据资产本身的预期使用溢价，以便于应用成本法准确定价
收益法	运用收益法对数据资产评估中，以数据资产未来潜在现金流入以及收益期进行有效评估为基础，考虑到数据资产作为一项新生资产，缺乏历史数据，缺少未来现金流入的合理参照，缺失收益期的准确判定，可以依据数据的性质、来源方式、使用目的等维度进行分类，以确认相关数据资产的收益情况

续表

资产估值方法	操作运用
市场法	国内数据交易所已经有一部分运用市场法对数据资产进行评估。数据的交易量快速增长，为数据资产的交易创造了条件，也为市场法对数据资产评估提供了参考

四、数据资产会计科目设置

表 4-10 数据资产会计科目设置

会计科目相关事项	具体内容
会计科目核算存在的问题	现行会计核算系统中目前没有数据资产的会计科目，在实际工作中，存在一些问题： ① 归属现有会计科目中有困难。数据资产的属性及特点，与有形资产、无形资产存在区别，难以将数据资产归类于现有会计科目之中 ② 归属无形资产中有困难。由于无形资产的确认范围过窄，仅将数据资产作为无形资产进行确认，导致第三方数据所有权无法明确，且现行的无形资产价值评估方法并不适用于数据资产的价值衡量。数据资产的价值确定存在难度，数据本身快速的更迭使数据价值的衡量难度进一步加大 ③ 归属实物资产中有困难。数字产品本身所具有的特点，决定了数字产品在生产、销售、储存等环节与实物产品有着明显的差异，所以数字产品在确认、计量、成本费用及收益的确定等方面不可能与实物资产采用完全相同的方法，从而不能将数字产品纳入实物资产、无形资产的核算范畴
设置"数据资产"相关会计科目	在实际操作中，根据数据资产特点，建议单独设置会计科目： ① 依据数据资产的属性及特点，在进行会计核算时，建议单独设置"数据资产"一级科目进行确认、计量、记录和报告，并根据数据资产来源于自行研究开发、委托外部开发或者通过企业并购得到，分别设置"企业自开数据资产""企业外开数据资产""企业并购产生的数据资产"三个二级科目，并根据用途辅助核算标记为"持有代售"或"自用" ② 设置"数据研发支出"一级科目：本科目核算企业在研究与开发数据资产过程中发生的各项支出 ③ 设置"数据研发支出——费用化支出"二级科目，该科目下设"人工费""材料费"等三级科目，企业自行开发数据资产发生的研究支出，不满足资本化条件的，使用本科目。本科目期末（月、年）余额结转至"管理费用——数据开发费"，结转后余额为零

续表

会计科目相关事项	具体内容
设置"数据资产"相关会计科目	④ 设置"数据研发支出——资本化支出"二级科目，该科目下设"人工费""材料费"等三级科目，企业自行开发数据资产发生的研究支出，满足资本化条件的，使用本科目。数据资产开发完成后，本科目全部余额结转至"数据资产"科目 ⑤ 设置"管理费用——数据开发费"二级科目，本科目借方由"数据研发支出——费用化支出"在期末（月、年）时转入，核算企业日常数据研发活动发生的直接列入当期损益的研发费用支出，期末结转至"本年利润"，期末无余额
明确"数据资产"归集边界	在企业内部经营活动中产生的数据，并不是全部都要确认为数据资产。确认数据资产还需要符合"能够为企业带来未来经济利益"的条件，因此，在数据收集、整理、筛选等初始阶段所发生的各项成本支出应当费用化，计入"管理费用"；在数据分析、挖掘、应用等阶段所发生的人力、设备、技术等成本支出应当资本化，作为其入账成本

五、数据资产的会计核算

（一）会计确认

会计确认是指会计数据进入会计系统时，确定如何进行记录的过程，即将某一会计事项作为资产、负债、所有者权益、收入、费用和利润等会计要素，正式加以记录及列入报表的过程。会计确认是要明确某一经济业务涉及哪个会计要素的问题。当某一会计事项被确认，应同时以文字和数据进行记录，将其金额反映在财务报表中。予以确认的经济事项，必须同时符合两个基本标准：可定义性，即应予确认的项目必须符合某个会计要素的定义；可计量性，即应予确认的项目应可以货币计量。数据资产的会计确认如表4-11所示。

表4-11　数据资产的会计确认

会计确认		具体分类及确认
自行研发的数据资产会计确认	研究阶段	数据资产在研究阶段，具有探索性，其成果具有不确定性，研发单位无法证明在研究中的数据资产能带来未来经济利益，因此，对于内部研究开发项目，研究阶段的有关支出，应当在发生时全部费用化，计入当期损益，确认为研发费用

续表

会计确认	具体分类及确认	
自行研发的数据资产会计确认	开发阶段	开发阶段的研发项目产生成果的可能性较大。如果企业能够证明开发支出符合数据资产的定义及相关确认条件，则可将其确认为数据资产，发生的支出予以资本化确认为开发支出。如果开发失败，则确认为研发费用
数据资产入库会计确认	对外出售	确认为数据资产（持有待售）
	自用	确认为数据资产（自用）
	数据资产用途发生改变的，再根据用途变更会计确认	
成本结转与摊销和减值准备会计确认	对外出售	确认为销售成本
	自用	确认为管理费用
	在减值准备下设"数据资产减值准备"二级科目，用于核算和揭示数据资产减值情况	

（二）会计计量

表 4-12　数据资产的会计计量

会计计量分类	具体处理	
研发中数据资产成本计量	研究阶段支出	研究阶段发生的支出作为研发费用加以计量
	开发阶段支出	开发阶段发生的支出作为开发支出加以计量，并分项计量数据资产的实际成本
外购取得的数据资产成本计量	按历史成本原则，以支付的全部对价作为交易取得数据资产的实际成本进行计量	
自用数据资产月末摊销计量和出售数据资产成本结转	自用数据资产的月末摊销	本着历史成本原则，对于自用数据资产的月末摊销，按预期受益期限分月计量摊销费用
	出售外开数据资产成本结转	按交易对价计量销售成本
	出售自开数据资产成本结转	以数据资产剩余开发成本、当月发生维护支出、版本升级支出作为自开数据资产总成本。按谨慎性原则，以受益月份为权数，采用逐月递减分摊销售成本的方法对成本进行计量。即假设预计受益月数为 Y，预计受益月数总和为 $1+2+\cdots+Y=Y\times（1+Y）/2$，当月应分摊出售数据资产成本 = 数据资产总成本 × 尚可受益月数 ÷ $[Y\times（1+Y）/2]$。同时，受益期限一旦确定，不得随意变更，以避免人为操作利润。若确实需要变更，则应说明变更理由

续表

会计计量分类	具体处理
数据资产减值计量	积累数据资产的历史数据
	业务人员与会计人员共同参与期末数据资产价值测算，提高会计期末数据资产价值测算精准度，降低数据资产价值测算偏差
	建立数据资产价值测算的数学模型，自动测算数据资产价值，提高测算效率，避免数据资产价值人为测算偏差

（三）会计处理

表 4-13　数据资产的会计处理

业务情形	会计核算
企业开发数据资产发生的支出，符合资本化条件的	借：数据研发支出——资本化支出——各明细科目 　　贷：库存现金、银行存款、应付职工薪酬等
企业开发数据资产发生的支出，不符合资本化条件的	借：数据研发支出——费用化支出——各明细科目 　　贷：库存现金、银行存款、应付职工薪酬等
企业开发数据资产达到预定用途，形成数据资产时	借：数据资产 　　贷：数据研发支出——资本化支出——各明细科目
期末，企业开发数据资产归集的费用化支出结转当期损益	借：管理费用——数据开发费 　　贷：数据研发支出——费用化支出——各明细科目 借：本年利润 　　贷：管理费用——数据开发费

（四）信息披露

表 4-14　数据资产的信息披露

信息披露	具体内容
单独设置"数据资产"报表项目	要准确对数据资产进行披露，考虑到数据资产区别于无形资产、存货和固定资产等实物资产，不适合把数据资产并入到现有的报表项目中。前文已说明要设置"数据资产"的一级会计科目，所以在资产项下单独设置"数据资产"报表项目予以反映，以揭示数据资产的货币价值
全面客观披露数据资产的相关信息	鉴于数据资产的特性和组成的多样性，会计报告应尽可能全面客观披露数据资产的相关信息，以增强财务报表使用者对数据资产的认知程度。披露信息应涵盖数据资产的形成来源、产生方式、交易对手信息、定价规则信息、研发支出、减值参数选择以及数据资产面临的各种风险及对策分析。重点要对数据资产风险信息进行准确披露，使报告使用者能够对数据资产存在的风险进行全面了解和掌握

续表

信息披露	具体内容
披露有利于决策参考的信息，同时注意保护商业秘密	宏观信息披露。披露宏观经济环境及其变化、数字技术发展、预期市场空间、市场竞争和垄断情况、消费群体及消费者偏好等外部因素
	企业研发相关信息。数据资产使用范围、研发期限、研发进度、企业文化、企业管理状况、研发团队情况等
	自发研究的数据资产和外采的数据资产的相关情况等。通过采用表内披露和表外披露相结合的方法，全方位反映数据资产信息

第五节　数据资产与元宇宙、区块链、NFT

数据资产的发展离不开元宇宙、区块链、NFT。

一、元宇宙：实体资产通向数据资产的新空间

（一）元宇宙的概念及价值作用

表 4-15　元宇宙的概念及价值作用

概念	来源	价值作用
元宇宙是指将 5G、VR、AR、物联网、云计算、大数据、区块链、人工智能等新一代前沿数字技术信息技术充分集成，与互联网、游戏、社交网络融合在一起，衍生出来的下一代互联网形态，也有称为第三代互联网 Web3.0	元宇宙的英文是 Metaverse，前缀 meta 意为超越，词根 verse 则由 universe 演化而来，泛指宇宙、世界。在维基百科中，元宇宙通常被用来描述未来互联网的迭代概念，由持久的、共享的、三维的虚拟空间组成，是一个可感知的虚拟宇宙。元宇宙概念最早出现在 1992 年美国作家尼尔·斯蒂芬森的科幻小说《雪崩》中。小说描绘了一个平行于现实世界的虚拟数字世界——"元界"。把元宇宙描述为平行于现实世界的虚拟数字世界，人类在现实世界中拥有的一切或者无法完成的事情都可以在这个虚拟数字世界里实现	元宇宙是数字世界和物理世界实现强交互、深融合，这种特性推动互联网和社会经济向更高层次前行。元宇宙如果只能给现实世界带来新的使用价值，不能给现实世界带来经济价值，就不会有太大的发展空间

（二）元宇宙：实现数字世界与物理世界的融合表现形式

元宇宙实现数字世界与物理世界的融合，有两个层次的表现形式：一是"从物理世界到数字世界"；二是"从数字世界到物理世界"，如表 4-16 所示。

表 4-16　元宇宙：实现数字世界与物理世界的融合表现形式

表现形式	具体描述
从物理世界到数字世界	"从物理世界到数字世界"可以理解为"数字孪生"：数字孪生就是运用虚实融合的技术，利用物理模型、传感器更新、运行历史等数据，集成多学科、多物理量、多尺度、多概率的仿真，用迭代、进化的方式，对从工厂、园区到城市的物理空间进行全面观测，洞察其发展态势，在虚拟空间中完成映射，从而反映相对应的实体装备的全生命周期过程，进而科学分析、预测、决策，实现以虚拟网络的管控来提升实体的运行效率，实现以虚控实的目的。比如，随着 3D 扫描技术的逐步成熟，我们可以对物理世界的对象进行 3D 快速建模，以实现这种转变。目前，这项技术已较为成熟，甚至连 iPhone 12（或 13）Pro 等搭载的 LiDAR（激光雷达）都可以对一个物理物体或场景进行快速扫描和建模，并生成 3D 数字模型。数字孪生还能应用于智慧城市和智能制造等诸多场景。想象一下，我们在为一座城市构建出数字孪生体后，就可以将这座城市完全接入元宇宙，让来自全球的人们在这个数字城市中尽情探索和创造
从数字世界到物理世界	数字原生是先建一个虚拟世界，再根据虚拟世界建造一个物理世界。随着科学技术的快速发展，沉浸技术的发展，微软 HoloLens 全息眼镜、谷歌眼镜等 AR 眼镜设备已经开始在一些产业中应用。在这些设备的帮助下，数字世界和物理世界可以融合在一起，使用者可以同时与两个世界的元素进行交互。此外，无人机、智能机器人和机械外骨骼等设备的发展，也为数字世界和物理世界强交互提供了技术保障。例如，在出现灾难事故的时候，我们可以在元宇宙中基于数字孪生体对受灾现场进行快速的全面分析，并通过程序直接调用各类无人机、机器人参与到抢修和救灾活动中

随着技术的逐步成熟，元宇宙概念现在大热不是偶然事件，经过多年技术进步，虚拟现实、人工智能、区块链、大数据、5G 通信、可穿戴设备等底层技术的应用日渐成熟，这些技术的结合运用使打造元宇宙成为可能。"从物理世界到数字世界"和"从数字世界到物理世界"的路径逐步畅通，两个世界可以实现共建共生。元宇宙不是数字乌托邦，而是可以让现实社会变得更美好并赋能实体经济的下一代互联网。无论是"从物理世界到数字世界"，还是"从数字世界到物理世界"，只要使用价值和经济价值都在体现，元宇宙就能成为实体资产通向数据资产的新空间

二、区块链：实体资产通向数据资产的桥梁

表 4-17　区块链的概念及价值作用

概念	价值作用	关于 DeFi
区块链是分布式数据存储、点对点传输、共识机制、加密算法等计算机技术的新型应用模式。区块链（Blockchain），是比特币的一个重要概念，它本质上是一个去中心化的数据库，同时作为比特币的底层技术，是一串使用密码学方法相关联产生的数据块，每一个数据块中包含了一批次比特币网络交易的信息，用于验证其信息的有效性（防伪）和生成下一个区块	① 在元宇宙中，区块链技术既可以让数据资产实现确权、流转并确保资产安全，也可以使元宇宙中的数字经济活动积累并形成大量数字财富。区块链上的数据资产通证（token），将成为连接元宇宙物理世界和数字世界的资产桥梁，这些数据资产与 DeFi 相结合，能让资产流动性大大提升，从而真正激活资产价值 ② 区块链在元宇宙的"智能经济"体系中将发挥基础设施作用，推动元宇宙中的数字资源实现高效率的确权、流转、分配和交易，形成数据资产。"万物互联"通过区块链逐步走向"万物互信"，再到"万物交易"和"万物协作"，为元宇宙构建一套全新的资产体系和社会协作体系 ③ 信息互联网最伟大的价值在于通过 TCP/IP 协议实现了信息流转趋向零边际成本，才有了我们当前繁荣信息互联网的生态。区块链将作为一种新的协议、一种面向资产的协议，将实现价值（资产）流转趋向于零边际成本，推动元宇宙资产自由流动。在元宇宙中不论是公司资产，还是个人资产；不论是原生数据，还是衍生数据；不论是数字藏品，还是宠物、游戏道具、土地等，都是可以实现快速流转的。比如，A 对收集的原生数据进行加工，出售给 B，B 加工后按照应用场景分类出售给有需求的 C。极低成本的交易摩擦和充分的交易市场，将带来元宇宙中繁荣的数字经济	DeFi，全名为 Decentralized Finance（去中心化金融），是指利用开源软件和分布式网络，将传统金融产品转为在没有不必要中介下运行的服务。其本身是一种概念、架构，等同于区块链技术在金融科技（Fintech）中的应用。若将其名称拆分来看： ① Decentralized 去中心化，是相对于 Centralized 中心化的概念。根据字面意思，就是去除中心，也就是说没有所谓的管理员，每个使用者都是平等的、拥有相同的权限，如果有其中一个人想要改变内容，需要经过大家同意。所有权分散、不属于任何人、不易被窜改 ② Finance 金融：指以区块链为基础的金融应用，包含支付、借贷、交易、投资与投机等服务

三、NFT：实体资产通向数据资产（数字文创）的价值载体

（一）NFT 的概念、特征与作用

表 4–18　NFT 的概念、特征与作用

概念	特征	作用
NFT 的全称是"Non-Fungible Tokens"，即非同质化代币，被翻译为非同质权益凭证、非同质代币或者非同质通证。将特定交易内容以 NFT 的形式进行交易，被称为非同质代币化或者非同质通证化。NFT 是区块链技术下的一个新兴应用场景，本质上是一张权益凭证，该凭证指向的是有交易价值的特定客体，与区块链上的智能合约相关联，能够记录关于该特定客体的初始发行者、发行日期以及未来的每一次流转信息	利用区块链技术发行，具有权属清晰、数量透明、转让留痕等特征，拥有独特、唯一的标识，自身不可分割，无法两两等值互换	NFT 主要用于证明数据资产的唯一归属权，目前主要应用于游戏、艺术品、收藏品、虚拟资产、身份特征、数字音乐、数字证书等领域。其价格主要受市场对 NFT 价值共识、稀缺性及流动性等因素影响

（二）NFT 的两种样态

根据 NFT 所指代交易客体的性质，可以将其分为资产型 NFT 和权利型 NFT 两种样态，如表 4–19 所示。

表 4–19　NFT 分类

分类	内容
资产型 NFT	指各种实物或数字化资产的 NFT。资产型 NFT 是当下最为普遍的样态。其中，通过 NFT 进行交易的数字内容以文学艺术领域的作品为常见形态。数字音乐、数码照片、数字图像、视频动画等数字作品，在交易平台上以代币化的形式作为一个 NFT 出售，实践中称为"NFT 数字作品"，其本质是以数字化形态存在的、被独一无二地标记了的、内容具有独创性的一份文件
权利型 NFT	指持有人拥有股权、债券等权利或者享有使用特定商品或服务的权利，如演出的入场资格、网络游戏的登录资格等

（三）同质化代币和非同质化代币

表4-20　同质化代币和非同质化代币

同质化代币	同质化物品或代币，就所有意图和目的而言，是可以与同一事物的另一个单位互换的。一个比特币等于另一个比特币，就像一元人民币等于另一元人民币。人民币元可以进行简单交换，即使序号不同也不影响替换，如果价值相同，钞票面额大小对持有者来说没有区别。同质化代币同样如此，同种类的一个比特币和另一个比特币没有任何区别，规格相同，具有统一性。在交易中，只需关注代币交接的数量即可，其价值可能会根据交换的时间间隔而改变，但其本质并没有发生变化
非同质化代币	现实生活中具有实际价值的事物是不可替代的，如一份合同、房屋产权、艺术作品、出生证明等，非同质化代币应运而生。与同质化物品不同，非同质化物品或代币彼此之间是不能互换的，它们具有独特的属性，即使看起来相似，但彼此之间有根本的不同。非同质化代币包含了记录在其智能合约中的识别信息，这些信息使每种代币具有唯一性，因此不能被另一种代币直接取代。此外，绝大多数非同质化代币不可分割，非同质化的独特属性使其通常与特定资产挂钩，可以用来证明数字物品（如游戏皮肤）的所有权，甚至实物资产的所有权，目前主要应用于游戏和加密收藏品领域

（四）NFT 的应用价值

表4-21　NFT 的应用价值

价值点	具体描述
万物皆可 NFT	NFT 作为通证的非同质化形态，成为赋能万物的"价值机器"，将成为产业区块链的新载体。未来，万物皆可 NFT。另外，大量资产会以证券型通证（ST）的方式映射到元宇宙中
NFT 是数字文化的价值载体	NFT（非同质化通证）是当下互联网行业的热门创新话题，也同样是互联网巨头纷纷布局的新兴领域。NFT 是数字文化的价值载体，而数字文化则是元宇宙的核心要素之一。NFT 在元宇宙中将发挥巨大的作用，有望成为连接数据资产和实物资产的关键桥梁，进而成为元宇宙中的核心资产类别
NFT 是元宇宙的最核心底层支持之一	当前市场交易以收藏品、艺术品、游戏为主，未来 NFT 有望持续衍生至金融、个人数据等领域，诞生更多数据资产形态。长期来看，NFT 是元宇宙的最核心底层支持之一。元宇宙是将构建的虚拟世界与现实世界深度融合，实现数字孪生、数字原生以及虚实融合，大幅提升互联网的沉浸式体验及交互体验，以及个人、社会的运转效率。元宇宙的建立将带来丰富的数字场景与数据资产，NFT 为元宇宙内数据资产的产生、确权、定价、流转、溯源等环节提供了底层支持。此外，NFT 非同质化独一无二的特性，将进一步促进元宇宙由实到虚、由虚到实的相互映射，加速元宇宙经济系统落地

（五）NFT 的应用领域

NFT 已经发展到了十几个领域，常见的 NFT 应用领域如表 4-22 所示。

表 4-22　NFT 的应用领域

应用领域	具体描述
艺术品	目前最受欢迎的一类 NFT，每一个数字艺术品都有代表自己真实性和所有权的证书。截至目前，售价最贵的 NFT 数字艺术品是艺术家 Beeple 于 2021 年 3 月在佳士得拍卖会上售出的 "The First 5000 Days"，当时的拍卖价格高达 6930 万美元
收藏品	收藏品是有史以来推出的第一个 NFT 种类。灵感来自一些实体收藏品，如宝可梦（Pokemon）卡片或是一些老式玩具等，只不过采用的都是数字形式。Curio Cards 是有史以来推出的第一个大型 NFT 收藏品，在这之后推出的其他几个收藏品，如 Bored Ape Yacht Club、Cryptopunks、Cat Colony、Meebits 等如今都已火遍全球，成为收藏家们追捧的对象。其中，Bored Ape Yacht Club 是目前为止最有价值的数字收藏品
体育类藏品	体育类藏品是当下最热门的 NFT 类别之一，其中最著名的 NFT 要数 NBA Top Shot 了。这类 NFT 通常会是一段精彩的体育竞技瞬间的视频剪辑，最有名的一段剪辑是湖人队球员勒布朗·詹姆斯（LeBron James）的扣篮视频——Throwdowns 系列，目前售价已超过 380000 美元，是有史以来最昂贵的体育收藏品之一
数据资产类游戏	基于 NFT 的数字类游戏中，玩家可以通过参与游戏而获得加密货币、数据资产或是其他 NFT 的奖励。该领域出现的第一个 NFT 数据资产类游戏是 Axie Infinity，之后又涌现出了大批类似的游戏如 CryptoKitties、Gods Unchained、Sorare 等，并逐渐在玩家中变得流行起来
虚拟土地	虚拟土地包括数字类游戏和元宇宙中的土地。潜力巨大，虚拟土地可以被用来在数字类游戏中投放广告、创建虚拟资产等

第五章　预算管理

【内容提要】

构架三层预算明，
四环节点巧前行。
中庸礼记预则立，
管理财务自动迎。

【本章导航】

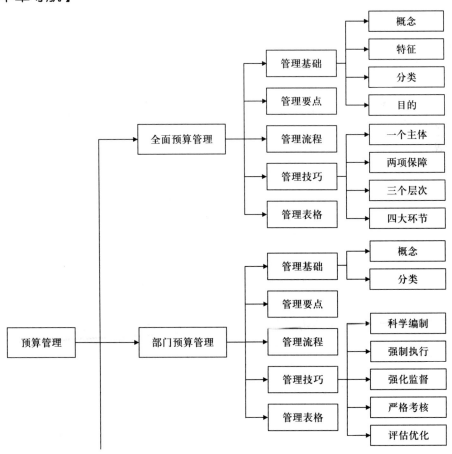

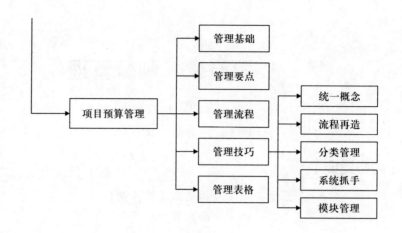

第一节　全面预算管理

一、管理基础

（一）概念

预算是一种系统的方法，用来分配企业的财务、实物及人力等资源，以实现企业既定的战略目标。反映的是企业未来某一特定期间（一般不超过一年或一个经营周期）的全部生产、经营活动的财务计划。企业可以通过预算来监控战略目标的实施进度，有助于控制开支，并预测企业的现金流量与利润。

（二）特征

表 5-1　全面预算的特征

序号	特征	主要内容
1	全面性	全面性包含全员、全方位和全过程。全员是指全面预算管理涉及企业的所有部门，要求企业所有员工共同参与和完成；全方位是指全面预算管理从各个方面渗透到企业生产、经营、管理等各个环节当中，对经营预算、资本预算和财务预算等各个方面预算，进行全方位的预算与管理；全过程是指沿着企业价值链进行预算管理，包含预算编制和审批、预算执行和调整、预算考核和分析
2	灵活性	企业的内外部环境总是在不断变化，企业的预算目标应随着变化不断调整，具有一定的灵活性

序号	特征	主要内容
3	科学性	全面预算管理是建立在科学的管理方式之上的，通过建立预算体系进而建立一套以实现企业价值最大化为轴心的价值运动体系，使得企业的各种资源、现实价值得到有效的融合，发挥出统筹管理的指挥棒作用
4	战略性	全面预算管理在企业的发展中起着战略指导作用，通过建立符合企业战略目标要求的指导方针，以推动企业平稳与快速发展，并形成一种全局规划格局

（三）分类

表 5-2　全面预算的分类

序号	分类	主要内容
1	按预算编制的内容分类	全面预算管理分为综合预算、部门预算、项目预算三个层次。综合预算包括业务预算和财务预算。业务预算分为经营预算（合同额预算、收入预算、成本费用预算、采购预算、研发预算等）和资源配置预算（人力资源预算、固定资产预算、权益性投资预算等），财务预算分为现金流量预算、利润预算和资产负债预算
2	按预算管理的环节分类	全面预算管理的环节包含预算编制和审批、预算执行和调整、预算考核和分析

（四）目的

表 5-3　全面预算的目的

序号	目的	主要内容
1	战略管理	通过预算监控可以发现未能预知的机遇和挑战，这些信息通过预算汇报体系反映到决策机构，可以帮助企业动态地调整战略规划，提升企业战略管理的应变能力
2	有效考核	通过预算执行，将预算与执行情况进行对比和分析，为经营者提供有效的监控手段，同时将预算执行结果作为业绩考核的重要依据
3	资源利用	通过全面预算的编制和平衡，企业可以对有限的资源进行最佳的安排使用，避免资源浪费和低效使用

续表

序号	目的	主要内容
4	风险管理	根据预算编制结果，可以发现潜在的风险，并预先采取相应的防范措施，从而达到规避与化解风险的目的
5	开源节流	① 在编制全面预算过程中相关人员要对企业环境变化做出理性分析，从而保证企业的收入增长和成本节约计划切实可行 ② 预算执行的监控过程关注收入和成本这两个关键指标的实现和变化趋势，这迫使预算执行主体对市场变化和成本节约造成的影响做出迅速有效的反应，提升企业的应变能力

二、管理要点

表 5-4　全面预算管理要点

序号	管理要点	说明
1	岗位分工	不相容岗位相互分离、制约和监督。不相容岗位包括：预算编制（含预算调整）与预算审批、预算执行与预算考核
		公司建立预算责任单位、预算管理委员会、董事会、股东大会四级预算管理体系
		制定预算工作流程。明确预算编制、执行、调整、分析与考核等各环节的控制要求
2	编制审批	公司年度综合预算方案应符合公司的发展战略、经营目标和其他有关重大决议
		预算方案编制一般遵循"自上而下、自下而上、上下结合、分级编制、逐级汇总"的程序进行
		公司年度综合预算包括经营预算、资本预算、财务预算
		各单位应对负责编制的计划和预算数据的相关性、可靠性负责；财务部门应对汇总后数据的准确性负责；各单位负责人应对本单位预算编制的质量负责

续表

序号	管理要点	说明
3	执行控制	公司预算一经批准下达，各单位必须认真组织实施
		公司建立预算执行责任制度，对照已确定的责任指标，定期或不定期地对相关单位及人员责任指标完成情况进行检查，实施考评
		建立预算执行情况预警机制
		建立预算执行结果质询制度
4	预算分析	建立预算执行情况分析制度。财务部门定期召开预算执行分析会议，研究、解决预算执行中存在的问题
		预算分析类别主要包括收入、成本、费用、利润、工资总额、资本预算等预算目标和实际发生额分析，还包括对公司总体预算执行情况和各单位预算执行情况分析
5	预算调整	公司正式下达执行的预算，不得随意调整
		由于政策法规、市场环境、生产经营条件等发生重大不可抗拒的条件变化，致使预算编制基础不成立，或者极可能导致预算执行结果与目标产生重大偏差的可以申请调整预算，但必须履行相关的预算调整审批程序
		预算调整时间为每年年中，由各单位结合自身情况编制本单位预算调整方案。预算调整方案未批准前，仍按原预算目标执行。原则上每年只能调整一次预算，不可抗力因素除外
6	考核监督	预算考核内容主要包括预算指标执行准确率和预算管理组织工作质量。预算考核的周期为每年考核一次
		公司建立预算内部监督审查制度。内部审查由审计部门负责，财务部门配合。内部监督审查主要对各单位的预算执行情况进行审查。通过定期或不定期的实施监督审查，及时发现和纠正预算执行中存在的问题
		预算执行结果作为各单位负责人年度工作业绩考核的参考依据

三、管理流程

（一）综合预算编制与执行流程

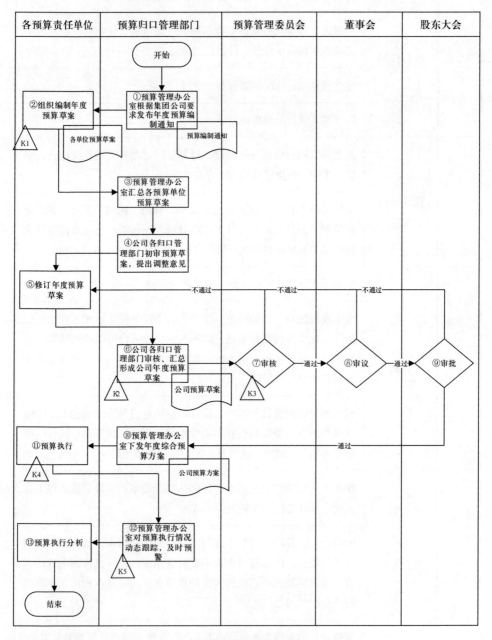

图 5-1 综合预算编制与执行流程

（二）综合预算编制与执行流程说明

表5-5　综合预算编制与执行流程说明

编号	流程步骤	流程步骤描述	责任部门	责任岗位	控制文档
①	发布通知	根据上级单位要求，预算管理办公室发布年度预算编制通知	预算管理办公室	主管会计	预算编制通知
②	编制预算	各预算责任单位编制年度预算草案	各预算责任单位	单位负责人	各单位预算草案
③	汇总预算	预算管理办公室汇总各预算单位预算草案	预算管理办公室	主管会计	
④	初审预算	各预算归口管理部门初审预算草案，提出调整意见	各预算归口管理部门（财务部门、运营部门、人力资源部门等）	部门负责人	
⑤	修改预算	各预算责任单位根据调整意见，修改年度预算草案	各预算责任单位	单位负责人	
⑥	汇总、初审预算	预算管理办公室联合各预算归口管理部门审核、平衡汇总形成公司年度预算草案	预算管理办公室	部门负责人	公司预算草案
⑦	审核预算	预算管理办公室提交预算草案，预管管理委员会审核	预算管理委员会		
⑧	审议预算	董事会审议预算草案	董事会		
⑨	审批预算	股东大会审批预算草案	股东大会		
⑩	下达预算	将年度综合预算方案发送给各预算责任单位	预算管理办公室	主管会计	公司预算方案
⑪	预算执行	各预算责任单位实施预算	各预算责任单位	单位负责人	
⑫	预算跟踪	预算管理办公室对预算执行情况动态跟踪，及时预警	预算管理办公室	主管会计	
⑬	预算分析	各预算责任单位对预算执行分析	各预算责任单位	单位负责人	

（三）综合预算编制与执行关键控制点风险控制矩阵

表5-6 综合预算编制与执行关键控制点风险控制矩阵

控制编号	关键控制点	风险描述	控制措施	主控部门	主控岗位	控制文档
K1	编制预算	预算编制不能准确反映公司发展战略、年度计划以及上级单位年度经营目标要求	各预算单位负责人对各自的综合预算表进行审核，重点包括是否符合预算相关规定、是否符合本单位实际情况	各预算责任单位	单位负责人	各单位预算草案
K2	初审预算	预算编制不能准确反映公司发展战略、年度计划以及上级单位年度经营目标要求	预算管理办公室联合各预算归口管理部门将各预算单位上报的预算表格进行审核汇总，重点包括是否符合相关编制规定、和往年相比是否有明显差异数据、是否与公司战略规划相符合	预算管理办公室及各预算归口管理部门	部门负责人	公司预算草案
K3	审核预算	预算任务分解控不到位，可能导致不能准确反映公司实际业务情况	预算管理委员会审核并出具审核意见，重点审核是否符合公司发展战略、经营期内经济活动规模，反映公司预算内经济活动规模、成本费用水平和绩效目标，满足控制经济活动、考评经营管理业绩的需要。董事会审议预算草案并出具批复意见，上报股东大会审批，并将预算草案下发各单位实施	预算管理委员会、董事会、股东大会		公司预算方案
K4	预算执行	预算没有严格执行，导致预算目标与实际执行两张皮、预算管理流于形式，造成公司资源浪费	将预算指标层层分解，从横向纵向落实到内部各部门、各环节、各岗位，并严格执行	各预算责任单位	单位负责人	
K5	预算跟踪	预算执行未得到有效监管，导致预算执行不力，预算目标难以实现	①将年度指标根据时间进度合理细分为季度指标，实施预算分期控制 ②对预算执行情况动态跟踪，及时纠正偏差，对预算执行差异提出应对解决措施，确保完成公司预算目标	预算管理办公室	部门负责人	

四、管理技巧

全面预算管理技巧可以概括为"1234"，即突出一个主体（预算组织体系），强化两项保障（制度保障、信息系统保障），构建三个层次（综合预算、部门预算、项目预算）和紧扣四大环节（预算编制、执行控制、预算调整、分析考核）。具体内容如表5-7所示。

表5-7　全面预算管理技巧

序号	技巧要点	具体内容
1	突出一个主体，建立完善组织体系和工作机制	成立以董事会为领导的预算管理委员会，由公司董事长担任主任，其他班子成员担任副主任，职能事业部门、经营生产部门、分子公司负责人担任成员，并出台《预算管理委员会工作规则》
		在预算管理委员会下设预算管理办公室，是预算管理的工作主体。各部门作为落实执行机构，是预算管理的执行主体
		构建决策主体领导、工作主体协调、执行主体落实，公司上下一盘棋、齐抓共管的工作机制，为预算管理推进奠定基础
2	强化两项保障，系统构建顶层设计和技术支撑	制定《全面预算管理制度》《职能事业部门预算管理办法》《经营生产部门预算管理办法》《项目预算管理办法》《项目经理制管理办法》《收入成本核算办法》和《薪酬管理办法》等相关制度，为预算全覆盖提供制度保障
		持续加强预算信息化建设，打造预算管理和财务核算一体化平台。充分发挥系统在预算中实时管控功能，提高业务系统与财务系统数据交互的准确性和及时性，及时提醒和控制预算执行情况
3	构建三个层次，分层分类明确节点逐步实施	全面铺开综合预算和部门预算。各预算执行单位按照预算的具体要求，按"以月保季，以季保年"的原则，编制季、月滚动预算，并建立每周资金调度会、每月预算执行情况分析会等例会制度
		大力推进项目预算 ① 制定三类文件，项目预算管理办法，薪酬管理办法和收入成本核算办法，为项目预算管理提供制度保障 ② 绘制一个流程图，制定项目从初期策划到项目工资发放管理全流程图，为项目预算管理提供操作保障

续表

序号	技巧要点	具体内容
3	构建三个层次，分层分类明确节点逐步实施	③ 明确三大控制点，以营业收入、成本费用、现金流量为控制重点。即营业收入预算是否得当，关系到整个预算的合理性和可行性；成本费用预算是预算支出的重点，在收入一定的情况下，成本费用是决定项目经济效益高低的关键因素；现金流量预算则是项目在预算期内和谐运行的保证，否则整个预算管理将是无米之炊 ④ 设置系统自动编制，根据各公司项目实际情况，分析不同金额项目个数占比情况，如金额小，个数多的项目，可通过嵌入预算比例，由系统自动编制，使工作量大幅减少，为项目预算管理提供推行保障
4	紧扣四大环节，实现预算全过程精细化管理	在预算编制审核上，每年10月开始组织编制下一年度的综合预算，明确编报范围、内容、工作安排和要求，将责任层层分解落实到部门和经办人，确保编制和审核工作顺利完成
		在预算执行控制上，加强预算过程管理，通过业务和财务异构系统的集成，实现数据实时交互，并进行超预算预警和控制
		在预算调整上，每年年中根据预算执行情况，组织开展综合预算和部门预算的合理调整工作
		在分析考核上，为了确保预算各项主要指标的全面完成，必须制定严格的预算考核办法，依据各责任部门对预算的执行结果，实施绩效考核。可实行月度预考核、季度兑现、年度清算的办法，并做到清算结果奖惩坚决到位。把预算执行情况与经营者、职工的经济利益挂钩，奖惩分明，从而使经营者、职工与企业形成责、权、利相统一的责任共同体，最大限度地调动经营者、职工的积极性和创造性

五、管理表格

除利润表、资产负债表、现金流量表和资金预算表外，其他主要表样如下。

（一）税金预算表

表 5-8 税金预算表

项　　目	行次	上年预计数	本年预算	增减率（%）	备注
一、增值税	1				
二、城建税及附加	2				
1. 城建税	3				
2. 教育费附加	4				
3. 地方教育费附加	5				
4. 价格调节基金	6				
5. 堤防维护费	7				
三、企业所得税	8				
四、个人所得税	9				
五、其他税费	10				
1. 房产税	11				
2. 车船税	12				
3. 城镇土地使用税	13				
4. 土地增值税	14				
5. 印花税	15				
6. 关税	16				
7. 其他	17				
六、合计	18				

（二）固定资产购置预算表

表 5-9 固定资产购置预算表

项　　目	上年预计数	本年预算数	增减率（%）
机器设备			
运输设备			
电子设备			
办公设备			
其他（固定资产）			
合计			

（三）无形资产预算表

表 5-10　无形资产预算表

项　　目	上年预计数	取得方式	本年预算数	增减率（%）
1. 专利权				
2. 非专利技术				
3. 商标权				
4. 著作权				
5. 特许权				
6. 土地使用权				
7. 软件使用权				
8. 其他				
合计				

（四）科技投入预算表

表 5-11　科技投入预算表

项目			上年预计数	数量	本年预算总额	备注
1. 立项项目投入	本年立项	自行投入				
		外部资金				
		小计				
	往年立项	自行投入				
		外部资金				
		小计				
	小计					
2. 科研部门非立项支出						
合计						

第二节　部门预算管理

一、管理基础

（一）概念

部门预算是以部门为预算责任单位进行的预算管理。在实施部门预算管理时，一般并不依据行政职能设置来确定编制对象，而是将各个行政职能系统按经济责任范围划分成利润中心、成本中心、费用中心、投资中心。不同的责任中心，创造价值的途径不同，预算编制方法也不一样。

（二）分类

表 5-12　部门预算分类

序号	分类	概念	编制内容	预算管理重点
1	利润中心	利润中心是指拥有一定的生产经营决策权，是既对成本负责又对收入和利润负责的责任中心	新签合同额预算、营业收入预算和利润预算	① 利润目标的制定 ② 目标层层分解 ③ 实时跟踪分析
2	成本中心	成本中心是只对产品或劳务的成本负责的责任中心	成本预算	成本中心的目标或以最低的耗费完成既定的产量；或在预算既定的前提下增加产出
3	费用中心	费用中心是指仅对费用发生额负责的责任中心 费用中心发展到一定阶段可转换为虚拟的利润中心，从公司内部获取基本职能服务收入与职能增值服务收入	费用预算	制定费用定额标准
4	投资中心	投资中心是指既对成本、收入和利润负责，又对投资效果负责	研发投入预算、固定资产投入预算、对外投资预算等	投资资金的来源，以及投资回报率的测算

二、管理要点

（一）利润中心管理要点

表5-13　利润中心的管理要点

序号	管理要点	说明
1	管理原则	规范和加强利润中心预算管理，贯彻落实公司全面预算管理要求，提高利润中心经济效益和管理水平，防范经营风险
		利润中心预算管理原则 ① 注重效益，总量平衡。各利润中心所有的收入和成本费用都要纳入预算管理的范围。预算的编制要以公司确定的战略目标和经营目标为基础。各类收入成本费用预算必须在确保经营目标完成的前提下进行编制和执行 ② 科学管理，提高效益。各利润中心的一切收支预算要突出效益第一的理念，合理控制预算支出水平，压缩不合理开支 ③ 积极稳健、以收定支。各利润中心应当积极稳健地确定各项收入、成本费用，成本费用应当与收入相匹配 ④ 目标控制，严格考核。各利润中心的预算目标，纳入年度考核指标，实行季度预警，确保公司年度目标的实现
2	预算编制	各利润中心预算编制内容，一般包括新签合同额预算、营业收入预算和利润预算。
3	审批调整	明确预算编制及调整时间节点。每年公司根据发展战略规划，结合面临的内、外部环境，制定下年度公司预算目标，并将预算目标分解到各利润中心
		各利润中心按下达的指标，结合行业市场状况和相关历史数据编制完成预算年度的"利润中心年度预算表"，经中心负责人和分管业务的副总经理审核后，按规定时间上报公司预算管理办公室
		因宏观经济政策、市场环境、经营条件等因素发生较大变化时，每年年中，各利润中心可对年度预算适当调整一次，并说明预算调整的原因。预算调整流程参照预算审批流程执行。如利润中心预算调整对公司综合预算的影响达到15%以上偏差，需同时调整公司综合预算
4	执行控制	预算管理办公室按季度对预算执行情况进行检查分析，如发现预算执行中出现偏差较大等情况，应及时与相关部门负责人沟通，查找原因，提出改进措施和建议

续表

序号	管理要点	说明
4	执行控制	根据利润中心预算执行情况设置黄线预警和红线预警并制定相应的管控措施。当出现黄线预警时，约谈利润中心负责人；当出现红线预警时，调减利润中心负责人的下季度基本工资，在年底完成年度考核目标后进行补发
		特殊情况下，按标准正常或部分发放工资的部门需说明相关情况，由人力资源部门和财务部门审核，经副总经理审查后报总经理批准
5	分析考核	预算管理办公室每季度统计汇总各利润中心预算执行情况，并编制公司预算分析报告。各利润中心也可以根据需要随时开展执行情况分析
		各利润中心预算的执行情况作为公司对利润中心负责人绩效考核的指标之一，纳入年度考核范围。对出现预算超支的利润中心，根据超支原因和严重程度，公司可对利润中心负责人予以调整或撤销该利润中心
		如果利润中心第一年出现亏损，第二年利润中心负责人需向公司预算管理委员会提交《扭亏措施报告》。如果连续两年亏损，公司可对其利润中心负责人岗位进行调整

（二）费用中心管理要点

表 5-14　费用中心的管理要点

序号	管理要点	说明
1	目的	加强费用中心预算管理，建立健全内部约束机制，优化公司资源配置，实现预算管理的科学化、规范化，提高公司盈利能力
2	职责分工	各费用中心是预算管理的基本责任单位，各费用中心负责人为预算编报的第一责任人，负责本费用中心预算的编制、执行、分析、控制，同时负责费用中心归口管理的经济活动预算的审查、监督、控制、协调、分析反馈和考核等
		副总经理负责对分管部门预算工作的审查、监督、指导、协调等
3	预算编制	编制内容 ① 人工费用预算包括员工（含正式员工、劳务派遣员工、返聘员工）工资薪酬、奖金、职工福利费、职工教育经费、社会保险费、住房公积金、工会经费等

序号	管理要点	说明
3	预算编制	② 日常运行费用预算包括：办公费用、会务费、差旅费、业务招待费、交通运输费、邮电通信费、车辆使用费、资料费等 ③ 专项业务费用预算包括：党团费用、团体会费、中介机构服务费、保险费、诉讼费、信息化费用、广告宣传费、三会费用（董事、监事、股东会）、离退休人员费用等 ④ 公共费用预算包括：物业管理费、水电费、采暖天然气费、修缮费、折旧及摊销费用等
		费用中心审核内容 ① 人力资源部门负责工资薪酬、奖金、社会保险费、住房公积金、职工福利费、职工教育经费、离退休人员工资、离退休人员生活补助等费用预算 ② 党建、团委、工会部门负责党建、共青团费用、工会经费等预算 ③ 董事会办公室负责三会费用（董事、监事、股东会）预算 ④ 信息部门负责信息化等费用预算 ⑤ 技术部门负责科技投入、质量管理、技术交流等费用预算 ⑥ 法务部门负责诉讼费预算 ⑦ 综合管理部门负责财产保险费、房租、水电费、采暖天然气费、修缮费、物业管理费、离退休人员药费、职工体检、交通意外保险等费用预算 ⑧ 其他部门或其他费用预算由各归口管理部门配合财务部门编制
4	编制调整	各费用中心应当将费用中心预算作为预算期内组织、协调各项经营活动的基本依据，同时各费用中心需根据时间进度，科学合理地将年度预算细分为季度预算，以分期预算目标的落实来确保年度预算目标的实现
		公司正式下达执行的预算，不得随意调整。因宏观经济政策、市场环境、经营条件等因素发生较大变化时，每年年中，各费用中心可对预算进行适当调整一次，并说明预算调整的原因。预算调整流程参照预算审批流程执行。如费用中心预算调整对公司综合预算的影响达到一定比例的偏差，需同时调整公司综合预算
5	执行考核	费用预算坚持以编定支，实行总量控制。日常运行费用中各项预算可以跨项使用，但不得突破日常运行费用预算总额
		预算管理办公室按季度对预算执行情况进行检查分析，如发现预算执行中出现偏差较大等情况，应及时与相关费用中心负责人沟通，查找原因，提出改进措施和建议
		费用中心预算的执行情况作为公司对费用中心负责人绩效考核的指标之一，纳入年度考核范围

三、管理流程

(一) 部门预算管理流程

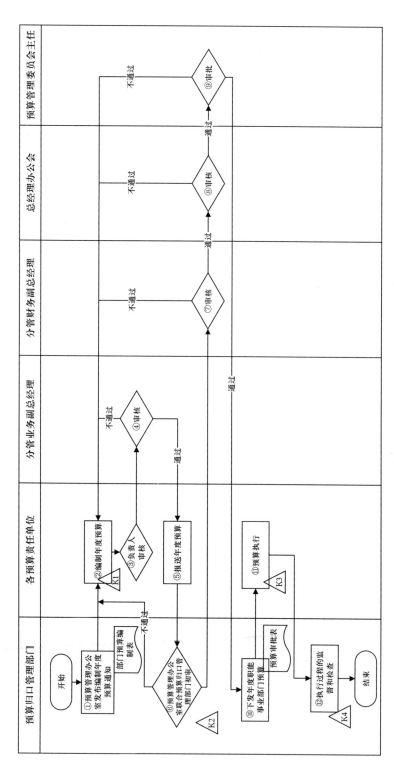

图 5-2 部门预算管理流程

（二）部门预算管理流程说明

表5-15　部门预算管理流程说明

编号	流程步骤	流程步骤描述	责任部门	责任岗位	控制文档
①	发布通知	预算管理办公室发布编制年度预算通知	预算管理办公室	主管会计	预算编制通知
②	编制预算	各部门按照通知要求编制年度预算	各部门	预算专员	部门预算编制表
③	部门初审预算	各部门负责人对本部门预算进行审核	各部门	部门负责人	审核记录
④	分管副总经理审核	各部门预算提交其分管副总经理审核	各部门分管副总经理		
⑤	提交预算	各部门将审核后的预算，在规定的时间内报送给预算管理办公室	各部门	预算专员	
⑥	归口管理部门审核预算	预算管理办公室联合各预算归口管理部门对各部门预算进行初审	各预算归口管理部门（财务部门、运营部门、人力资源部门等）	部门负责人	
⑦	审核预算	预算管理办公室将初审后的部门预算提交给分管财务副总经理审核	分管财务副总经理		
⑧	审核预算	提交给总经理办公会审核	总经理办公会		会议记录
⑨	审批预算	提交给预算管理委员会主任审批	预算管理委员会主任		审批记录
⑩	下达预算	预算管理办公室将审核通过后的部门预算发送给各预算单位	预算管理办公室	主管会计	下达预算通知、部门预算审批表
⑪	预算执行	各预算单位实施预算	各部门	部门负责人	
⑫	预算监督	预算管理办公室对预算执行过程进行监督和检查	预算管理办公室	部门负责人	季度预算执行情况

（三）部门预算关键控制点风险控制矩阵

表5-16 部门预算关键控制点风险控制矩阵

控制编号	关键控制点	风险描述	控制措施	主控部门	主控岗位	控制文档
K1	部门初审预算	各部门未结合本部门可执行合同及待签合同情况、市场环境、历史完成情况等进行预算编制，导致收入、成本费用、利润等预算指标脱离实际	各相关部门负责人对各自的收入、成本、利润包括签合同表进行审核，重点包括是否符合预算相关规定，是否符合本部门实际情况	各部门	部门负责人	部门预算编制表
K2	归口管理部门审核预算	各项预算指标没有严格执行，导致预算目标与实际执行两张皮，预算管理流于形式，造成公司资源浪费	预算管理办公室联合归口管理部门将各部门上报的预算汇总表格进行审核汇总，重点包括是否符合相关编制规定，和往年相比是否有明显差异数据	预算管理办公室及各预算归口管理部门	部门负责人	部门预算审批表
K3	预算执行	各项预算指标没有严格执行，导致预算目标与实际执行两张皮，预算管理流于形式，造成公司资源浪费	严格对照收入预算指标合理安排全年计划，加强成本费用支出的管控。对预算执行出现差异及时进行分析，提出解决应对措施	各部门	部门负责人	
K4	预算监督	预算执行未得到有效监管，导致预算完成情况滞后，收入、成本费用支出难以实现，预算目标难以实现	对预算执行情况动态跟踪。按季度对执行情况进行检查分析，对收入、利润完成情况及时预警，对存在执行偏差较大的情况，查找原因，提出改进措施和建议	预算管理办公室	部门负责人	季度预算执行情况

四、管理技巧

表 5-17　部门预算管理技巧

序号	技巧要点	具体内容
1	科学编制预算	针对收入类预算，以合同为起点编制。其中存量合同对应的收入，根据预计完工百分比来预估，存量合同的预估收入＝存量合同额×当年预计完工百分比。其中预算年度新签合同额对应的收入，依据待签合同情况并结合年度经营目标、未来行业市场发展趋势、宏观经济环境变化等因素进行合理预计
		针对成本费用类预算，可采用零基预算和滚动预算相结合的方法编制。其中可控费用预算编制，一般采用零基预算，零基预算需先分析成本动因，根据成本动因设计预算表格。例如，差旅费的动因包含外地客户量（外地客户越多，出差越多）、出差时间、出差频率、出差距离、出差标准等；会议费的动因包括参会人数、交通费、住宿费、餐费、场地租赁费、资料费等；培训费的动因包括培训天数、课时费、教材费、差旅费；招待费的动因包括招待频率、招待人数、餐费标准等；车辆运行费的动因包括油费、保养费、保险费、维修费、停车费等
2	强制预算执行	通过信息化手段对预算执行进行管控，将预算执行偏差率纳入考核体系，坚决纠正"重编制、轻执行"的现象。将部门预算嵌入前端成本费用审批系统，在经办人提交采购／报销需求审批单时，系统显示预算金额，累计已使用金额，预算是否超支等。在强预算管控下，如果预算超支，系统控制无法提交审批
		根据部门预算执行情况设置预警线。建立负责人授权审批制度，控制月度各预算项目实际发生值与预算值差额比例在5%之内；如遇特殊突发事件超出年度预算、月度预算差额控制比例的开支项目，则由开支部门提出书面申请，说明原因，按程序逐级申报预算委员会审议
3	强化预算监督	通过建立信息反馈系统，对预算执行情况进行跟踪监控，及时发现预算执行偏差，定期召开预算执行分析会，通报成本费用支出情况，分析具体原因，制定控制办法
4	严格预算考核	建立科学的预算考评体系，实行"严考核、硬兑现"，强化预算约束力。年终对各部门预算执行情况进行考评，真正体现科学、客观、公正，充分发挥预算的激励和约束作用
		各部门预算的执行情况作为对部门负责人绩效考核的指标之一，纳入年度考核范围。对出现预算超支的部门，根据超支原因和严重程度，公司可对部门负责人予以调整或撤销该部门

续表

序号	技巧要点	具体内容
5	预算评估优化	通过优化预算体系，不断提升全面预算管理水平，优化企业的资源配置、组织协调，精益管理水平。通过预算的考核体系，考察部门预算的执行情况与预算组织的执行效率，甚至从更高的层面来优化全面预算，如业务模式改进、业务流程改进、管理流程改进、商业模式改进等

五、管理表格

（一）利润中心预算

1. 收入预算表

表 5-18　收入预算表

年度	合同额	预计完工百分比	收入预算	备注
	A	B	C=A×B	
预算年度				
预算年度前一年				
预算年度前两年				
预算年度前三年				
预算年度前四年				
预算年度前五年				
……				
合计				

注：① 预算年度合同额根据往年所签合同情况并结合年度经营目标、未来行业市场发展趋势、宏观经济环境变化等进行合理预计。② 不同年份的预计完工百分比根据当年收入占合同额的比例进行测算。

2. 成本费用预算表

表 5-19　成本费用预算表

费用编号	预算科目	预算金额	备注
S01	经营人工费用		
S0101	经营基本工资、岗位工资		
S0102	经营绩效工资		
S0103	以上工资对应的五险一金三项经费		

续表

费用编号	预算科目	预算金额	备注
S02	经营非人工费用		
S0201	投标费用		
S0202	营销差旅费		
S0203	营销招待费		
S0204	投标文印制作费		
S0205	其他直接经营费用		
S0206	间接经营费用		
C01	生产人工成本		
C0101	生产基本工资、岗位工资		
C0102	生产绩效工资		
C0103	以上工资对应的五险一金三项经费		
C02	外部协作成本		
C0201	设计分包成本		
C0202	项目管理分包成本		
C0203	施工分包采购成本		
C0204	联合体成本		
C0205	对外合作经营成本		
C03	生产非人工成本		
C0301	文印制作费		
C0302	差旅费		
C0303	招待费		
C0304	办公费		
C0305	租赁费		
C0306	安全文明措施费（劳保用品）		
C0307	专家评审咨询费用		
C0308	会务费用		
C0309	排污费		
C0310	邮电费		
C0311	交通费		
C0312	车辆使用费		
C0313	其他直接生产成本		
C0314	间接生产成本		
成本费用合计			

（二）费用中心预算

1. 人工成本预算表

表 5-20 人工成本预算表

序号	编制部门	应发工资	五险一金 （单位承担部分）	个人所得税	实发工资
		A	B	C	D=A-B-C
1					
2					
……					
合计					

2. 培训费预算表

表 5-21 培训费预算表

序号	编制部门	培训内容	培训天数	讲课费		资料费	差旅费	年度预算金额	备注
				标准	金额				
1									
2									
……									
合计									

3. 办公费预算表

表 5-22 办公费预算表

序号	编制部门	类别	部门人数	人均费用定额	年度预算总额
1					
2					
……					
合计					

4. 差旅费预算表

表 5-23   差旅费预算表

序号	编制部门	出差目的地	出差天数	出差人数	交通费	住宿费		出差补贴		其他费用	年度预算金额
						人均标准	金额	人均标准	金额		
1											
2											
……											
合计											

5. 招待费预算表

表 5-24   招待费预算表

序号	编制部门	接待事由	接待人数	接待类型	招待费预算金额	
					人均标准	金额
1						
2						
……						
合计						

6. 车辆使用费预算表

表 5-25   车辆使用费预算表

序号	编制部门	车牌号	已运行公里数	燃油费			保养费	维修费	保险费	年度预算金额
				预算运行公里数	百公里耗油	合计				
1										
2										
……										
合计										

第三节　项目预算管理

一、管理基础

（一）概念

项目预算是项目管理和全面预算相结合的产物，是一种以单个项目作为预算对象，将全面预算管理的方法和流程应用到项目层级的预算管理模式。项目预算管理是通过项目预算体系的建立，对项目全生命周期内的经营、生产活动进行统筹规划，并以预算编制为起点，对预算执行过程和结果进行分析、预警、控制、调整与考核等一系列活动的动态管理过程。项目预算管理全流程如图 5-3 所示。

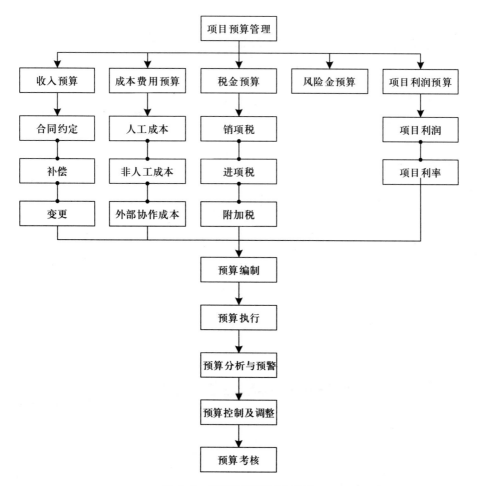

图 5-3　项目预算管理全流程

（二）特征

表 5-26　项目预算管理特征

序号	特征	说明
1	整体性	以公司的发展战略目标、产品布局和项目在各阶段的实际需求为编制需求
2	项目性	以单个具体项目为预算管理对象
3	全面性	全面真实反映项目各项收入和成本费用，贯穿项目的经营和生产全过程，以项目全生命周期为管理周期
4	计划性	与项目组织实施计划相结合，无预算不开支，有预算不超支
5	连续性	项目预算管理过程由编制、审批、执行、分析、预警、控制、调整和考核等组成，环环相扣，缺一不可
6	全员性	只有全员参与才能使项目预算管理工作按照计划实施，最大限度地保证项目预期目标的实现

（三）分类

表 5-27　项目分类

序号	分类方式	说明
1	承接方式	分投标类和委托类
2	业务类型	分设计咨询业务和工程总承包业务。其中设计咨询业务按管理级别分公司管和部门管；工程总承包业务按承接方式分为单一主体、联合体牵头方、联合体成员方及其他混合承接方式
3	产品类型	分医疗健康类、机场枢纽类、铁路客站类、体育建筑类、教育建筑类等
4	地域类型	分省内、省外和国外。其中省内分省会城市和其他城市；省外按不同区域划分，如粤港澳大湾区中心、长三角中心、华中区域中心、成渝经济中心等；国外分援外和非援外项目。企业可根据其自身发展战略进行地域类型划分
5	客户性质	分政府投资项目、企业投资项目和个人投资项目。其中政府投资项目分为中央政府投资项目和地方政府投资项目；企业投资项目分为国有企业投资项目和民营企业投资项目
6	合同金额	设计咨询类分 200 万元以下、200 万 ~500 万元、500 万 ~1000 万元和 1000 万元及以上；工程总承包类分 1 亿元以下、1 亿 ~5 亿元、5 亿 ~10 亿元和 10 亿元及以上
7	合同工期	分 6 个月以内、6 个月至 1 年、1 年及以上
8	建设性质	分新建、扩建、改建、迁建和恢复项目

表 5-28 预算要素分类

序号	名称	说明
1	收入预算	根据合同约定进入本公司账户的金额，即合同列明的金额。阶段收入预算对应项目产值
1.1	收入预算1	根据主合同和联合体协议（如有）、补充协议（如有）的约定进入本公司账户的金额，各项金额之和应等于"合同约定的总金额"，即收入预算金额
1.2	收入预算2	收入预算1扣减主合同和各协议（如有）对应的外部协作成本之后的金额，即有效收入预算
2	成本费用预算	分为经营费用预算和生产成本预算
2.1	经营费用预算	由经营人工费用和经营非人工费用组成
2.1.1	经营人工费用	包含经营人员分摊到项目中的基本工资、岗位工资、绩效工资、投标人工风险金、行政管理辅助岗工资以及以上工资对应的五险一金三项经费等
2.1.2	经营非人工费用	包含投标费用、营销差旅费、营销招待费、投标文印制作费、其他直接经营费用以及间接经营费用分摊等
2.2	生产成本预算	由生产人工成本、生产非人工成本和外部协作成本组成
2.2.1	生产人工成本	包含项目基本工资、绩效工资以及以上工资对应的社会保险费、职工福利费、教育经费、工会经费等
2.2.2	生产非人工成本	包含文印制作费、差旅费、招待费、办公费、租赁费、专家评审咨询费、会务费、邮电费、交通费等其他直接生产成本以及间接生产成本分摊
2.2.3	外部协作成本	包含三大类：对外分包成本（含设计分包成本、项目管理分包成本和施工分包采购成本）、联合体成本和对外合作经营成本
3	风险金预算	类似于项目暂列金，单列，参与项目利润计算
4	税金预算	税金预算=（增值税销项税－增值税进项税）+附加税费
4.1	增值税销项税	销项税=进入本公司账户金额/（1+税率）×税率
4.2	增值税进项税	进项税=外部协作成本金额/（1+税率）×税率
4.3	附加税费	城市维护建设税、教育费附加等
5	项目利润预算	项目利润预算=收入预算－成本预算－税金预算－风险金预算－暂列金金额（如有）
5.1	项目利率1	项目利率1=项目利润/项目收入预算1
5.2	项目利率2	项目利率2=项目利润/项目收入预算2

注：此表中的收入和成本，以及本节提及的收入和成本均为含税金额。

（四）意义

表 5-29　项目预算管理意义

序号	意义	主要内容
1	优化业务流程	基于业财融合的项目预算管理体系，与业务流程的梳理和优化相辅相成
2	推进精细管理	以成本管控为着力点，推进项目在人员策划和工作计划方面精细化管理
3	实现效益最佳	作为项目驱动型企业，其经营管理是基于项目的运营管理，收入和利润来源于项目，成本也主要集中在项目。通过构建项目预算管理体系，合理配置资源，控制项目成本，满足客户需求，实现项目最佳经济效益目标，进而使企业整体效益最大化

二、管理要点

表 5-30　项目预算管理要点

序号	管理要点	说明
1	职责分工	运营部门 ① 负责制定项目预算管理的相关制度 ② 负责制定项目预算管理流程和管理表格 ③ 负责审批权限范围内的目标预算和项目预算编制及调整 ④ 负责跟踪、监督和分析项目预算执行情况 ⑤ 负责牵头进行项目预算考核 财务部门 ① 负责审批权限范围内的目标预算和项目预算编制及调整 ② 参与跟踪、监督和分析项目预算执行情况 ③ 配合项目预算考核 人力资源部门 ① 负责提供人工成本编制依据和标准数据 ② 负责审核超出薪酬标准值的人工成本 商务部门 ① 负责审核外部协作计划 ② 负责审核分包预结资料 ③ 负责审核过程结算工作量及金额 ④ 参与跟踪、监督和分析项目预算执行情况 ⑤ 配合项目预算考核

序号	管理要点	说明
2	岗位分工	项目经营负责人 ① 负责在投标阶段制订投标工作计划，编制目标预算 ② 负责执行目标预算，对预算执行差异分析原因，并提出改进措施，控制各项经营费用支出 ③ 负责完成项目利润目标
		项目经理 ① 负责在生产阶段编制项目预算 ② 负责执行项目预算，对预算执行差异分析原因，并提出改进措施，控制各项生产成本支出 ③ 负责完成生产成本控制目标
		项目预算秘书 ① 协助项目经营负责人编制目标预算 ② 协助项目经理编制项目预算 ③ 协助收集和整理项目过程中各项资料
3	编制时机	目标预算在经营立项后、投标文件盖章前完成审批。项目预算在生产立项后、合同签署前完成审批
4	编制内容	包含收入预算、成本费用预算、税金预算、风险金预算和项目利润预算
5	执行控制	无预算不开支，有预算不超支
		不允许跨经营和生产过程使用预算。项目经营过程中，经营人工费用和经营非人工费用之间不允许调剂，可分别在各自总额控制范围内调剂使用；项目生产过程中，生产人工成本和生产非人工成本可分别在各自总额控制范围内调剂使用，生产人工成本、生产非人工成本和外部协作成本三者之间不允许调剂
		当月度已完工作对应的成本费用预算（BCWP）大于月度已完工作对应的实际成本费用（ACWP）时，如项目成本费用预算总额不变，项目经理应根据实际情况提交分包预结等其他资料，经商务部门审批后财务部门做相应预提处理；如项目成本费用预算总额发生变化，项目经理应分析原因，提供证明材料，按规定程序申请调整项目预算
		当月度已完工作对应的成本费用预算（BCWP）小于月度已完工作对应的实际成本费用（ACWP）时，项目经理应提供证明资料，找出亏损点及原因，并制定应对措施，各分项成本对应审核部门进行分项对比分析，财务部门根据实际情况做相应会计处理

序号	管理要点	说明
6	预算预警	**黄色预警** 当预算与实际执行偏差率达到A%时，进行黄色预警，项目经理须在一周内分析原因并提出纠偏整改措施，经商务部门确认后执行
		橙色预警 当预算与实际执行偏差率达到B%时，进行橙色预警，财务部门暂停项目的所有报销，项目经理须在一周内分析原因并提出纠偏整改措施。运营部门会同商务部门、财务部门及有关部门评审后提出指导意见；运营部门认为有必要时，可报公司分管业务工作的副总经理审批后执行
		红色预警 当预算与实际执行偏差率达到C%时，进行红色预警，财务部门暂停项目的所有报销，人力资源部门暂停项目经理的绩效工资，项目经理须在一周内分析原因并提出纠偏整改措施。公司分管业务工作的副总经理牵头，组织运营部门、商务部门、财务部门及有关部门评审后提出指导意见，经公司分管业务工作的副总经理审核、总经理审批通过后执行 A、B、C的具体数值由运营部门会同商务部门、财务部门商定，根据业务类型和项目实际特点动态更新，经分管业务工作的副总经理审核、总经理审批后执行
7	预算分析	工程总承包各项目部应建立健全项目预算分析机制，实行预算执行报告制度，对预算的执行情况进行分析，发现预算执行存在的问题，提出改进措施和建议，确保预算目标的完成
		工程总承包项目预算执行分析报告实行季度分析制度。在每季度营业收入、成本费用会计核算后，项目经理对上季度预算执行情况进行简要分析，编写《项目预算执行分析报告》，经商务部门确认后，提交运营部门汇总
		工程总承包项目预算执行分析报告的内容主要包括：项目预算的执行情况、存在的问题；项目预算的调整情况（如有）；解决项目预算执行偏差的措施；项目预算完成情况预测等
		对于经营费用投入超过50万元，且经营失败的项目，在项目中标公示完成后，经营部门应及时编制项目预算执行分析报告，营销管理部门会同商务部门、财务部门、运营部门和有关部门对分析报告（重点为项目经营费用预算）审核后提交公司有关领导

续表

序号	管理要点	说明
8	预算调整	项目预算调整原则 ①当合同额发生变更时，项目经理应提供依据及相关证明，及时申请调整项目预算 ②当合同额不变，项目实施过程中情况发生变化需要突破成本费用预算时，按规定程序在每月 25 日前申请调整 ③经公司认定的其他可以调整的情形 分包预算调整原则 ①分包采购申请流程发起前，可根据项目实际调整分包预算 ②分包采购申请流程发起后，分包合同签订前，不允许调整对应的分包预算金额 ③分包合同签订后，且合同价格形式为固定总价包干，可调整对应的分包预算金额（不得小于合同包干价），需上传分包合同作为附件；其余情况不允许调整对应的分包预算金额 ④分包合同结算后不允许调整对应的分包预算金额
9	预算考核	平衡计分卡是一种企业战略管理工具和绩效评价体系，在项目预算管理中引入平衡计分卡"财务、客户、内部流程和学习成长"四个维度的管理方法，结合项目驱动型企业的业务管理流程、项目阶段特点和财务风险，使项目预算管理和企业战略目标紧密结合，实现财务和非财务、短期与长期、内部与外部、局部与整体的利益平衡 考核对象 项目预算的考核对象是项目经营负责人和项目经理。对项目经营负责人的考核重点为经营费用预算执行情况，对项目经理的考核重点为生产成本预算执行情况 考核内容 ① 财务维度，包含项目利润率、项目应收账款和项目净现金流量 ② 客户维度，包含客户满意度调查和客户有效投诉次数 ③ 内部流程维度，包含预算岗位履职情况、编制的合理准确性、预算执行率、预算调整次数和预算执行分析报告的报送等 ④ 学习成长维度，包含项目组成员相关培训学习和满意度等 考核方式及时间 ① 设计咨询项目实行项目最终考核；工程总承包项目预算考核实行季度分析和项目最终考核。季度分析时间为每季度最后一个月 20~25 日；最终考核时间为项目合同关闭后 15 个工作日内 ② 季度分析以项目预算执行分析报告的形式，每季度督导检查一次，凡发现项目进展情况与上报情况不符或存在明显弄虚作假行为的，予以通报；项目最终考核以项目预算考核表的形式，采取打分方式

三、管理流程

（一）项目预算编制管理流程

1. 流程

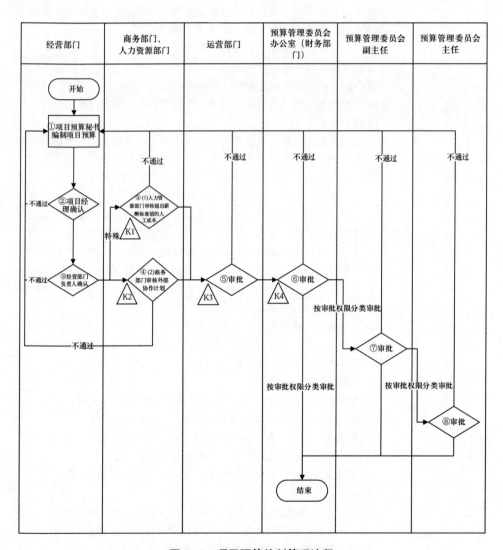

图 5-4　项目预算编制管理流程

2. 流程说明

表 5-31　项目预算编制管理流程说明

编号	流程步骤	流程步骤描述	责任部门	责任岗位	控制文档
①	编制	项目预算秘书编制项目预算	经营部门	项目预算秘书	项目预算编制表
②	确认	项目经理确认是否合理	经营部门	项目经理	审核及审批记录
③	确认	经营部门负责人确认是否在部门合理范围内	经营部门	部门负责人	
④（1）	审核	人力资源部门审核超出薪酬标准值的人工成本	人力资源部门	薪酬主管	
④（2）	审核	商务部门审核外部协作计划	商务部门	成本主管	
⑤	审批	运营部门审批该项目利润是否在合理范围内等	运营部门	部门负责人	
⑥	审批	预算管理办公室审批项目预算科目归集是否准确，收入成本预算是否合理、与部门预算是否匹配等	财务部门	部门负责人	
⑦	分级授权审批	根据合同额大小，经营部门的分管业务工作的副总经理审批	公司领导	预算管理委员会副主任	
⑧	分级授权审批	根据合同额大小，总经理审批	公司领导	预算管理委员会主任	

3. 关键控制点风险控制矩阵

表 5-32　项目预算编制管理关键控制点风险控制矩阵

控制编号	关键控制点	风险描述	控制措施	主控部门	主控岗位	控制文档
K1	审核人工成本	人工成本审核流程不完善，可能导致超工资总额	人力资源部门薪酬主管对超出薪酬规定的人工成本进行审核，并出具审核意见	人力资源部门	薪酬主管	项目预算编制表、审核及审批记录
K2	审核分包及其他成本	出现分包比例过大，及其他成本偏高脱离实际，成本项目存在缺项漏项，有损失项目利润风险	商务部门成本主管依据合同约定及公司内部履约能力，审核外部协作计划，对预算编制中的外部协作预算进行审核，重点包括事项和控制价是否合理，其他非人工成本预算是否真实客观，是否存在成本漏项缺项，并出具审核意见	商务部门	成本主管	
K3	审批	出现部门各项目预算的利润低于项目平均利润的风险	审批时将单个项目预算毛利润与项目平均利润对比，项目预算浮动利润是否在公司允许范围内，并出具审核意见	运营部门	预算主管	
K4	审批	出现项目预算科目成本归集不正确、收入成本预算数据不合理，项目预算与部门预算不匹配的风险	预算主管制定各预算科目对应成本项目内容说明，并对各成本项目是否按照预算科目归集、收入成本预算数据是否合理，部门各项目预算的平均利润是否与部门预算相匹配等进行审核	财务部门	预算主管	

（二）项目预算执行与分析管理流程

1. 流程

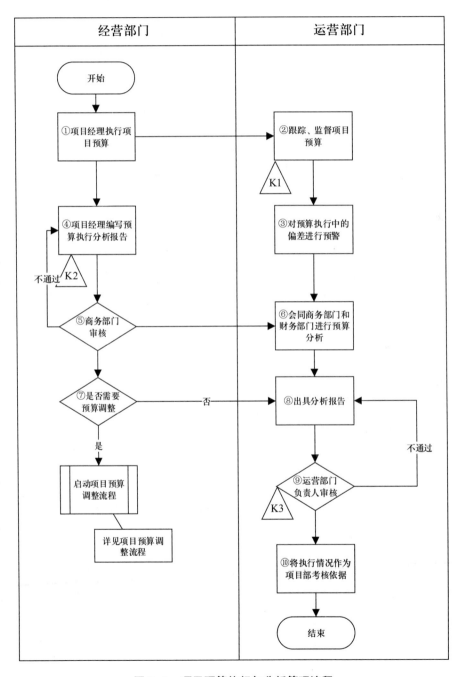

图 5-5　项目预算执行与分析管理流程

2. 流程说明

表 5-33　项目预算执行与分析管理流程说明

编号	流程步骤	流程步骤描述	责任部门	责任岗位	控制文档
①	执行	项目经理执行审批通过的项目预算	经营部门	项目经理	项目预算编制表
②	跟踪	运营部门跟踪、监督项目预算执行情况	运营部门	预算主管	
③	预警	运营部门对预算执行中的偏差进行预警	运营部门	预算主管	
④	编写	项目经理编写预算执行分析报告	经营部门	项目经理	预算执行分析报告
⑤	审核	商务部门对预算执行分析报告进行审核	商务部门	成本主管	
⑥	分析	运营部门会同商务部门和财务部门进行分析	运营部门	部门负责人	
⑦	调整	项目经理在项目施工过程中，应动态调整项目实施情况，及时判断是否出现预算调整，对项目出现收入成本增减变化时，应每季度及时进行项目预算调整	经营部门	项目经理	
⑧	出具报告	运营部门对项目运营情况进行分析，出具项目经济活动分析报告	运营部门	预算主管	项目经济活动分析报告
⑨	审批	运营部门负责人审批项目经济活动分析报告内容	运营部门	部门负责人	
⑩	考核	运营部门将执行情况作为项目部考核的依据	运营部门	部门负责人	

3. 关键控制点风险控制矩阵

表 5-34　项目预算执行与分析管理关键控制点风险控制矩阵

控制编号	关键控制点	风险描述	控制措施	主控部门	主控岗位	控制文档
K1	跟踪	预算执行过程监督不到位，造成项目成本失控，可能导致编制和执行两张皮，影响项目目标实现	运营部门不定期监督检查项目预算执行情况	运营部门	预算主管	项目预算编制表
K2	分析	未对项目实施情况进行动态调整，项目预算分析报告不客观，不能真实反映项目真实状况，预算执行中存在的问题不能得到有效解决，影响预算执行	项目经理根据项目实际情况进行基础分析，重点包括编制是否科学，分析内容是否全面客观等	经营部门	项目经理	预算执行分析报告
K3	审核	项目经济活动分析报告不客观全面，不能及时反映项目执行过程中存在的问题，解决措施不合理、有效等，造成项目执行过程中可能再次发生同类问题	运营部门负责人对项目经济活动分析报告进行审核，重点包括分析内容是否全面客观等，问题分析是否准确，解决措施是否合理、有效等，并出具审核意见	运营部门	部门负责人	项目经济活动分析报告

（三）项目预算调整管理流程

1. 流程

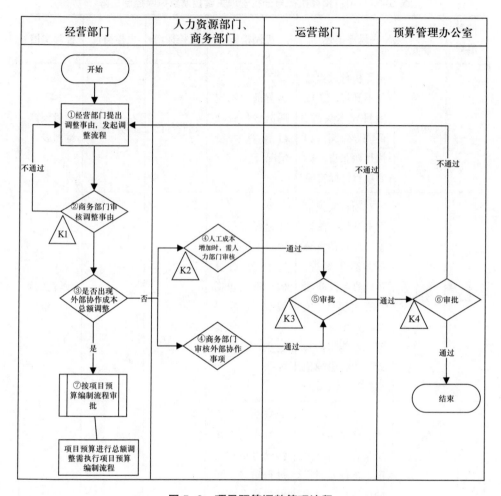

图 5-6 项目预算调整管理流程

2. 流程说明

表 5-35 项目预算调整管理流程说明

编号	流程步骤	流程步骤描述	责任部门	责任岗位	控制文档
①	申请	经营部门提出调整事由，发起调整流程	经营部门	项目经理	项目预算调整表、审核及审批记录
②	审核	商务部门审核调整事由是否合理	商务部门	成本主管	

编号	流程步骤	流程步骤描述	责任部门	责任岗位	控制文档
③	判断	由系统判断外部协作成本总额是否有变化	运营部门	预算主管	项目预算调整表、审核及审批记录
④	审核	当人工成本有变化时，需人力资源部门审核；当人工成本无变化时，无须再审	人力资源部门	薪酬主管	
	审核	商务部门审核除人工以外的其他成本项目	商务部门	成本主管	
⑤	审批	运营部门对项目预算调整进行审批，包括项目预算调整是否及时、合理等	运营部门	部门负责人	
⑥	审批	预算管理办公室审批项目预算科目归集是否准确，收入成本预算是否合理，项目预算调整是否与部门预算相匹配等	财务部门	部门负责人	
⑦	审批	如外部协作成本总额增加，按预算编制流程审批	运营部门	部门负责人	

3. 关键控制点风险控制矩阵

表 5-36　项目预算调整管理关键控制点风险控制矩阵

控制编号	关键控制点	风险描述	控制措施	主控部门	主控岗位	控制文档
K1	审核	调整的商务依据不合理、不充分，导致预算调整不合理，影响项目经营目标的实现	商务部门对调整事由进行审核，重点包括调整方案是否符合实际，是否符合项目经营目标等，并出具审核意见	商务部门	成本主管	项目预算调整表、审核及审批记录
K2	审核	人工成本审核不严格，出现超出工资总额的风险	人力资源部门薪酬主管对人工成本进行审核，人工成本编制是否符合薪酬规定，并出具审核意见（当人工成本有变化时，需审核；反之，则无须再审）	人力资源部门	薪酬主管	

续表

控制编号	关键控制点	风险描述	控制措施	主控部门	主控岗位	控制文档
K3	审批	调整事由和依据不符合公司规定，导致预算调整不及时，影响项目经营目标的实现	运营部门加强项目动态跟踪，强化项目成本的动态调整 运营部门负责人对调整事由进行审核，重点包括调整方案是否符合实际，是否符合项目经营目标等，并出具审核意见	运营部门	部门负责人	项目预算调整表、审核及审批记录
K4	审批	调整依据不合理、不充分，导致预算调整不合理，影响项目财务指标的准确性	财务部门负责人对调整事由进行审核，重点包括调整方案是否符合实际，是否符合项目经营目标等，并出具审核意见	财务部门	部门负责人	

四、管理技巧

表 5-37　项目预算管理技巧

序号	技巧要点	具体内容
1	统一概念，规范项目各类收入、成本的定义及说明	①合同额：跟委托方签订的合同上写明的金额 ②项目收入：指依据合同约定及生产组织实际，完成相应生产进度后应获取的报酬。项目收入＝合同额 × 生产完成进度 ③项目营业收入：营业收入是财务概念，是指在日常经营活动中履行了合同中的履约义务，并取得相关外部履约证明材料，合同对价很可能收回的情况下确认的经济利益的总流入 ④项目成本：包含项目经营费用和项目生产成本。生产成本是生产阶段为生产产品、提供劳务而发生的各种耗费，是对象化的费用
2	流程再造，厘清项目预算与各业务线之间的逻辑关系	在预算管理模式下，以业务流程为基础，梳理项目预算与项目收入线、成本线、分配线和采购线之间的逻辑关系，见图 5-7

续表

序号	技巧要点	具体内容
3	分类管理，建立分级授权审批制，对重大项目重点管理	设计咨询类和工程总承包类项目分别按合同额大小，建立分级授权审批制
4	系统抓手，构建财务集中管理与预算实时控制模式	建立财务集中管理与预算实时控制模式，为公司实时反映项目财务状况和经营成果、对项目进行实时监控、对提升企业竞争力提供支持 ① 刚性控制：当项目发生某一成本费用时，系统根据预算进行实时控制，如果预算超标，系统提示 ② 分级查看：各级管理者能跨越时空实时动态掌控各个项目的预算执行情况，为提高项目的运作效率和新项目启动提供决策支持 项目经理：实时动态掌控本项目预算执行情况 经营部门负责人：实时动态掌控本部门各个项目的预算执行情况 公司管理者：实时动态掌控整个公司所有项目的预算执行情况 ③ 动态控制：在单项目核算上，实现整个公司数据集中管理，可实时、动态、准确反映公司所有项目的财务状况和经营成果 ④ 闭环管理：以业务流程为基础，实施从项目预算编制、跟踪、分析、预警、调整直至考核的全过程监控管理
5	模块管理，开发业财融合一体化信息管理系统	**基础模块** ① 预算编制：含预算编制和审批 ② 执行与控制：无预算不开支，未完成编制审批，不能在财务报销相关费用 ③ 预警与分析：根据预算与执行的偏差程度，分红色、橙色和黄色预警，按要求报送预算执行分析报告 ④ 预算调整：编制流程结束，符合调整条件的可申请预算调整 ⑤ 预算考核：将项目预算考核表植入系统，在考核周期内打分，系统自动计算汇总
		相关模块 ① 收入管理：含合同节点金额分解、分合同拆分、内部合作协议分配、收入（产值）申报、部门产值分配、收入（产值）调整及红冲 ② 成本核算：含非人工和人工成本核算 ③ 分包结余：含分包合同结算、分包结余分配 ④ 项目报表：含项目预算分析表、项目现金流量表、项目营业收入明细表

续表

序号	技巧要点	具体内容
6	规范管理，编制操作手册提高数据录入及审批效率	操作手册在信息系统开发完成后随即发布，并结合工作实践，再次审视、优化工作流程，确保重要环节必要合理。操作手册分两大部分，一是系统操作说明，包含操作路径和操作界面；二是常见问题的收集、汇总和解答

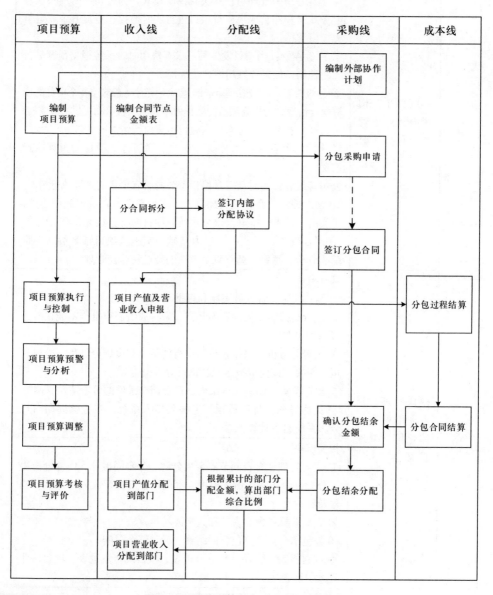

图 5-7 项目预算与各业务线逻辑关系

五、管理表格

（一）项目预算编制表

项目预算编制表由基本信息表、经营费用预算表、生产成本预算表和预算汇总表组成。

1. 基本信息表

表 5-38　基本信息表

		项目信息		
立项号	立项名称		建设单位	
设计号 / 工程号	项目名称		项目地点	
合同号	业务类型		承包方式	□单一主体 / □联合体牵头方 / □联合体成员方
项目类别	投资额（万元）		项目规模（平方米）	
设计阶段	□规划　□方案设计　□初步设计　□施工图设计　□施工配合　□项目管理			
设计内容	□前期咨询　□总体规划　□控制性详规　□修建性详规　□土建　□勘察　□物探　□基坑支护　□建筑智能化　□泛光照明　□室内装饰　□幕墙　□园林景观　□市政管网　□海绵城市　□BIM 设计　□BIM 系统运维　□绿建咨询　□绿建运维　□初设概算　□施工图预算　□人防工程　□道路　□钢结构　□古建筑修复　□其他			
收入预算金额（元）	项目经理		项目总合同金额（元）	
合同约定的设计咨询费（元）	合同约定的项目管理费（元）		合同约定的建安工程费（元）	
合同约定的其他费用（元）	外部协作成本金额（元）		有效收入预算金额（元）	

续表

联合体明细

序号	合作事项	联合体单位名称	联合体成员合同金额（元）	税率	进项税（元）
1					
2					
合计					

对外分包明细

序号	分包事项	关联经营合同	分包大类科目	分包小类科目	分包预算金额（元）	税率	进项税（元）
1							
2							
合计							

对外合作经营明细

序号	对外合作事项	合作单位名称	对外合作预算金额（元）	税率	备注
1					
2					
合计					

生产进度计划

起止时间	咨询（日历天）	规划（日历天）	方案设计（日历天）	初设（日历天）	施工图（日历天）	施工配合（日历天）	施工管理（日历天）	施工工期（日历天）
开始时间								
截止时间								

2. 经营费用预算表

表 5-39　经营费用预算表

费用编号	预算科目	预算比例	预算金额（元）	备注
S01	经营人工费用			
S0101	经营人员绩效工资			
S0102	经营人员基本工资			
S0103	……			
S0104	以上工资对应的社会保险费等			
S02	经营非人工费用			
S0201	投标费用			
S020101	投标交易平台信息服务费			
S020102	招标文件购买费用			
S020103	招标代理服务费			
S020104	招标公证费			
S020105	投标所需造价、成本核算费			
S0202	营销差旅费			
S0203	营销招待费			
S0204	投标文印制作费			
S0205	其他直接经营费用			
S0206	间接经营费用			

3. 生产成本预算表

表 5-40　生产成本预算表

费用编号	预算科目	预算比例	预算金额（元）	设计咨询	项目管理	施工
C01	生产人工成本					
C0101	项目绩效工资					
C0102	生产部门基本工资					
C0103	……					
C0104	以上工资对应的社会保险费等					

续表

费用编号	预算科目	预算比例	预算金额（元）	设计咨询	项目管理	施工
C02	外部协作成本					
C0201	设计分包成本					
C0202	项目管理分包成本					
C0203	施工分包采购成本					
C020301	施工专业分包成本					
C020302	物资设备采购成本					
C020303	施工劳务分包成本					
C020304	机械使用成本					
C0204	联合体成本					
C020401	联合体方建安工程费					
C020402	联合体方设备购置费					
C020403	联合体方（咨询服务类）					
C0205	对外合作经营成本					
C03	生产非人工成本					
C0301	文印制作费					
C0302	差旅费					
C0303	招待费					
C0304	办公费					
C0305	租赁费					
C0306	安全文明措施费（劳保用品）					
C0307	专家评审咨询费用					
C0308	会务费用					
C0309	排污费					
C0310	邮电费					
C0311	交通费					
C0312	车辆使用费					
C0313	其他直接生产成本					
C0314	间接生产成本					

4. 预算汇总表

表 5–41 预算汇总表

项目预算构成		经营阶段	生产阶段			合计（元）
			设计咨询	项目管理	施工（建安）	
收入预算（合同约定）		—				
收入预算1（根据主合同和联合体协议调整后）	合同约定的勘察设计费（元）	—		—	—	
	从建安工程费中获取的设计补偿费（元）	—		—	—	
	合同约定的项目管理费（元）	—		—		
	从建安工程费中获取的技术咨询费（元）	—		—	—	
	自行组织施工的建安工程费（元）	—		—	—	
	自行组织采购的设备购置费（元）	—		—		
	联合体方建安工程费（元）	—		—	—	
	联合体方设备购置费（元）	—		—	—	
	暂列金（元）					
	收入预算合计（元）					
成本预算	经营人工费用（元）		—	—	—	
	经营非人工费用（元）		—	—	—	
	生产人工成本（元）	—		—	—	
	外部协作成本（元）	—				
	生产非人工成本（元）	—				
	成本预算合计（元）		—	—	—	
税金预算	销项税（元）	—				
	进项税（元）	—				
	销项税减进项税（元）	—				
	附加税费	—				
	税金预算合计（元）	—				
风险金预算（元）		—	—	—	—	
项目利润（元）		—	—	—	—	
项目利率1（%）		—	—	—	—	
收入预算2（元）（有效收入预算）		—				
项目利率2（%）		—				

（二）项目预算执行分析表

表 5-42　项目预算执行分析表

设计号 / 工程号		项目名称		经营部门	
项目经理		合同金额 （元）		累计工作量完工 百分比 A（%）	
累计营业收 入金额（元）		累计实际回 款金额（元）		累计回款率（%）	
成本大类	预算科目	预算金额 B1 （元）	累计发 生金额 B2（元）	预算执行率 B（%） B=B2/B1	偏差 C（%） C=（B−A）/A
经营	经营人工 费用				
经营	经营非人 工费用				
生产	生产人工 成本				
生产	生产非人 工成本				
生产	外部协作 成本				
合计					
存在问题					
解决措施					
预算完成情 况预测					

（三）项目预算执行分析汇总表

表 5-43　项目预算执行分析汇总表

年份	全部 2020 年　2021 年　2022 年……													
月份	全部 1 月　2 月　3 月　4 月　5 月　6 月　7 月　8 月　9 月　10 月　11 月　12 月													
项目编号	项目名称	累计产值申报金额	累计工作量完成百分比	成本大类	成本类型	预算科目	预算金额	阶段累计预算金额	累计实际发生额	预算执行率
A001	A 项目			经营	人工成本					
A001	A 项目			经营	非人工成本					
A001	A 项目			生产	人工成本					
A001	A 项目			生产	非人工成本					
A001	A 项目			生产	外部协作成本					
A002	B 项目			经营	人工成本					
A002	B 项目			经营	非人工成本					
A002	B 项目			生产	人工成本					
A002	B 项目			生产	非人工成本					
A002	B 项目			生产	外部协作成本					
……										

（四）项目预算考核表

表 5-44 项目预算考核表

设计号 / 工程号：			经营部门：	
项目名称：			项目经理：	
考核维度	序号	考核指标	扣分标准	考核扣分
财务	1	项目利润率 2	① 项目合同关闭时，实际利润低于预算利润达 20% 者，考核不合格 ② 项目合同关闭时，实际利润低于预算利润达 10%~20% 者，扣 15 分 ③ 项目合同关闭时，实际利润低于预算利润达 5%~10% 者，扣 5 分	
	2	项目应收账款	① 已开票未回款账龄超 3 个月，扣 2 分 ② 超 6 个月，扣 4 分 ③ 超 1 年，扣 6 分	
	3	项目净现金流量	项目合同关闭时，净现金流量如为负值，扣 5 分。已批准垫资的项目结合垫资情况考虑	
客户	4	客户满意度调查	按项目阶段进行客户满意度调查，阶段评价出现一次"不满意"扣 2 分	
	5	客户有效投诉次数	投诉次数出现一次扣 1 分，依次累加	
内部流程	6	岗位职责履行情况	① 经营负责人或项目经理或经营部门负责人审批意见为"已阅"，未履行审核职责的，扣 5 分 ② 项目预算秘书在编制内容不完整、前后数据不一致，未校验的情况下发起流程的，扣 3 分	
	7	编制驳回次数	编制审批流程驳回 3 次及以上者，扣 8 分	
	8	项目预算执行率	① 偏差程度 ±30% 以上，扣 10 分 ② 偏差程度 ±10%~±30%，扣 5 分	
	9	预算调整次数	① 调整 5 次及以上的，扣 8 分 ② 调整 3 次至 5 次的，扣 5 分	
	10	单项预算超支程度	① 单项预算指标超支 30% 以上，扣 5 分 ② 单项预算指标超支 10%~30%，扣 3 分	

续表

考核维度	序号	考核指标	扣分标准	考核扣分
内部流程	11	预算执行分析报告报送时间	① 超过 10 个工作日未上报的，扣 8 分 ② 超过 5 个工作日内上报的，扣 5 分	
	12	预算执行分析报告报送内容	① 未提出切实可行的整改措施，扣 8 分 ② 预算指标分析漏项、分析不客观和全面，扣 3 分	
学习成长	13	项目成员相关培训学习次数	组织人员进行培训学习，提升技能次数低于 2 次的，扣 2 分	
	14	项目成员满意度	项目合同关闭时，项目成员对项目组整体感知满意率低于 80% 的，扣 2 分	
			得分	100－扣分

第六章　投融资管理

【内容提要】

投资筹币两相生，
扩产外延仰本增。
成本节约出效益，
融资内拢也增盈。

【本章导航】

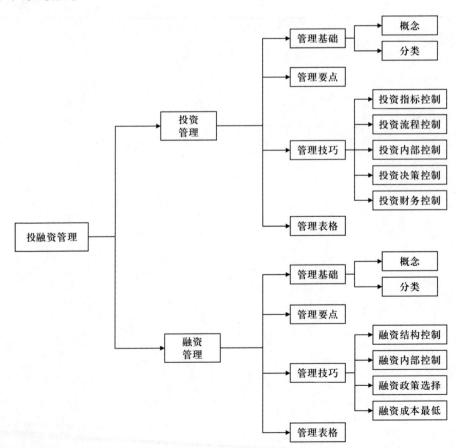

第一节　投资管理

一、管理基础

（一）概念

投资是指公司以现金、实物、公司股权、有价证券或无形资产等资源投入市场以获取未来收益的行为。

表 6-1　投资活动的类型

序号	要素	主要内容
1	股权投资	包括但不限于境内外设立全资、控股、参股企业及对其追加投资，以及受让股权、收购兼并、合资合作、对非出资企业新增投资等
2	固定资产投资	包括基本建设投资、更新改造投资、房地产开发投资等
3	非保本型金融类产品投资	包括证券投资、保险产品投资、期货投资、金融衍生品投资等

（二）分类

表 6-2　投资的分类

序号	分类	主要内容
1	按投资回收期限不同分类	短期投资 指能够随时变现并且持有时间不准备超过 1 年（含 1 年）的投资，包括股票、债券、基金等
		长期投资 指除短期投资以外的投资，包括持有时间准备超过 1 年（不含 1 年）的各种股权性质的投资、不能变现或不准备随时变现的债券、其他债权投资和其他长期投资
2	按是否参与投资企业的经营管理权分类	直接投资 指投资者利用货币资金或实物对企业或项目进行投资，一般具有一定的经营权（管理权）
		间接投资 如企业购买特定投资对象发行的股票、债券、基金等，一般不参与企业或项目的经营管理

续表

序号	分类	主要内容
3	按投资方向不同分类	对内投资 通常指固定资产投资、技术更新改造、科技研发等投资活动 勘察设计企业应重点加强技术研发的投资。加强勘察设计行业新型技术的研发，通过研发中心建设，打造产学研相结合的产业链，实现技术升级。投入一定的资金支持研发工作，将核心产品转化为公司核心技术，以专项技术领先行业发展。如BIM技术、绿色与装配式建筑、工程数字技术中心研发的产品等
		对外投资 通常指企业为购买国家及其他企业发行的有价证券或其他金融产品（包括：期货与期权、信托、保险），或以货币资金、实物资产、无形资产向其他企业（如联营企业、子公司等）注入资金而发生的投资 ①投资方向1：延伸上下游产业链，投资高利润率的板块，打造工程全产业链协同服务 一是通过与子公司一体化发展来延伸产业链；二是通过企业并购方式，合并优势上下游公司，来打通上下游产业链，通过业务模式转型带动经营生产规模增长 ②投资方向2：选择"单一主体""F+EPC""PPP""EOD+PPP""BOT"等模式承接项目 公司在增强投融资实力及资金运营能力的基础上，做好成本测算及现金流预测，优选收益率高的项目，更多尝试"单一主体模式""F+EPC模式"承接项目。比如，通过自行投资的方式，做设备采购、施工管理等，提高总承包项目的盈利水平

二、管理要点

表6-3　投资管理要点

序号	管理要点	说明
1	投资的原则	遵守国家法律、法规原则
		与公司战略相协调原则
		规模适度、量力而行原则
		成本与效益原则

续表

序号	管理要点	说明
2	投资管理的原则	整体战略导向原则 公司的投资项目必须符合公司的战略规划
		风险分级控制原则 分级审批；全过程管理：事前抓投资计划、定标准，事中抓立项、可研、投资决策分析，事后抓审计、考核
		可持续发展原则 兼顾企业的成长性与稳定性；兼顾利润和现金流的平衡
		最优投资组合原则 风险分散、不同投资组合进行动态投资平衡管理
3	投资决策程序	投资业务的审批程序 总经理办公会负责对投资项目进行审议，经审议通过的对外投资方案提交董事会审批。如果是国企或国有控股企业，提交董事会审批前要通过党委会审批 董事会负责权限范围内对外投资方案的审批 重大对外投资项目须经董事会审议通过后，报股东大会审批
		投资业务的职责分工 ① 公司投资部门根据公司发展战略的要求，对对外投资项目进行筛选、审查，确定基本符合对外投资条件的对象，具体负责投资项目的信息收集、项目建议书及可行性研究报告的编制、项目申报立项、项目实施过程中的监督、协调以及项目后评价工作 ② 公司财务部门负责投资效益评估、经济可行性分析、资金筹措、办理出资手续以及对外投资资产评估结果的确认等；负责根据股东大会决定的投资计划拟订年度投资计划；负责对外投资资金的划拨清算和记录 ③ 公司法务部门负责对协议、合同等法律事项进行审查 ④ 内审部门、纪检部门负责对投资过程进行监督
4	短期投资管理	公司建立严格的证券保管制度，至少由两名人员共同控制，不得一人单独接触有价证券，证券的存入和取出必须详细记录在证券登记簿内
		公司投资部门负责组织有价证券的盘点
		公司财务部门对每一种证券设立明细账加以反映，每月应编制证券投资、盈亏报表，应将收到的利息、股利及时入账

续表

序号	管理要点	说明
5	长期投资管理	公司对外长期投资按投资项目的性质分为新项目和已有项目增资。对外长期投资项目一经批准，一律不得随意增加投资，如确需增资，必须重报投资意向书和可行性研究报告
		对外长期投资项目必须编制投资意向书。主要内容包括：投资目的、投资项目的名称、项目的投资规模和资金来源、投资项目的效益预测、投资的风险预警、投资合作方的资信情况等
		投资部门应委托专业机构负责编制可行性研究报告。主要内容包括：项目提出的背景、项目投资的必要性、可行性研究的依据和范围、市场预测和项目投资规模、预算和资金的筹措、项目的财务分析
		项目可行性研究报告报董事会批准后，投资部门编制项目合作协议书
		对外投资的财务管理由公司财务部门负责，公司财务部门根据管理需要，取得被投资单位的财务报告，对被投资项目、单位的财务状况和投资回报状况进行分析，确保公司利益不受损害
6	投资项目后评价	项目后评价原则 ① 独立、客观、公正的原则 ② 科学规范的原则 ③ 以企业为主体的原则 ④ 全面、及时的原则
		项目实施过程评价内容 ① 项目立项决策阶段评价。包括项目可行性研究、项目的评估、项目决策和批准程序等 ② 项目准备阶段评价。包括项目合同及投资协议的签订、项目设计、资金来源和融资方案、采购招投标、开工准备等 ③ 项目实施阶段评价。包括项目合同及投资协议的执行、项目进度、投资、质量、资金支付、财务管理、项目管理等 ④ 项目完成阶段评价。包括项目竣工验收、试运营及运营情况和财务状况评价、经济和社会效益评价等

续表

序号	管理要点	说明
6	投资项目后评价	项目实施效果评价内容 ① 项目经济目标评价。包括投资额、营业收入、成本、利润、投资收益率、资产负债率等 ② 项目技术目标评价 ③ 项目环境和社会影响评价 ④ 项目管理评价 ⑤ 项目持续能力评价

三、管理技巧

表 6-4　投资管理技巧

序号	技巧要点	具体内容
1	投资的指标控制	投资必须坚持效益原则，原则上长期投资收益率不应低于公司的净资产收益率
2	对外投资的主要业务流程及财务控制	对外投资业务预算的编制
		编制对外投资业务项目的可行性研究报告并进行分析、论证、评估和必要的资信调查
		对外投资业务的审批
		对外投资业务合同的签订与履行
		对外投资的投出与持有控制
		对外投资的处置控制
		对外投资的监督与检查
3	投资的内部控制	授权审批制度：审批人应当根据投资授权审批制度的规定，在授权范围内进行审批，不得超越审批权限。严禁未经授权的部门或人员办理投资业务。例如：国企公司重大投资项目（单项对外投资达到公司最近一期经审计的净资产5%以上的或者投资额度1000万元（含）、固定资产投资2000万元以上（含）的投资项目需要经过党委会、董事会审批）
		岗位分离制度：投资计划编制人员与审批人员分离；负责调查了解企业经营财务状况的人员与审批人员分离；负责证券购入与出售的业务人员、证券保管人员与会计记录人员分离。同时应实行定期轮岗制度

续表

序号	技巧要点	具体内容
3	投资的内部控制	确保国家有关投资法规和单位内部规章制度的贯彻执行
		规范公司会计行为，保证对外投资资产、收益在会计报表中合理反映与揭示
		定期了解被投资单位的经营财务状况。例如，现场查看、网络查阅信息披露及公告、按期参加股东大会等
		实行内部审计等内部监督制度。包括事前参与合同谈判、过程监督、事后评价等
4	投资决策方法	回收期法：现金净流量累计为正值前一年的年限 + 现金净流量累计为正值当年年初未收回投资额 / 该年现金净流量。优点：简便，可在一定程度上反映出项目的流动性和风险。缺点：未考虑回报期后的现金流量
		净现值法：净现值 >0，项目有剩余收益，能增加股东财富；净现值 <0，项目收益不足弥补投资者的本金和必需的投资收益，减少股东财富，放弃
		内含报酬率法：内含报酬率指使项目未来现金净流量现值恰好与原始投资额现值相等的折现率。充分反映了一个项目的获利水平
5	投资项目的财务分析	项目前期开办费以及建设期间隔年的经营性支出
		项目运营后各年的收入、成本、利润、税金测算。可利用投资收益率、净现值、资产收益率、会计回收周期等财务指标进行分析
		项目敏感性分析和风险分析等

四、管理表格

公司名称：

表 6-5　20××年度固定资产投资项目明细表

编号	项目名称	投资类别	投资原因	起始时间	预计完成时间	项目阶段	项目总投资	累计已完成投资	本年计划投资	资金来源			备注
										自有资金	银行贷款	其他	
合计													

表 6-6　20×× 年度长期股权投资项目明细表

公司名称：

编号	被投资单位名称	投资原因	投资方式	投资时间	持股比例	初始投资成本	核算方式	期初余额	本期增加	本期减少	期末余额	累计分红	备注
合计													

表 6-7　20×× 年度投资项目明细表

公司名称：

序号	项目名称	基本情况及进展情况	项目地点	投资类型	开工年月	项目计划总投资	自开工累计完成投资	本年度计划投资	备注
合计									

表 6-8　关于成立 ×× 子公司的可行性研究报告

目录

一、项目提出的背景分析

　　（一）国家政策

　　（二）行业发展现状

　　（三）行业发展趋势及产品市场预期

　　（四）企业发展现状

二、项目投资的必要性

　　（一）公司进一步深化转型的重要尝试

　　（二）公司控制风险的有效手段

　　（三）公司为抢占新兴市场的重要战略布局

　　（四）公司提高上市估值的有利途径

三、项目建设的可行性

　　（一）市场分析

　　（二）建设方案

　　（三）企业及产品的概念

　　（四）产品生产工具

　　（五）企业业务模式

　　（六）SWOT 分析

四、公司发展规划

　　（一）公司运营模式

　　（二）组织框架

　　（三）财务分析

五、存在的问题及风险

六、相关建议

七、附表

　　附表 6-8-1　营业收入、增值税及附加估算表

　　附表 6-8-2　固定资产折旧费估算表

　　附表 6-8-3　总成本费用估算表

　　附表 6-8-4　项目投资现金流量表

　　附表 6-8-5　利润与利润分配表

　　附表 6-8-6　财务评价主要经济指标汇总表

附表 6-8-1 营业收入、增值税及附加估算表

单位：万元

序号	项目	合计	建设期	项 目 运 营 期									
			2022 年	2022 年	2023 年	2024 年	2025 年	2026 年	2027 年	2028 年	2029 年	2030 年	2031 年
1	营业收入												
1.1	主营业务收入												
1.2	其他业务收入												
2	增值税金及附加												
2.1	当年可抵扣增值税额												
2.2	当年需缴纳增值税												
2.3	剩余可抵扣增值税额												
2.4	实际缴纳增值税额												
2.5	城市维护建设税												
2.6	教育费附加												
2.7	地方教育费附加												

单位：万元

附表 6-8-2 固定资产折旧费估算表

序号	项目	合计	折旧年限	折旧率	项 目 运 营 期									
					2022 年	2023 年	2024 年	2025 年	2026 年	2027 年	2028 年	2029 年	2030 年	2031 年
1	房屋、建筑物													
1.1	原值													
1.2	当期折旧费													
2	设备													
2.1	原值													
2.2	当期折旧费													
3	装修													
3.1	原值													
3.2	当期折旧费													
4	合计													
4.1	原值													
4.2	当期折旧费													

注：残值率按 5% 残值

附表 6-8-3 总成本费用估算表

单位：万元

序号	项目	合计	项目运营期									
			2022 年	2023 年	2024 年	2025 年	2026 年	2027 年	2028 年	2029 年	2030 年	2031 年
1	经营成本											
1.1	营业成本											
1.1.1	直接材料成本											
1.1.2	直接人工成本											
1.1.3	其他直接成本											
1.2	营销费用											
1.3	管理费用											
2	非经营成本											
2.1	折旧费											
2.2	摊销费											
2.3	利息支出											
3	总成本费用合计											
3.1	其中：固定成本											
3.2	可变成本											

附表 6-8-4 项目投资现金流量表

单位：万元

序号	项目	合计	建设期	项目运营期								
			2022 年	2023 年	2024 年	2025 年	2026 年	2027 年	2028 年	2029 年	2030 年	2031 年
1	现金流入											
1.1	营业现金流入											
1.2	回收固定资产余值											
1.3	回收无形资产余值											
1.4	回收流动资金											
2	现金流出											
2.1	建设投资											
2.2	运营资金											
2.3	经营成本											
2.4	增值税及附加											
3	所得税前净现金流量											
4	累计所得税前净现金流量											

财务计算指标（所得税前）		万元
项目投资财务净现值（ic=%）		
项目投资财务内部收益率	%	
项目投资回收期（包括建设期）		年

财务计算指标（所得税后）		万元
项目投资财务净现值（ic=%）		
项目投资财务内部收益率	%	
项目投资回收期（包括建设期）		年

附表 6-8-5 利润与利润分配表

序号	项目	合计	初创期			发展期				成熟期		
			2022 年	2023 年	2024 年	2025 年	2026 年	2027 年	2028 年	2029 年	2030 年	2031 年
1	营业收入											
2	增值税及附加											
3	总成本费用											
4	补贴收入											
5	利润总额（1-2-3+4）											
6	弥补以前年度亏损											
7	应纳税所得额（5+6）											
8	所得税（25%）											
9	净利润（7-9）											
10	期初未分配利润											
11	可供分配利润（9+10）											
12	提取法定盈余公积金（10%）											

续表

序号	项目	合计	初创期				发展期				成熟期	
			2022 年	2023 年	2024 年	2025 年	2026 年	2027 年	2028 年	2029 年	2030 年	2031 年
13	可供投资者分配利润（11-12）											
14	应付优先股股利											
15	提取任意盈余公积金											
16	应付普通股股利											
17	各投资方利润分配											
18	未分配利润（13-14-15-16-17）											
19	累计未分配利润											
20	息税前利润											

投资利润率（%）		
资本金利润率（%）		
盈亏平衡点（%）		

附表 6-8-6　财务评价主要经济指标汇总表

序号	项目名称	数量	单位	备注
1	项目总投资		万元	
1.1	建设投资		万元	
1.2	建设期利息		万元	
1.3	流动资金		万元	
2	财务评价指标			
2.1	项目投资财务评价指标			
2.2	项目投资财务净现值（所得税前）		万元	
2.3	项目投资财务内部收益率（所得税前）			
2.4	项目投资回收期（所得税前）		年	
2.5	项目投资财务净现值（所得税后）		万元	
2.6	项目投资财务内部收益率（所得税后）			
2.7	项目投资回收期（所得税后）		年	
3	投资利润率（%）			
4	资本金利润率（%）			
5	年度盈亏平衡点（%）			

第二节　融资管理

一、管理基础

（一）概念

融资是企业筹集资金的过程，公司根据自身的生产经营状况、资金拥有的状况，以及公司未来经营发展的需要，通过科学的预测和决策，采用一定的方式，从一定的渠道向公司的投资者和债权人筹集资金，并组织资金的供应，以保证公司正常生产需要，经营管理活动需要。

（二）分类

表 6-9 融资的分类

序号	分类	主要内容
1	按资金来源的方向不同分类	**内部融资** 企业正常经营活动中产生的留存收益；集团内部融资。具有自主性较强、融资规模受限、融资成本较低、低风险支付危机等特点 **外部融资** 企业依托自身生产经营现状及战略发展定位，采取一定的形式，向企业之外的经济主体筹措资金。具有融资高效、需要支付各种融资费用的特点；外部债务融资还具有需要按期偿还、不能长期使用等特点
2	按资金产权属性不同分类	**权益资本融资** 指由公司所有者投入的资金以及发行股票方式获取的融资。筹集的资金无须按期归还，不影响企业资产负债率等指标，但可能对企业控制权产生一定影响 **债务资本融资** 指公司以负债方式借入并到期偿还的资金。此融资方式会导致企业负债增加，影响资产负债率等指标，增大企业财务杠杆及企业财务风险，但一般不会对企业的控制权产生影响 主要债务资本融资方式有以下几种 ① 集团内部贷款。集团整体资产规模中等，存量资金有限，随着公司业务转型和规模扩张，难以提供期限较长和资金量较大的资金支持 ② 金融机构融资。其具体方式有通过增大银行授信，提高银行保函、商业汇票和流动资金贷款额度，办理票据贴现、应收账款保理、供应链金融、长短期银行借款等 通过金融机构融资通常需要银行授信，金融机构通常很注意贷款资金的安全性，并为此对企业提出了系统的财务指标控制，如资产负债率、营业收入增长率、利润率、净资产收益率等。如果企业暂时陷入困境时，很难满足银行的一系列要求且授信额度有限 ③ 发行债券 **混合资本融资** 兼具债权和股权的特征。主要混合资本融资方式有以下几种： ① 永续债。又称无期债券，是指没有确定的到期期限或到期期限非常长，且发行人没有返还本金但有定期支付利息义务的混合资本证券。永续债可划分为权益工具和金融负债两种类型 ② 可转换债券。是一种可以在特定时间、按特定条件转换为普通股票的特殊企业债券 ③ 发行优先股

序号	分类	主要内容
3	按资金运动的渠道不同分类	直接融资 资金需要者与资金提供者通过一定的金融工具，不是通过金融中介者而直接发生债（股）权关系的金融活动。使用期限一般较长。发行股票是典型的直接融资
		间接融资 资金需要者与资金提供者通过金融中介者间接实现资金的借贷活动。使用期限一般较短。通过银行贷款是典型的间接融资

表 6-10　银行类融资产品

序号	分类	概念
1	固定资产贷款	固定资产贷款是指银行为解决企业固定资产投资活动的资金需求而发放的贷款。企业固定资产投资活动包括：基本建设、技术改造、开发并生产新产品等活动及相关的房屋购置、工程建设、技术设备购买与安装等
2	流动资金贷款	人民币流动资金贷款是为满足客户在生产经营过程中短期资金需求，保证生产经营活动正常进行而发放的贷款
3	动产质押贷款	债务人或者第三人将其动产移交商业银行占有，商业银行将该动产作为债权担保而发放的贷款
4	应收账款质押贷款	企业将其合法拥有的应收账款收款权向银行作还款保证，商业银行将该应收账款作为债权担保而发放的贷款
5	银行承兑汇票	银行承兑汇票是指由在承兑银行开立存款账户的存款人签发，由银行承兑的，委托付款人在指定日期无条件支付确定的金额给收款人或者持票人的票据。主要用于单位之间具有真实的交易关系或债权债务关系的款项结算，延迟企业资金支付汇票的实际所需时间
6	银行承兑汇票贴现	银行承兑汇票的合法持有人在银行承兑汇票到期之前，为取得资金而将票据转让给商业银行的一种融资行为
7	备用信用证	又称担保信用证、履约信用证、商业票据信用证，是指银行根据申请人的请求，以业主为受益人开立的凭证。承诺申请人未履行其应履行的义务或承诺的事项时，受益人只要按照备用信用证的规定向开证银行开具汇票（或不开具汇票），并提交开证申请人未履行义务的声明或证明文件，即可取得开证行的偿付
8	银行保函	银行保函是指银行应申请人要求而开立的具有担保性质的书面承诺文件，一旦申请人未按其与受益人签订的合同约定偿付债务或履行义务，由银行履行担保责任

续表

序号	分类	概念
9	国内保理	有追索权保理是指银行受让应收账款，为卖方提供应收账款管理和保理预付款服务，如果买方到期未付款或未足额付款，银行有权要求卖方无条件偿付保理预付款的保理业务
		无追索权保理是指银行受让应收账款，为卖方提供应收账款管理、保理预付款和信用风险担保业务，如果因买方信用风险不能足额支付到期应收账款，由银行在其为买方核定的信用风险担保额度内，承担全额付款责任的保理业务
10	定向保理（供应链融资）	定向保理（供应链融资）是指银行与核心企业合作，通过受让核心企业的国内供应商对核心企业进行赊销所产生的全部应收账款，向供应商提供保理预付款及应收账款管理等服务，从而支持核心企业及其供应商共同发展的一种新型保理业务产品。相对于现有的保理业务，风险较低、操作简便

表 6-11　债券类融资产品

序号	分类	概念	相关要求
11	公司债券	公司债券是指公司依照法定程序发行的、约定在一定期限还本付息的有价证券	发行公司债券，发行人应当依法经股东（大）会决议。以上市公司为例，发行公司债券应当经出席股东大会的股东所持表决权过半数通过（公司章程另有规定的除外）
			公开发行公司债券的一般条件 ① 具备健全且运行良好的组织机构 ② 最近 3 年平均可分配利润足以支付公司债券 1 年的利息 ③ 对已公开发行的公司债券或者其他债务有违约或者延迟支付本息的事实，仍处于继续状态，不得再次公开发行公司债券 ④ 违反《证券法》规定，改变公开发行公司债券所募资金用途，不得再次公开发行公司债券 ⑤ 公开发行公司债券筹集的资金，必须按照公司债券募集说明书所列资金用途使用；改变资金用途，必须经债券持有人会议做出决议；公开发行公司债券筹集的资金，不得用于弥补亏损和非生产性支出
			非公开发行的公司债券应当向专业投资者发行，不得采用广告、公开劝诱和变相公开方式，每次发行对象不得超过 200 人

表 6–12 权益融资产品

序号	分类	概念	相关要求
1	发行新股	首次公开发行股票并上市（IPO）是指股票对公众的初始出售	公司首次公开发行新股，应当符合下列条件 ① 具备健全且运行良好的组织机构 ② 具有持续经营能力 ③ 最近 3 个会计年度财务会计报告均被出具无保留意见审计报告 ④ 发行人及其控股股东、实际控制人最近 3 年不存在贪污、贿赂、侵占财产、挪用财产或者破坏社会主义市场经济秩序的刑事犯罪 ⑤ 证券交易所要求的其他条件 不同板块上市条件对比见表 6–13
2	增资扩股	指企业向社会募集股份、发行股票、新股东投资入股或原股东增加投资扩大股权，从而增加企业的资本金	在所有的融资方式中，增资扩股的融资成本是最低的，而且几乎可以无限期地使用
			方式主要包括：以公司未分配利润、公积金转增注册资本；公司原股东增加出资；新股东投资入股
3	资产证券化	企业资产证券化指以特定基础资产或资产组合所产生的现金流为偿付支持，通过结构化方式进行信用增级，在此基础上发行资产支持证券的业务活动	发起人将证券化资产出售给一家特殊目的机构（Special Purpose Vehicle, SPV），或者由 SPV 主动购买可证券化的资产，SPV 将这些资产汇集成资产池，以该资产池所产生的现金流为支撑，在金融市场上发行有价证券融资，未来用资产池产生的现金流来清偿所发行的有价证券

表 6–13 不同板块上市条件对比

序号	上市板块	目标定位	上市条件对比
1	沪深主板	面向具有一定盈利规模的大型蓝筹企业或稳定发展的中型企业，上市门槛较高	主体资格 ① 发行人应当是依法设立且合法存续的股份有限公司。发行人自股份有限公司成立后，持续经营时间应当在 3 年以上，但经国务院批准的除外

续表

序号	上市板块	目标定位	上市条件对比
1	沪深主板	面向具有一定盈利规模的大型蓝筹企业或稳定发展的中型企业，上市门槛较高	② 发行人的注册资本已足额缴纳，发起人或者股东用作出资的资产的财产权转移手续已办理完毕，发行人的主要资产不存在重大权属纠纷 ③ 发行人的生产经营符合法律、行政法规和公司章程的规定，符合国家产业政策 ④ 发行人最近 3 年内主营业务和董事、高级管理人员没有发生重大变化，实际控制人没有发生变更 ⑤ 发行人的股权清晰，控股股东和受控股股东、实际控制人支配的股东持有的发行人股份不存在重大权属纠纷
			合规指标 发行人不得有下列情形 ① 最近 36 个月内未经法定机关核准，擅自公开或者变相公开发行过证券；或者有关违法行为虽然发生在 36 个月前，但目前仍处于持续状态 ② 最近 36 个月内违反工商、税收、土地、环保、海关以及其他法律、行政法规，受到行政处罚，且情节严重 ③ 最近 36 个月内曾向中国证监会提出发行申请，但报送的发行申请文件有虚假记载、误导性陈述或者重大遗漏；或者不符合发行条件以欺骗手段骗取发行核准；或者以不正当手段干扰中国证监会及其发行审核委员会审核工作；或者伪造、变造发行人或其董事、监事、高级管理人员的签字、盖章 ④ 发行人的董事、监事和高级管理人员最近 36 个月内受到中国证监会行政处罚，或者最近 12 个月内受到证券交易所公开谴责

续表

序号	上市板块	目标定位	上市条件对比
1	沪深主板	面向具有一定盈利规模的大型蓝筹企业或稳定发展的中型企业，上市门槛较高	财务指标 ① 最近 3 个会计年度净利润均为正数且累计超过人民币 3000 万元，净利润以扣除非经常性损益前后较低者为计算依据 ② 最近 3 个会计年度经营活动产生的现金流量净额累计超过 5000 万元；或者最近 3 个会计年度营业收入累计超过 3 亿元 ③ 发行前股本总额不少于 3000 万元 ④ 最近一期末无形资产（扣除土地使用权、水面养殖权和采矿权等后）占净资产的比例不高于 20% ⑤ 最近一期末不存在未弥补亏损
2	科创板	①科创板重点扶持新一代信息技术领域、高端装备领域、新材料领域、新能源领域、节能环保领域、生物医药领域六类高新技术产业和战略性新兴产业 ②限制金融科技、模式创新企业，禁止房地产和主要从事金融、投资类业务的行业	支持和鼓励科创板定位规定的相关行业领域中，同时符合下列 4 项指标的企业申报科创板上市 ①最近三年研发投入占营业收入比例 5% 以上，或最近三年研发投入金额累计在 6000 万元以上 ②研发人员占当年员工总数的比例不低于 10% ③形成主营业务收入的发明专利 5 项以上 ④最近三年营业收入复合增长率达到 20%，或最近一年营业收入金额达到 3 亿元 （来源于证监会网站《关于修改〈科创属性评价指引（试行）〉的决定》）
			符合中国证监会规定的发行条件
			发行后股本总额不低于 3000 万元
			公开发行的股份达到公司股份总数的 25% 以上；公司股本总额超过 4 亿元的，公开发行股份的比例为 10% 以上
			预计市值及财务指标符合相关标准

续表

序号	上市板块	目标定位	上市条件对比
3	创业板	①创业板定位于"三创四新"，即符合创新、创造、创意的大趋势，支持传统产业与新技术、新产业、新业态、新模式深度融合②原则上不支持12类行业在创业板上市	符合中国证监会规定的发行条件
			发行后股本总额不低于3000万元
			公开发行的股份达到公司股份总数的25%以上；公司股本总额超过4亿元的，公开发行股份的比例为10%以上
			预计市值及财务指标符合下列标准之一①无市值要求的，最近两年净利润均为正，且累计净利润不低于5000万元②预计市值不低于10亿元的，最近一年净利润为正且营业收入不低于1亿元③预计市值不低于50亿元的，最近一年营业收入不低于3亿元
4	北交所	目标企业是创新性中小企业	①发行人为在全国股转系统连续挂牌满12个月的创新层挂牌公司②符合中国证监会规定的发行条件③最近一年期末净资产不低于5000万元④向不特定合格投资者公开发行的股份不少于100万股，发行对象不少于100人⑤公开发行后，公司的股本总额不低于3000万元，公司股东人数不少于200人⑥公开发行的股份达到公司股份总数的25%以上；公司股本总额超过4亿元的，公开发行股份的比例为10%以上⑦预计市值及财务指标符合相关标准

表 6-14　混合融资产品

序号	分类	概念	相关要求
1	发行永续债	永续债，又称无期债券，是指没有确定的到期期限或到期期限非常长，且发行人没有返还本金但有定期支付利息义务的混合资本证券。永续债的清偿优先级在普通债权之后，在普通股和优先股之前	目前，在我国境内，被认为具有"永续债"特点的债券品种有两种，一为发改委审批的"可续期债券"；二为在银行间市场交易商协会注册的"长期限含权中期票据" 可续期公司债券发行条件与普通公司债券发行条件无异
2	可转换债券	是一种可以在特定时间、按特定条件转换为普通股票的特殊企业债券。可转换债券兼具债权和股权的特征	主板上市公司发行普通的可转换公司债券的发行条件 ① 满足公开发行证券的一般条件 ② 最近 3 个会计年度加权平均净资产收益率平均不低于 6%，扣除非经常性损益后的净利润与扣除前的净利润相比，以低者作为加权平均净资产收益率的计算依据
2	可转换债券	是一种可以在特定时间、按特定条件转换为普通股票的特殊企业债券。可转换债券兼具债权和股权的特征	③ 本次发行后累计公司债券余额不超过最近一期末净资产额的 40% ④ 最近 3 个会计年度实现的年均可分配利润不少于公司债券 1 年的利息 ⑤ 公开发行可转换公司债券，应当提供担保，但最近一期期末经审计的净资产不低于 15 亿元的公司除外；提供担保的，应当为全额担保，担保范围包括债券本金及利息、违约金、损害赔偿金和实现债权的费用；以保证方式提供担保的，应当为连带责任担保，且保证人最近一期经审计的净资产额应不低于其累计对外担保的金额 科创板、创业板上市公司公开发行可转债的发行条件 ① 满足"科创板、创业板上市公司向不特定对象或特定对象增发新股的条件" ② 具备健全且运行良好的组织机构 ③ 最近 3 个会计年度实现的年均可分配利润不少于公司债券 1 年的利息 ④ 具有合理的资产负债结构和正常的现金流量 ⑤ 满足公开发行证券的一般条件

序号	分类	概念	相关要求
3	发行优先股	优先股是相对于普通股而言的，主要指在利润分配及剩余财产分配的权利方面优先于普通股，但参与公司决策管理等权利受到限制	发行主体：只有上市公司和非上市公众公司可以发行优先股；上市公司可以公开发行优先股，也可以非公开发行优先股；而非上市公众公司只能非公开发行优先股
			发行优先股的一般条件 ① 发行规模。公司已发行的优先股不得超过公司普通股股份总数的50%，且筹资金额不得超过发行前净资产的50%，已回购、转换的优先股不纳入计算 ② 财务规定。上市公司发行优先股，最近3个会计年度实现的年均可分配利润应当不少于优先股1年的股息；上市公司最近3年现金分红情况应当符合公司章程及中国证监会的有关监管规定；公开发行优先股，最近3年财务报表被注册会计师出具的审计报告应当为标准审计报告或者带强调事项段的无保留意见的审计报告；非公开发行优先股，最近1年财务报表被注册会计师出具的审计报告为非标准审计报告的，所涉及事项对公司无重大不利影响或者在发行前重大不利影响已经消除
			③ 股息支付。上市公司应在公司章程中规定以下事项：采取固定股息率（固定股息率）；在有可分配税后利润的情况下必须向优先股股东分配股息（强制分红）；未向优先股股东足额派发股息的差额部分应当累计到下一会计年度（可累计）；优先股股东按照约定的股息率分配股息后，不再同普通股股东一起参加剩余利润分配（非参与） ④ 上市公司同一次发行的优先股，条款应当相同。每次优先股发行完毕前，不得再次发行优先股 ⑤ 公司非公开发行优先股仅向《优先股试点办法》规定的合格投资者发行，每次发行对象不得超过200人，且相同条款的优先股的发行对象累计不得超过200人

二、管理要点

表 6-15 融资管理要点

序号	管理要点	说明
1	融资管理原则	遵守国家法律、法规原则
		与企业战略相匹配并支持企业投资增长
		风险可控
		最优资本结构
		降低融资成本
		专项融资专款专用
		集中管理、统一筹措原则
2	融资决策程序	按照公司章程的规定，在授权范围内，由公司财务部门统一负责资金筹措的管理、协调和监督工作。分子公司在授权范围内对外进行融资，经营活动中所需资金向公司财务部门申请
		融资的申请及审批权限 公司银行授信、长短期借款的融资，由财务部门提出具体融资方案，报分管财务的副总经理审核同意后，数额在董事会授权范围内的，经总经理办公会讨论后由总经理批准；董事会授权范围以外的，报董事会批准 重大经营项目的融资，由财务部门提出融资方案，公司在审批投资项目时一并审批其融资方案
3	权益资本融资	公司根据经营和发展的需要，依照法律、法规的规定，经董事会作出决议，可以采用下列方式增加权益资本：发行永续债、发行股票、内部转增资本等。内部转增资本政策依据汇总见表6-17
		在注册或增资扩股时，财务部门应督促所有股东遵照国家有关法规和董事会要求，及时、足额交付资本金
		引进战略投资者，可以筹集资金，增加公司权益资本，降低公司资产负债率，改善财务结构；但在引进战略投资者时，要充分考虑企业股权稀释以及管理权分散问题，并合理安排企业利润分配方式

续表

序号	管理要点	说明
4	债务资本融资	公司短期借款融资 ① 财务部门根据预算及资金计划编制短期借款融资计划表 ② 按照融资规模大小，由分管财务的副总经理、总经理、董事会依次按权限审批 ③ 财务部门负责签订借款合同，并监督资金的到位和使用，原则上应按计划使用资金，不得随意挪用资金、改变资金用途 ④ 财务部门应建立借款台账，及时计提和支付借款利息
		公司长期借款融资 ① 长期借款应编制长期借款计划使用书，包括项目可行性研究报告、项目批复、公司批准文件、借款金额、用款时间与计划、还款期限与计划、用款项目经济型与还款能力分析等 ② 按照融资规模大小，由分管财务的副总经理、总经理、董事会依次按权限审批 ③ 财务部门负责签订借款合同，并监督资金的到位和使用，原则上应按计划使用资金，不得随意挪用资金、改变资金用途 ④ 长期借款的利息处理应按照《企业会计准则》等相关制度执行

三、管理技巧

表 6-16　融资管理技巧

序号	技巧要点	具体内容
1	融资结构控制	合理确定资金需要量，科学安排权益资金和负债资金的构成及比例关系
		确定适度的负债额，保持合理的负债比率
		合理地确定长期负债与短期负债的比例和期限，防止还款期过分集中

续表

序号	技巧要点	具体内容
1	融资结构控制	确定最佳的融资结构，使综合资金成本最低，公司价值最大化，融资风险最小化
		制订还款计划，保证按期偿还债务提高信誉，降低再融资的风险
2	融资内部控制	不相容岗位的分离控制
		授权批准制度
		融资方案的集体决策制度
		融资决策责任的追究制度
3	融资政策选择	公司调整时期，应采取保守的融资策略，尽可能减少银行借款等债权融资
		公司发展时期，应采取稳健的融资政策，改善资本结构，降低资本成本
		公司迅速成长扩张时期，可采取激进的融资政策，选择多种融资方式，通过金融机构贷款等方式积极筹措资金，充分利用财务杠杆作用适当增加负债比例
4	融资成本最低	融资成本是决定公司融资效益的决定性因素，对于选择评价融资方式有重要意义。财务部门应采用加权平均资本成本最小的融资组合评价公司资金成本，以确定合理的资本结构。融资成本节省的技巧见表6-18

表 6-17　内部转增资本政策依据汇总

序号	内容	具体说明
1	资本公积金转增资本	企业会计制度规定，资本公积科目下设7个明细项目：资本溢价、接受捐赠非现金资产准备、接受现金捐赠、股权投资准备、拨款转入、外币资本折算差额、其他资本公积。"接受捐赠非现金资产准备""股权投资准备"等准备项目属于所有者权益中的准备项目，是未实现的资本公积，不能用于转增资本："资本溢价""其他资本公积""接受现金捐赠"等项目是所有者权益中已实现的资本公积，可按规定程序审批后转增资本

序号	内容	具体说明
1	资本公积金转增资本	法律依据:《公司法》第一百六十八条：公司的公积金用于弥补公司的亏损、扩大公司生产经营或者转为增加公司资本。但是，资本公积金不得用于弥补公司的亏损
		税务依据 ① 法人股东，根据《国家税务总局关于贯彻落实企业所得税法若干税收问题的通知》(国税函〔2010〕79号)第四条规定："被投资企业将股权(票)溢价所形成的资本公积转为股本的，不作为投资方企业的股息、红利收入，投资方企业也不得增加该项长期投资的计税基础。"因此，公司以股权(票)溢价所形成的资本公积转增股本，居民企业的法人股东税务上不需要确认收入，自然无须缴纳企业所得税 ② 股东是自然人的，《财政部国家税务总局关于将国家自主创新示范区有关税收试点政策推广到全国范围实施的通知》(财税〔2015〕116号)规定，个人股东获得转增的股本，应按照"利息、股息、红利所得"项目，适用20%税率征收个人所得税
2	盈余公积金转增资本	盈余公积金又可分为法定盈余公积金和任意盈余公积金两种。《公司法》规定，法定盈余公积金按公司税后利润(减弥补亏损)的10%提取，当盈余公积金累计已达注册资本的50%以上时可不再提取；任意盈余公积金依照公司章程的规定或股东会的决议提取和使用。企业提取的盈余公积可用于弥补亏损、扩大生产经营、转增资本。"法定公积金转为资本时，所留存的该项公积金不得少于转增前公司注册资本的百分之二十五"
		法律依据:《公司法》第一百六十八条：公司的公积金用于弥补公司的亏损、扩大公司生产经营或者转为增加公司资本
		税务依据 ① 股东是法人的，根据《企业所得税法实施条例》规定，居民企业直接投资于其他居民企业取得的股息、红利等权益性投资收益(不包括连续持有居民企业公开发行并上市流通的股票不足12个月取得的投资收益)，为免税收入。居民企业按照投资比例用被投资企业的盈余公积转增股本，增加的部分注册资本是免征企业所得税的
		② 股东是自然人的，《财政部国家税务总局关于将国家自主创新示范区有关税收试点政策推广到全国范围实施的通知》(财税〔2015〕116号)规定，个人股东获得转增的股本，应按照"利息、股息、红利所得"项目，适用20%税率征收个人所得税

序号	内容	具体说明
3	未分配利润转增资本	未分配利润作为转增资本的前提条件是企业应当将未分配利润先行分配给股东，股东再投入公司的行为
		税务依据 ① 股东是自然人的，《财政部国家税务总局关于将国家自主创新示范区有关税收试点政策推广到全国范围实施的通知》（财税〔2015〕116号）规定，个人股东获得转增的股本，应按照"利息、股息、红利所得"项目，适用20%税率征收个人所得税 ② 股东是法人公司，被投资企业的未分配利润转增资本的实质也是先分配后投资，根据《中华人民共和国企业所得税法》的规定，法人股东从被投资的居民企业税后利润分得的股息和红利免缴企业所得税。因此，未分配利润转增资本时，法人股东按照投资比例增加的部分注册资本免缴企业所得税

表 6-18　融资成本节省的技巧

序号	内容	具体说明
1	融资成本节省原则	经济性原则：讲究成本最优，价格最低，回报最高，结果最好
		便捷性原则：要研究简单、明了、直观的成本节省方法
		协同性原则：要达到成本节省与企业战略、融资目的的协同一致
		前瞻性原则：必须考虑经济周期转动、市场波动、政策联动、汇率变动，放眼长远，预计未来，合理谋划
		风险性原则：必须把风险意识贯穿成本节省的全过程，控制风险、锁定风险、降低风险、化解风险
2	融资成本节省技巧	直线法：有意或无意地增加环节、拉长链条，必定增加融资成本。要认真分析细节，剖析环节，减少不必要的节点，拉直距离。比如：用企业间直接借款替代委托贷款，省略中间环节
		转换法：充分运用融资方式不同、融资产品不同、税收品种不同，研究其差异、明确其优劣，将高成本转换为低成本
		政策法：政府为了鼓励、支持地方企业，经常向一些企业（项目）提供贷款贴息等扶持政策

续表

序号	内容	具体说明
2	融资成本节省技巧	还款顺序法：先还高付息成本的融资，再还低付息成本的融资；先偿还在国际金融市场上汇价疲软，不能自由兑换、信用程度低的软货币，再偿还在国际金融市场上汇价坚挺，能够自由兑换、币值稳定的硬货币
		利率选择法：当利率下行时，尽可能选择浮动利率；当利率上行时，尽可能选择固定利率

表 6-19　勘察设计企业融资管理技巧应用

序号	内容	具体说明
1	融资特点	融资渠道单一、资金使用效率低。具体表现为： ① 企业的融资渠道以债权融资为主，只能解决企业的临时性短期流动资金的不足 ② 银行授信额度较低，总承包企业往往以联合体牵头人的名义对项目整体开具保函，大型 EPC 项目可能会需要 3000 万 ~5000 万元甚至更高的保函金额，授信额度占用的时间至项目完工或项目完工后一年甚至更长 ③ 在授信的使用上，企业几乎完全以银行保函为主，银行承兑汇票和流动资金贷款额度没有得到利用 ④ 企业在发展的过程中也会因为本身的存货以及应收账款过多，造成了企业资金流动比较缓慢以及沉淀过重，直接影响到企业的盈利和发展能力
2	融资技巧	增加银行授信额度 企业应关注期末财务报表相关财务指标，如营运资金、资产负债率、速动比率、净资产收益率、资本结构等，加强与多家银行间的交流合作，进一步增加银行授信额度
		加强新型金融工具的使用 ① 使用保函、保证保险等形式代替保证金的支出 ② 当出现资金缺口时，通过适当的负债弥补资金 ③ 短期的流动资金不足可以考虑票据贴现和银行流动资金贷款，当根据现金流预测将出现长期资金不足时，需要分析现金净流出金额最突出的是哪些项目，考虑对这些项目进行专项融资
		开展应收账款保理业务 勘察设计企业应收账款较大，以应收账款作为质押从银行获取贷款，可以有效盘活应收账款，提前实现资金的回笼，加速企业的资金周转

续表

序号	内容	具体说明
2	融资技巧	发行企业债券 发行企业债券不但对发行主体有很高的要求，而且需要经过严格的审批 加强股权融资 ① 转型阶段少分配现金股利，或采用发放股票股利等形式代替，增加原始积累，增强投资能力 ② 考虑发永续债和引入战略投资者注入资本金

四、管理表格

表 6-20　企业借款申请书

日期：_____年____月____日

企业名称		开户银行和账号	
年、季度借款计划		已借金额	
申请借款金额		借款用途	
借款种类		借款期限	
借款原因			
还款计划			
主管部门意见			借款单位公司章、法人代表章	

表 6-21 长期借款明细表

_____年_____月_____日

单位：万元

借款单位	金额					利率（%）	借入时间	期限	还本付息方式	下年需还
	年初数		年末数							
	本金	利息	本金	利息						
合计										

表 6-22　短期借款明细表

＿＿＿年＿＿月＿＿日　　　　　　　　　　　　　　　　　单位：万元

贷款银行	贷款种类	借入时间	金额				利率（%）	已用额度	可用额度	期限	还款方式	备注
			年初数		年末数							
			本金	利息	本金	利息						
合计												

第七章　收入及成本费用管理

【内容提要】

收入成本利润端，
规则把控空间研。
分门别类制度细，
企业生存三道关。

【本章导航】

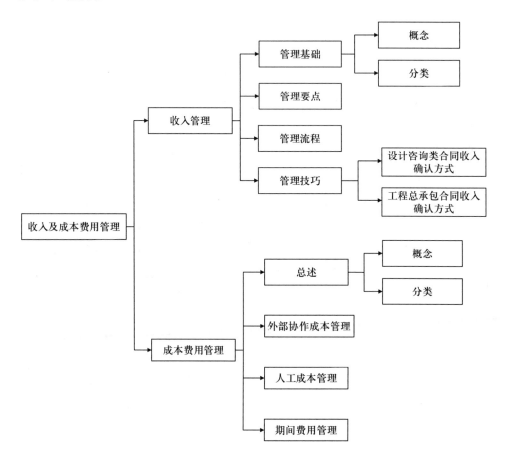

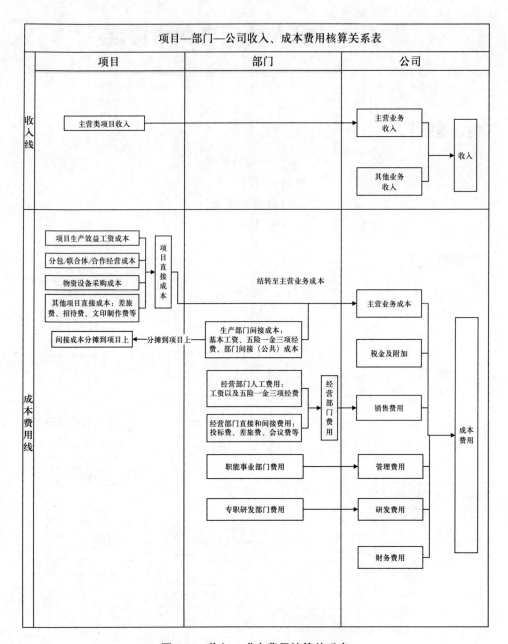

图 7-1 收入、成本费用核算关系表

第一节 收入管理

一、管理基础

（一）概念

收入是指企业在日常活动中形成的、会导致所有者权益增加的、与所有者投入资本无关的经济利益的总流入。

（二）分类

表 7-1 收入分类

序号	分类	说明
1	主营业务收入	公司从事某种主要生产、经营活动所取得的营业收入。根据各行业企业所从事的不同活动而有所区别，如勘察设计企业的主营业务收入指"勘察设计收入"；建筑业企业的主营业务收入指"工程结算收入"；工业企业的主营业务收入指"产品销售收入"等
2	其他业务收入	公司从事除主营业务以外的其他业务活动所取得的收入。其他业务活动发生频率不高，其收入也不大。例如，材料物资及包装物销售、无形资产使用权实施许可、固定资产出租、包装物出租、运输、废旧物资出售收入等

二、管理要点

表 7-2 收入管理要点

序号	管理要点	说明
1	收入确认	营业收入管理部门依据相关资料将合同额拆分成各营收单元，编制《合同进度节点及合同额分解表》，经商务部门审核确认
2	收入审核	营业收入管理部门依权责发生制、及时、准确、完整原则，以项目维度确认营收，经技术部门和运营部门审核
3	收入核算	收入核算会计依审核通过的项目营业收入进行及时准确计量，总账会计审核，核算主管复核

三、管理流程

（一）收入核算管理流程

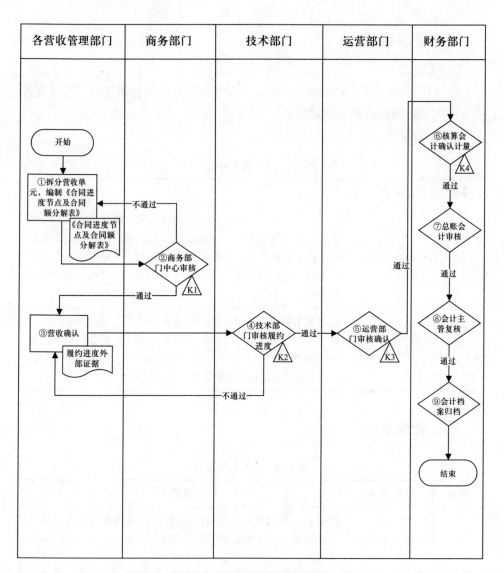

图 7-2　收入核算管理流程

（二）收入核算管理流程说明

表 7-3 收入核算管理流程说明

编号	流程步骤	流程步骤描述	责任部门	责任岗位	控制文档	备注
①	拆分营收单元，编制《合同进度节点及合同额分解表》	项目经理根据合同情况对合同进行节点及合同额分解、营收单元拆分	经营生产部门	项目经理	合同进度节点及合同额分解表、营收单元拆分表	
②	商务部门审核	商务部门对合同进度节点、合同额分解、营收单元拆分表是否符合合同及公司规定进行审核	商务部门	商务岗		
③	营收确认	项目经理按照履约进度进行收入确认并提交履约证明资料	经营生产部门	项目经理	履约证明资料（外部证据）	
④	技术部门审核履约进度	技术部门审核履约证明资料	技术部门	技术岗		
⑤	运营部门审核确认	运营部门审核确认收入	运营部门	项目运营岗		
⑥	核算会计确认计量	收入核算会计审核项目营业收入确认的合理性、正确性，是否符合收入准则核算要求	财务部门	核算会计	审核记录、记账凭证	
⑦	总账会计审核	总账会计审核收入核算是否符合要求、准确	财务部门	总账会计	审核记录	
⑧	会计主管复核	会计主管复核收入核算是否符合要求、准确	财务部门	会计主管	审核记录	
⑨	会计档案归档	审核后的会计凭证进行归档处理	财务部门	核算会计	记账凭证	

（三）收入核算管理关键控制点风险控制矩阵

表7-4 收入核算管理关键控制矩阵

控制编号	关键控制点	风险描述	控制措施	主控部门	主控岗位	控制文档
K1	合同分解和营收单元拆分		商务部门严格按照合同进行审核	商务部门	商务岗	审核记录
K2	履约证明资料	①营业收入节点划分不合理，导致营业收入不准确，导致公司对外数据不合规及对内分配得不合理	技术部门专人专岗审核履约证明资料	技术部门	技术岗	履约证明资料
K3	确认项目收入	②履约进度证明资料不符合要求，导致营业收入虚报，导致公司对外数据不合规及对内分配得不合理	运营部门专人专岗审核项目收入的确认	运营部门	项目运营岗	审核记录
K4	营收确认		财务部门根据流程资料端审核营业收入确认是否符合会计核算要求	财务部门	财务岗	

四、管理技巧

（一）收入确认方式

1. 时段法、时点法判断原则

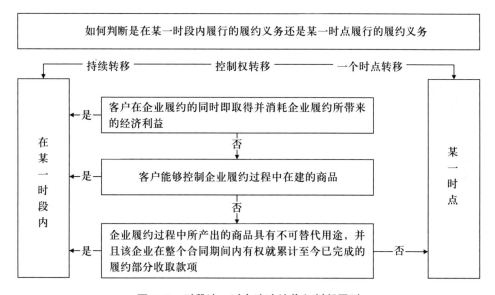

图 7-3　时段法、时点法确认收入判断原则

资料来源：财政部会计司企业会计准则讲解。

2. 收入确认方式的选择

表 7-5　收入确认方式

分类		内涵	适用场景	应用案例
时段法	工时法	以有效工时占预计总工时比例作为衡量"已经提供的劳务占应提供劳务总量的比例"	根据外部规定及内部历史数据，能按照不同业务的不同情况确定预计总工时	苏交科、勘设股份等
			建立规章制度进行有效工时的确定和记录	
			提供外部证据验证，如重大节点对应项目进度与工时进度是否相符进行复核	
			建立完善的工时系统	

分类		内涵	适用场景	应用案例
时段法	成本法	采用已经发生的成本占预计总成本的比例确认履约进度	项目总成本预算准确度高	合诚股份、联动设计
			项目实际发生成本可以较为全面、准确地核算和归集	
	阶段固定节点比例法	结合行业规则、工作量投入、付款节点、参考同行业公司的节点等综合因素，分别于各阶段确定固定比例衡量"已经提供的劳务占应提供劳务总量的比例"	对应的项目执行成本受外部因素影响较大，项目总成本很难估算准确	华阳国际、筑博设计等
			单个合同中对分阶段业务的结算条款经常会受到公司与客户双方的市场地位与议价能力等主观因素影响	
	阶段合同比例法	以合同条款为基础，提交成果并经客户书面认可时，按双方约定的产出值确认收入	合同约定了各阶段业务的支付条件及支付比例	建科院、奥雅设计、山水比德等
			每一阶段设计成果的价值确定，且比例符合行业惯例	
时点法		在合同全部履行完毕时确认收入	在不满足按时段法确认收入的条件时，视为企业在整个合同期间内无权就累计至今已完成的履约部分收取款项，应按照时点法在合同全部履行完毕时确认收入	

（二）收入确认方式的说明

以工程总承包合同为例，进行说明。

表 7-6　工程总承包合同收入确认方式

五步法环节	要点
识别合同	总承包业务收入的确认以合同为基础，根据《企业会计准则第 14 号——收入》准则，企业与同一客户在相同或相近时间内签订的多份合同，在满足下列条件之一时应合并为一份合同进行处理： ① 基于同一商业目的而订立并构成一揽子交易的多份合同 ② 其中一份合同的对价金额取决于其他合同的定价或履行情况 ③ 多份合同中全部或部分商品构成单项履约义务的情形

续表

五步法环节		要点
识别单项履约义务	整体识别为一项单项履约义务情形	总承包合同一般包括设计、采购、施工三项履约内容，在设计、采购、施工这三项工作均具备高度定制、高度非标准化特点的情况下，三项工作高度关联，每项工作内容都可能导致其他工作内容的重大修改或定制，只有三项工作组合完成后，才能达到合同约定的交付总目标，因此，一般应将总承包合同整体作为单项履约义务。一般来说，总承包合同的产物具有不可替代的用途，并且企业在整个合同期间内有权就累计完成的履约部分收取款项，则应按照时段法根据整体履约进度确认收入
	将设计、采购、施工单独识别为一项履约义务的情形	若工程总承包合同将设计业务单列并满足以下条件，可以将设计业务单独识别为一项履约义务，单独确认设计业务的收入和相匹配的成本费用 ① 在设计环节完成后客户有正式的验收环节，一旦验收通过则对各方均有约束力，需严格按照设计成果进行施工，不得随意改动 ② 设计和施工有严格的先后顺序，不能"边设计边施工"，设计阶段完成后，设计单位除了常规的施工阶段跟进和作为总包的协调管理工作以外，不再有重大涉入 ③ 根据设计成果，客户在理论上可以聘请任何一个具备一般施工资质的施工企业进行施工，而不是只有客户方或总承包方指定的建筑施工企业才具有该工程的施工能力 若采购业务在总承包合同中有单独定价、明确是外购通用设备、材料、家具等，并非定制，且总承包方并未深入参与这些通用设备或软件的制造，可将设备采购识别为一项单独的履约义务，单独确认采购业务的收入和相匹配的成本费用 将总承包合同剩余部分作为工程施工业务，识别为一项单独的履约义务
确定交易价格		总承包合同的交易价格是收入计量的基础，企业在签订合同后需根据合同可变对价、重大融资成分、应付客户对价等因素确认总承包合同交易价格，并在合同开始日分摊至各单项履约义务 ① 对可变对价的考虑：合同预计总收入包含合同初始收入、合同变更收入、合同索赔收入及奖励收入等。其中奖励收入通常为提前完工奖励、造价控制奖励、履约奖金等，奖励收入在合同订立时无法合理评估期望值或可变对价的最佳估计数，也无法确定是否极有可能不会发生重大转回，因此不能基本确定奖励金额时，通常不将奖励收入纳入合同交易价格考虑。对于合同变更、索赔等原因造成的合同可变对价的后续变动额，企业应按照新收入准则的要求分摊至各单项履约义务

续表

五步法环节	要点	
确定交易价格	② 对重大融资成分的考虑：由于总承包项目时间长、合同金额大的特点，如果合同约定的支付时点较行业惯例明显滞后，则需总承包方承担较长时间的大额垫资压力，则在确认合同交易价格时需要考虑此项重大融资成分涉及的资金成本，在合同期内按照实际利率法进行摊销，并相应调减合同交易价格 ③ 对应付客户对价的考虑：若合同中约定的应付客户对价是为了向客户取得其他可明确区分商品，商品的公允价值能合理估计，则应付客户对价不超过公允价值的部分按照正常采购活动进行处理，超出公允价值的部分冲减合同交易价格。若商品公允价值不能合理估计，则应该用应付客户对价全额冲减合同交易价格。若合同约定的应付客户对价不是为了向客户取得其他可明确区分商品，则应该用应付客户对价全额冲减合同交易价格	
确定单项履约义务交易价格	设计业务 总承包合同对设计业务金额有单独约定的，应将此部分作为设计业务履约义务的交易价格。合同中没有对各部分交易价格单独约定的，按单独售价法将合同金额分摊至各单项履约义务。总承包合同中的设计业务一般还会包含后续施工期间内的跟踪服务，应考虑是保证性质保还是服务性质保，若为保证性质保，则按照或有事项进行处理；若为服务性质保，则应识别为一项单独的履约义务并确认相应收入	
	采购业务 总承包合同对采购业务金额有单独约定的，应将此部分作为采购业务履约义务的交易价格。合同中没有对各部分交易价格单独约定的，按单独售价法将合同金额分摊至各单项履约义务	
	施工业务 总承包合同对施工业务金额有单独约定的，应将此部分作为施工业务履约义务的交易价格。合同中没有对各部分交易价格单独约定的，按单独售价法将合同金额分摊至各单项履约义务	
对单项履约义务确认收入	设计业务	总承包合同中设计业务收入确认方式按照时段法
	采购业务	若存在设备供应商为客户指定、设备价格已事先确定、设备供应商有能力切实承担应由其承担的这部分责任和义务、事实上导致总承包方被客户要求承担连带责任的可能性极低等情形，则总承包在设备采购业务中为代理人，如果企业判定为主要责任人，应以总额法确认收入；如果企业判定为代理人，应以净额法，按照总承包合同中应收对价扣除对下游供应商的应付对价的净额或者合同约定的佣金金额或比例确认收入

续表

五步法环节		要点
对单项履约义务确认收入	施工业务	施工业务一般应按照以下标准选择总额法或净额法进行会计核算： ① 总额法。由总承包方独立（单一主体）与发包方签订的单一主体工程总承包合同一般应按总额法进行会计核算 工程施工的履约进度可按产出法或投入法确定，产出法即根据合同约定履约义务的各个阶段，提交阶段成果并取得外部证据，如经客户确认的进度结算资料或其他能证明该阶段工作完成的合理外部证据时，依据外部证据确认履约进度；投入法即根据累计实际发生的成本占预计总成本的比例确认履约进度 确定合同履约进度后，在合同结果能够可靠估计的情况下，公司在资产负债表日可以根据合同履约进度确认和计量当期的合同收入和成本，具体确认方法如下： 当期确认的合同收入＝（合同预计总收入 × 本期末止累计合同履约进度）－以前会计期间累计已确认的收入 当期确认的合同成本＝（合同预计总成本 × 本期末止累计合同履约进度）－以前期间累计已确认的成本 ② 净额法。由总承包方牵头与其他单位组成联合体与发包方签订的联合体牵头方的工程总承包合同及补充合同，若同时满足以下条件的，应按净额法进行会计核算。 第一，合同对各方各自负责的工作内容、相关权责的划分足够清晰，各自负责的工作内容相对独立，无共同负责部分。合同中各方对合同总价款在各方之间的分配和调整机制的约定足够清晰 第二，联合体成员方有能力切实承担联合体协议约定应由其承担的这部分责任和义务，事实上导致本公司被客户要求承担连带责任的可能性极低 第三，联合体成员方有能力切实承担联合体协议约定应由其承担的亏损和风险，具备抗风险能力 第四，联合体牵头方未承诺保证其他成员不承担亏损或者取得约定的保底收益 履约进度的确认方式与总额法相同，根据建设单位、监理单位或审计单位的工程计量资料，采用产出法确认；或根据累计实际发生的成本占预计总成本的比例，采用投入法确认

第二节　成本费用管理

一、总述

（一）概念

（1）成本是指生产成本，指为生产产品、提供劳务而发生的各种耗费，是对象化的费用。

（2）费用是指企业在日常活动中发生的、会导致所有者权益减少的、与向所有者分配利润无关的经济利益的总流出。

（二）成本、费用的联系

（1）成本和费用都是企业除偿债性支出和分配性支出以外的支出的构成部分。

（2）成本和费用都是企业经济资源的耗费。

（3）期末应将当期已销产品的成本结转进入当期的费用。

（三）成本、费用的区别

表 7-7　成本、费用的区别

序号	区别	要点
1	内容不同	产品成本包含的内容，以工业企业产品成本为例，产品成本包括为生产一定种类或数量的完工产品的费用，不包括未完工产品的生产费用和其他费用。以勘察设计企业产品成本为例，产品成本包括人工成本、外部协作成本、其他直接成本，以及按一定分摊规则分摊到产品的间接成本 期间费用包含管理费用、销售费用和财务费用等
2	计算期不同	费用是资产的耗费，它与一定的会计期间相联系，而与生产哪一种产品无关 生产成本与一定种类和数量的产品相联系，而不论发生在哪一个会计期间 企业的产品在售出后，其生产成本就转化为销售当期的费用，称为主营业务成本
3	总额不同	一定时期内，费用总额不等于产品成本总额。因为两者的内容和价值量不同，产品成本是费用总额的一部分，不包括期间费用和期末未完工产品的费用等
4	作用不同	费用指标的作用，主要是分析其比重，了解结构变化从而加强费用管理等 产品成本指标的作用，主要是：一是反映物化劳动与活劳动的耗费，二是资金耗费的补偿，三是检查成本和利润计划，四是表明企业工作质量的综合指标

（四）分类

1. 成本分类

表 7-8　成本分类

序号	分类	说明
1	人工成本	指企业在一定时期内，在生产、经营和提供劳务活动中因使用劳动力而支付的所有直接费用和间接费用的总和
2	外部协作成本	指企业因项目需要将合同的一部分内容依法分包给具有相应资质的承包单位或与具有相应资质的承包单位联合投标、合作经营等，签订分包合同、联合体协议、合作经营合同，并根据履约进度确认当期外部协作成本
3	其他成本	指除人工成本和外部协作成本外，企业为生产产品和提供劳务而发生的各项直接成本和间接成本

2. 期间费用分类

表 7-9　期间费用分类

序号	分类	说明
1	销售费用	公司在销售商品和材料、提供劳务过程中所发生的各种费用，包括在销售商品过程中发生的保险费、包装费、展览费和广告费、商品维修费、运输费、装卸费等以及为销售本公司商品而专设的销售机构的职工薪酬、业务费、折旧费、固定资产维修费等
2	管理费用	为组织和管理公司生产经营所发生的费用，包括公司在筹建期间内发生的开办费、行政管理部门工资、修理费、办公费、差旅费、工会经费、职工教育经费、职工福利费、业务招待费、董事会费用、审计咨询费、诉讼费、折旧及摊销费用等
3	财务费用	公司为筹集资金等而发生的费用，包括银行借款的利息支出、汇兑损益、金融机构手续费、担保费用、承兑汇票贴现息、发行债券的利息和发行费用等

二、外部协作成本管理

（一）管理基础

1. 概念

各经营生产部门因项目需要将合同的一部分内容依法分包给具有相应资质的承包单位或与具有相应资质的承包单位联合投标、合作经营等，签订分包合同、联合体协议、合作经营合同，并根据履约进度确认当期外部协作成本，完成对外支付。

2. 特征

表 7-10　外部协作成本特征

序号	特征	说明
1	计划性	在项目投标阶段，经营生产部门需要根据招标范围计划项目外部协作成本，纳入项目预算和项目现金流测算
2	项目性	外部协作成本是为单一项目发生的项目成本，以单个具体项目为成本核算对象
3	金额大	对于勘察设计企业，外部协作成本常常是项目大额成本支出，尤其是总承包项目中的施工采购成本与设备采购成本
4	周期性变化	外部协作成本结算量呈现出一定程度的周期性变化现象，如大型节假日前外部协作成本结算量较其他时点大幅提高，更容易使勘察设计公司产生资金压力和资金缺口

3. 分类

表 7-11　外部协作成本分类

序号	分类方式	说明
1	合同类型	分为联合体协议、分包合同、对外合作经营合同等
2	成本类型	分为工程类成本、货物类成本、劳务类成本、服务类成本等

（二）管理要点

表 7-12　外部协作成本管理要点

序号	管理要点	说明
1	采购计划	项目经理应编制项目采购计划，由商务部门审核并确定各拟采购事项的采购控制价
		以项目为维度，项目采购计划中的拟采购事项和拟采购金额应与项目预算中拟采购事项明细内容对应
		计划外的采购事项，在调整采购计划表时，需重新更新版本填写，经运营部门审批后方可实施；商务部门应指导项目经理重新调整项目预算
2	签订合同	项目采购计划表中需单项采购的采购事项按照批准的采购方式由采购部门实施；可直接在公司集中采购库内选取供应商的各单项采购事项可按规定的方式选用
		需集中采购的采购事项，经运营部门审批后按公开招标的方式开展集中采购
		各职能部门根据评审职责评审招标文件及外部协作合同条款后，签订外部协作合同
3	成本确认	按权责发生制原则确认：凡是当期已经发生的成本费用，不论款项是否支付，都应当作为当期的成本费用确认
		及时、完整、准确确认：应根据合同的履约进度，及时确认项目外部协作成本
4	对外支付	当期需要支付的外部协作成本，需要准备外部协作合同付款所需发票、进度资料等，经过外部协作合同付款审批后，由财务部门对外支付

（三）管理流程

1. 外部协作成本预结流程

（1）外部协作成本预结流程。

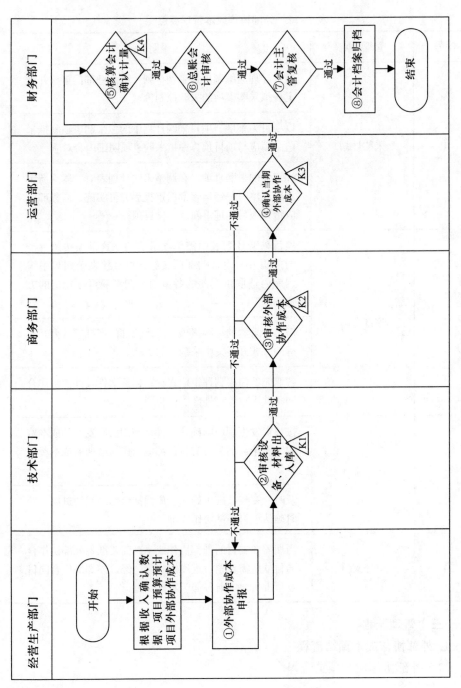

图 7-4　外部协作成本预结流程

（2）外部协作成本预结流程说明。

表 7-13　外部协作成本预结流程说明

编号	流程步骤	流程步骤描述	责任部门	责任岗位	控制文档	备注
①	外部协作成本申报	根据项目收入确认数据、项目预算预计项目外部协作成本	经营生产部门	项目经理	外部协作成本预结单	
②	审核确认	技术部门审核确认设备材料出入库	技术部门	部门负责人	审批记录	
③	审核确认	商务部门审核确认项目外部协作成本	商务部门	部门负责人	审批记录	
④	审核确认	运营部门确认当期项目成本	运营部门	部门负责人	审批记录	
⑤	成本确认计量	核算会计确认及计量	财务部门	核算会计	会计凭证	
⑥	成本计量审核	总账会计审核	财务部门	总账会计	审核记录	
⑦	成本计量复核	会计主管复核	财务部门	会计主管	复核记录	
⑧	会计档案归档	凭证装订归档	财务部门	核算会计	会计凭证	

（3）外部协作成本预结流程关键控制点风险控制。

表 7-14　外部协作成本预结流程关键控制点风险控制

控制编号	关键控制点	风险描述	控制措施	主控部门	主控岗位	控制文档
K1	审核设备材料出入库	① 外部协作成本未及时申报确认，可能导致项目成本缺失	技术部门审核设备材料出入库	技术部门	部门负责人	审批记录
K2	外部协作成本结算金额审核	② 未对项目外部协作成本进行审核确认，可能导致项目成本虚增	商务部门审核外部协作工作量、设备采购成本、结算金额	商务部门	部门负责人	审批记录
K3	审核确认项目外部协作成本	③ 未及时核算计量外部协作成本，导致收入成本不匹配，不能准确反映经营情况	运营部门审核项目外部协作成本	运营部门	部门负责人	审批记录
K4	外部协作成本确认计量、审核、复核		项目外部协作成本确认	财务部门	会计主管	审核复核记录、会计凭证

2. 外部协作合同付款审批流程

（1）外部协作合同付款审批流程。

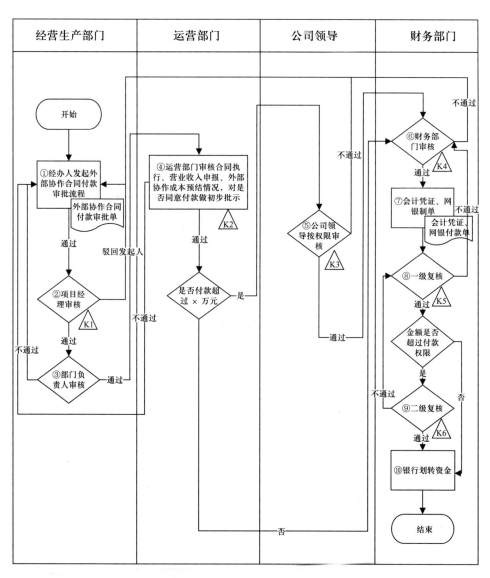

图 7-5 外部协作合同付款审批流程

（2）外部协作合同付款流程说明。

表7-15　外部协作合同付款审批流程说明

编号	流程步骤	流程步骤描述	责任部门	责任岗位	控制文档	备注
①	经办人发起流程	根据外部协作合同和项目进度，经营生产部门或项目部内部决议确认外部协作单位工作量和应付工程款后，发起外部协作合同付款流程	经营生产部门	行政助理	外部协作合同付款审批单	
②	项目经理审核	项目经理确认付款申请中合同履约进度、回款金额、付款金额等各项信息是否满足支付要求	经营生产部门	项目经理		
③	部门负责人审核	部门负责人审核是否符合外部协作合同付款要求	经营生产部门	部门负责人		
④	运营部门审核	根据合同运营、执行情况，外部协作成本预结结情况，对是否合同意付款做初步批示	运营部门	部门负责人		
⑤	公司领导按权限审核	根据申请的外部协作合同付款金额，公司领导依次按审批权限审核本次申请是否符合外部协作合同付款要求	分管业务工作的副总经理、分管财务工作的副总经理、总经理	分管业务工作的副总经理、分管财务工作的副总经理、总经理		
⑥	财务部门审核	财务部门初审外部协作单位发票、付款资料、付款条件是否符合外部协作合同付款和会计准则要求，制作会计凭证	财务部门	会计		
⑦	制作会计凭证、网银付款单据	会计制单、出纳制作网银付款单	财务部门	会计、出纳	会计凭证、银行付款单	
⑧	一级付款复核	主管会计审核会计凭证及附件是否符合外部协作合同付款要求，确认付款信息是否准确	财务部门	主管会计		
⑨	二级付款复核	财务部门负责人复核会计凭证及附件是否符合外部协作合同付款要求，确认付款信息是否准确	财务部门	部门负责人		
⑩	银行划转资金	银行系统划转资金，确认银行回单	财务部门	出纳		

（3）外部协作合同付款审批关键控制点风险控制矩阵。

表7-16 外部协作合同付款审批关键控制点风险控制矩阵

控制编号	关键控制点	风险描述	控制措施	主控部门	主控岗位	控制文档
K1	项目经理审核	合同履约进度未达到付款条件，外部协作单位超前申请付款的风险	经营生产部门或项目部内部通过内部决议方式，审核外部协作单位的付款申请及履约进度符合合同约定的付款条款			内部决议审批单
		外部协作单位提交付款，但实际申请工作量未足额完成成果不符合要求的风险	外部协作单位提交的工作量确认资料需经过项目经理签字确认是否属实，提交的成果是否符合合同要求，或提供业主、监理方、主管部门等合同约定的第三方确认的外部证据			成果进度确认函
		未申请项目垫资，项目回款小于累计付款的风险	利用信息系统控制，在外部协作合同付款审批没有关联垫资单时，系统判断项目累计付款金额则不允许发起流程额小于付款金额流程	经营生产部门	项目经理	付费合同付款审批单
		合同约定的预付款扣回条款、成本费用分摊条款、农民工工资发放条款未履行的风险	项目经理需对外部协作单位申请付款金额的计算方式进行审核，在发生合同约定记录成本数据，保证预付款扣回条款的执行；成本费用分摊条款的执行，需对上期农民工工资是否足额发放进行审核并签批审核意见			
K2	运营部门审核合同执行、营业收入确认	未经有效审批，在未满足付款条件的情况下，经营生产部门同意外部协作单位的付款申请的风险	付款之前要求经营生产部门申报对应营业收入 运营部门根据付款进度审查经营生产部门提交的进度资料及证明文件，未达付款条件则驳回付款申请	运营部门	部门负责人	

续表

控制编号	关键控制点	风险描述	控制措施	主控部门	主控岗位	控制文档
K3	公司领导按权限审核	付款申请实际存在错漏，但前述审核各环节均未发现的风险	公司领导依次按审批权限审核本次申请是否符合外部协作合同付款要求	分管业务工作的副总经理、分管财务工作的副总经理、总经理		
K4	财务部门审核	外部协作单位提供发票不符合会计准则、税法规定的风险	会计审核外部协作单位提供的发票是否合规，退回不合规发票及超额发票	财务部门	会计	
		外部协作单位提供的银行账户信息在前后不一致或存疑，导致收款账户错误的风险	收款账户发生变更需出具新收款账户变更函或银行盖公章原件			
		未经有效审批，可能导致满足支付条件而超额支付、付款资料留存不全的风险	复核付款申请是否符合合同付款条款约定，对应主合同回款是否已入账			
K5	一级付款复核	会计凭证制单错误，导致付款的风险，成本科目金额、网银付款制单错误、收款账户错误的风险	审核会计凭证是否符合会计准则、付款申请是否符合合同及公司相关制度	财务部门	主管会计	
		网银付款制单错误，收款账户错误的风险	复核网银付款单各项信息是否正确			
K6	二级付款复核	会计凭证制单错误，导致付款的风险，成本科目金额、网银付款制单错误、收款账户错误的风险	审核会计凭证是否符合会计准则、付款申请是否符合合同及公司相关制度	财务部门	部门负责人	
		网银付款制单错误，收款账户错误的风险	复核网银付款单各项信息是否正确			

（四）管理技巧

1. 健全外部协作招标及合同签订制度

表 7-17　外部协作招标及合同签订管理技巧

序号	技巧要点	具体内容
1	评估履约能力	在招标过程中，设定的评分标准需要对其综合实力进行评估，从资质能力、财务状况、商业信用、质量安全、工期、技术等方面综合评分，需考虑外部协作单位的垫资能力、与供应商的议价能力、对施工人员的管理能力、是否有违约记录
2	设置预警机制	公司可以对外部协作招标及合同签订过程中关键的风险点进行归纳整理和分级，设置负面清单，确保风险点在招标阶段能被识别，后期合同签订和执行中针对负面清单采取有效的措施减少风险
3	审核合同条款	① 设定外部协作合同条款需细致、全面，条款应涵盖合同履行过程中双方费用和收益的分配，从源头上对合同执行过程中的风险进行管控，清晰划分双方权责，避免纠纷 ② 在签订外部协作合同时，应根据工程实际情况，将主合同中应由外部协作单位承担部分的履约责任、违约风险转移给外部协作单位，如履约过程中因外部协作单位的原因出现违约责任，作为总承包商的勘察设计企业在向业主承担责任后，也能依据外部协作合同条款向外部协作单位追偿

2. 加强资金监控

表 7-18　外部协作合同付款资金监控技巧

序号	技巧要点	具体内容
1	开立项目账户	针对大型工程总承包项目，总承包商应根据业主或合同要求开立项目专用账户或共管账户，专项用于该项目收支。专用（共管）账户的资金管理方式可以加强对项目资金的管控程度，明晰项目收支情况及项目资金流向
2	加强资金监管	在总承包项目中，勘察设计企业作为总承包商将施工部分分包给有资质和能力的公司或与其合作签订联合体协议、对外合作经营协议，由于工程款金额大，勘察设计企业应加强对外部协作单位项目资金的监管，如加强对项目预付款的管控，确认外部协作单位将资金用于本项目的材料采购、设备租赁、人工成本支付等，避免预付款被外部协作单位用于填补其他项目的资金空缺
3	保障工资支付	总承包商应要求外部协作单位优先保障农民工工资，避免不必要的社会事件对公司造成不良影响。条件允许的情况下，总承包商应了解、掌握外部协作单位的债权债务，对于外部协作单位财务状况发生重大变化，应及时采取措施，以免影响进一步扩大

3. 保证外部协作合同付款审批力度

表 7-19　强化外部协作合同付款审批力度管理技巧

序号	技巧要点	具体内容
1	建立规范流程	总承包商应当建立规范严谨的财务管理制度，应当按照公司规定的审批程序及签订的合同约定支付对外协作合同款，首要原则是在收到业主支付对应款项后再向外部协作单位支付，不可超额支付
2	明确审核责任	公司应该加强细化项目各方面风险控制的责任归属，加强项目经理和项目主要责任人的风险管控意识，明确各审核部门的关注重点和审核责任，确保每一笔款项的支付符合合同条款、项目进度和项目质量
3	保障审核时间	在签订外部协作合同时，应避免将付款期限约定过短，提前考虑对外协作合同支付审批所需要的合理时间，避免因超期付款的违约金压力而放松了审核的要求

4. 严控项目进度

表 7-20　项目进度控制管理技巧

序号	技巧要点	具体内容
1	加强进度监督	总承包商应尽量避免外部协作单位的工期延误，要在外部协作合同执行过程中加强监督力度，保证外部协作单位能够按照计划执行合同，定期开展进度协调例会，实时分析外部协作合同的实际履约情况
2	定期申报结算	定期对工程的完工进度进行计算，并以此为依据向业主申报款项，及时确认项目收入及外部协作成本，避免大量项目工程款积累到年末或跨期核算
3	及时结清尾款	对于留存了质保金或尾款的合同，业务部门应该留存项目资料，及时找业主收取尾款，并向外部协作单位结清尾款，定期清理质保期到期的项目

5. 外部协作合同付款管理流程审核要点

（1）外部协作合同已按规定程序完成签订和盖章归档。

（2）外部协作单位提供符合我公司和合同要求的增值税发票、进度资料和其他付款资料，重点审核内容如表 7-21 所示。

表 7-21 外部协作合同付款管理发票审核要点

序号	审核项目	具体内容
1	发票购买方信息栏	公司名称、税号准确无误，增值税专用发票完整填写公司地址、电话及银行账号
2	税目与税率	外部协作单位开具发票的税目与税率需在外部协作合同中约定一致，若与合同条款约定的税率不一致，则需退回重开，或要求外部协作单位降低结算价用于弥补税差
3	发票销售方信息栏	开户行及账号是否与合同一致。若公司名称或银行账户变更，则需要求销售方提供准予变更登记书复印件或变更银行账户公函。若销售方委托其分公司开票、收款，则需销售方对委托方开具委托收款书，并将复印件交给我公司留存
4	发票金额	发票金额需与本期结算金额一致，不允许对未达到工作量的合同金额部分开具发票
5	发票章与备注栏	销售方发票章需清晰完整；建安项目工程款发票需按税法要求备注项目名称及项目地点

项目进度资料：各成本类别常见进度资料如表 7-22 所示。

表 7-22 各类别项目常见进度资料

序号	成本类别	常见进度资料举例
1	工程款进度款	进度款审计报告、进度款收支情况一览表、本次进度款相关的工程计量申请书、向业主申报的资金审批表、农民工工资支付承诺函（联合体合作项目）、农民工工资支付明细表（单一主体项目）（盖章、签字需完整有效）
2	勘察费	工作量结算单、图审合格证、勘察报告、检测报告（盖章、签字需完整有效）
3	设计费	方案确认单、初步设计批复、施工图签收单、图审合格证、咨询报告、评审意见（盖章、签字需完整有效）
4	采购款	采购结算单（浮动价采购合同需要）、经我方确认的发货单、签收单（盖章、签字需完整有效）
5	其他	其他付款资料：请款函（原件）、委托授权收款书、变更工商信息公函、准予变更登记书复印件、变更银行账户公函（变更后第一次付款时以原件作为附件，后续付款附复印件）

（3）外部协作单位完工进度已达到本次付款要求的付款条件。重点审核本次付款涉及的所有合同履约义务已完成并提供与付款条件相对应的符合规定的进度资料。

（4）经营生产部门申请的付款金额符合合同、项目回款、项目付款计划、项目垫资报告的要求，重点审核内容如表7-23所示。

表7-23　外部协作合同付款管理财务付款审核要点

序号	审核项目	具体内容
1	合同条款	合同约定的下浮率、总承包管理费率准确计算；约定由外部协作单位承担的水电费、保函手续费、招投标费用等在付款金额中已扣除
2	各项担保	合同是否有约定提供预付款保函、履约保函等担保，在合同第一次付款前需要求外部协作单位将保函提供到位
3	项目回款	在不涉及公司垫资的情况下，本次支付外部协作合同款对应主合同部分已收到业主相应款项
4	委托业主支付／扣留款项	委托业主直接支付给施工单位农民工工资专用账户的款项与业主代扣的水电费等款项，已开具相关委托代付函、农民工工资支付承诺函
5	项目付款计划	总承包项目每笔审计进度款涉及多个外部协作单位，支付前要求经营生产部门提供项目回款、付款整体预测，提供项目累计收支情况一览表。每笔进度款在申请支付时，每个外部协作单位分配的金额要与项目经理签字的项目累计收支情况一览表中的分配情况一致
6	项目垫资报告	有垫资需求的项目需编写《工程项目风险评估及垫资申请报告》并通过分管业务工作的副总经理、分管财务工作的副总经理、总经理审核，在外部协作成本支付时，需审核申请付款事项和金额是否在垫资报告计划内，在垫资事项及额度范围内才准予支付
7	农民工工资相关资料	涉及工程款的外部协作成本支付需要按照《保障农民工工资支付条例》和项目所在地相关规定审核外部协作单位是否履行农民工工资支付义务，检查外部协作单位是否提供农民工工资承诺函、农民工工资支付明细表等资料

（5）财务部门初审制单后，按照单笔付款金额按权限进行一级或二级复核。

6. 建立工程总承包项目业财系统

表 7-24　工程总承包项目业财系统管理技巧

序号	技巧要点	具体内容
1	强化信息技术	工程总承包项目涉及的工期长，合同金额大，合理借助信息技术辅助项目核算、监督可以有效降低超付风险，同时在需要进行数据分析、审计检查时也可以起到事半功倍的效果
2	打通数据接口	工程总承包项目业财系统需要能打通项目开票、回款、营业收入确认、外部协作合同付款、外部协作单位发票登记、项目效益工资核算等多个环节之间的数据接口，将各环节数据和申报资料进行数据共享，形成工程总承包项目全过程的票据流、现金流、数据流闭环
3	优化付款审批	在外部协作合同付款申请时，若项目回款大于累计分包支付金额或未确认营业收入，则不允许发起流程；在外部协作合同付款审核时，各环节审批领导能直接清晰看到项目最新的回款情况和已发生成本，也能从流程中看到系统中的合同、发票等电子影像资料，判断付款条件是否满足
4	支撑成本匹配	在外部协作成本核算方面，工程总承包项目业财系统可以根据项目已确认营业收入金额、已支付外部协作成本金额与项目预算中外部协作成本比例，计算出应匹配的外部协作成本，及时向差额较大的项目部要求提供资料预结外部协作成本，保证成本不跨期确认，提高财务报表信息的准确性

（五）管理表格

表 7-25　外部协作合同付款审批单

外部协作合同信息			
经办部门		填写日期	
合同名称			
合同号		对方单位名称	
合同额（元）		合同类别	
付费类别		已支付金额（元）	
是否垫支		委托业主支付 / 扣留款项	
垫支申请单		已付款次数	
本次申请支付金额（元）		本次实际支付金额（元）	

续表

本次实际支付金额大写		已支付比例（%）	
含本次累计实际支付金额（元）		含本次累计实际支付比例（%）	
含本次申请累计支付金额（元）		含本次申请累计支付比例（%）	
收款单位名称		收款单位账号	
收款单位开户行		财务审核日期	
主合同信息			
主合同名称			
主合同号		主合同额（元）	
外部协作合同个数		累计现金回款（元）	
累计已支付金额（所有付费合同）（元）		含本次累计支付金额（所有付费合同）（元）	
累计现金回款占主合同额比例（%）		主合同可垫支总额（元）	
主合同已使用垫支金额（元）（不含本次）		主合同已使用垫支金额（元）（含本次）	
项目经理			
事项说明			
签字信息			
经办人			
项目经理			
部门负责人			
运营部门			
分管业务工作的副总经理			
分管财务工作的副总经理			
总经理			
财务付款			

三、人工成本管理

（一）管理基础

1. 概念

人工成本是指企业在一定时期内，在生产、经营和提供劳务活动中因使用劳动力而支付的所有直接费用和间接费用的总和。

2. 分类

表 7-26　人工成本分类

序号	分类	说明
1	工资薪金	指公司为获得员工提供的服务而支付的薪酬，包括基本工资、绩效工资以及各项奖励支出等
2	社会保险费	包括养老保险、失业保险、医疗保险、工伤保险、生育保险等
3	职工福利费	指用于职工各类集体福利性支出
4	住房公积金	公司及员工个人缴存的长期住房储金
5	其他人工成本	其他为员工支付和负担的款项

（二）管理要点

表 7-27　人工成本管理要点

序号	管理要点	说明
1	规范薪酬体系	公司应建立规范的薪酬规划及核算体系，对各类岗位薪酬核算进行明确规定
2	执行工资预算	按上级部门工资总额预算编制工资总额计划，对员工薪资的发放进行归口管理，按工资总额预算控制工资发放
3	强化审核流程	工资发放前应对发放数进行复核，实际工资发放数应与核定数一致
4	完善绩效管理	完善绩效考核机制，薪酬体系应与生产经营活动挂钩，促进公司经营效率提升
5	谨防信息泄露	工资信息应进行严格保密，谨防员工私密信息或公司机密被泄露，影响公司信息安全

（三）管理流程

1. 人工成本支付审批流程

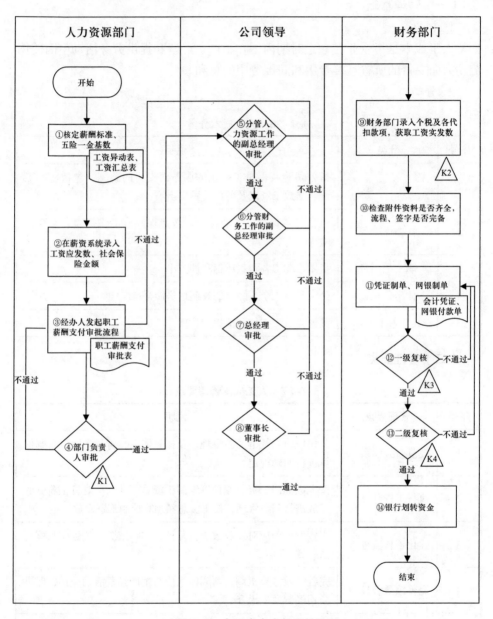

图 7-6　人工成本支付审批流程

2. 人工成本支付审批流程说明

表7-28 人工成本支付审批流程说明

编号	流程步骤	流程步骤描述	责任部门	责任岗位	控制文档	备注
①	核定薪酬标准、社会保险基数	人力资源部门根据公司制度及公司薪酬体系，核定员工薪酬标准及社会保险基数	人力资源部门	薪酬主管	工资异动表、工资汇总表	
②	录入工资应发数、社会保险金额	人力资源部门根据核定后的薪酬标准、社会保险基数在薪酬系统录入员工薪酬数据	人力资源部门	薪酬主管		
③	经办人发起工资薪金审批流程	人力资源部门经办人以本次发放工资应发数总额发起职工薪酬审批流程，并上传工资异动表、工资汇总表等审批材料	人力资源部门	薪酬主管	职工薪酬支付审批表	
④	部门负责人审批	人力资源部门负责人确认本次工资数据无误	人力资源部门	部门负责人		
⑤	分管人力资源工作的副总经理审批	分管人力资源工作的副总经理审批本次薪资发放事项	分管人力资源工作的副总经理			
⑥	分管财务工作的副总经理审批	分管财务工作的副总经理审批本次薪资发放事项	分管财务工作的副总经理			
⑦	总经理审批	总经理审批本次薪资发放事项	总经理			
⑧	董事长审批	董事长审批本次薪资发放事项	董事长			

续表

编号	流程步骤	流程步骤描述	责任部门	责任岗位	控制文档	备注
⑨	财务部门录入个税及各代扣款项，获取工资实发数	薪酬会计录入个税专项附加及各代扣款项等，检查个人所得税累计算税数据及算税公式无误	财务部门	会计		
⑩	检查附件资料是否齐全，流程、签字是否完整	薪酬会计检查人力资源部门提交的审批单、明细表等是否齐全，流程及签字是否完整	财务部门	会计		
⑪	凭证、网银制单	会计根据人力资源部门提供的工资明细表分部门和科目核算成本，制作会计凭证、出纳制作网银付款单	财务部门	会计、出纳	会计凭证、网银付款单	
⑫	一级复核	复核会计凭证、复核审批流程、审批单、明细表等资料中工资应发数是否一致、复核网银付款单	财务部门	主管会计		
⑬	二级复核	复核会计凭证、复核审批流程、审批单、明细表等资料中工资应发数是否一致、复核网银付款单	财务部门	部门负责人		
⑭	银行划转资金	银行系统划转资金，确认银行回单	财务部门	出纳		

3. 人工成本支付审批流程关键控制点风险控制矩阵

表7-29　人工成本支付审批流程关键控制点风险控制矩阵

控制编号	关键控制点	风险描述	控制措施	主控部门	主控岗位	控制文档
K1	人力资源部门审核	①各经营生产部门申报的薪酬数据不符合公司薪酬制度的风险 ②项目绩效工资超付风险	①人力资源部门上收各部门工资表后核对各员工薪酬数据，不符合薪酬标准的数据不予通过 ②结合全年累计应发工资额防止工资超付 ③薪资系统只开放应发数和社保险数据只给人力资源部门开放录入和修改权限	人力资源部门	部门负责人	职工薪酬支付审批表
K2	财务部门录入各项税及个人个税扣款，获取实取工资实发数	录入专项附加扣除数据或代扣数据不准确，算税公式不正确，导致员工实发数错误的风险	①每月发放基本工资前，从税局系统更新下载员工专项附加扣除数据，以税务局数据录入系统，并核对总数 ②每次发放工资检查算税公式，并抽样检查员工累计应纳税所得额、累计已纳税额等全年累计数据是否无误	财务部门	会计	
K3	一级复核	①审批流程金额与会计凭证金额不一致，导致超发或漏发的风险 ②会计凭证科目或成本部门错误的风险 ③网银付款单金额录入错误的风险	①核对人力资源部门职工薪酬支付表审批金额与薪酬系统、会计凭证中应发数是否一致 ②核对会计凭证科目与成本部门 ③核对网银付款单中实发数是否一致计凭证付款单金额是否一致	财务部门	会计主管	
K4	二级复核	①审批流程金额与会计凭证金额不一致，导致超发或漏发的风险 ②会计凭证科目或成本部门错误的风险 ③网银付款单金额录入错误的风险	①核对人力资源部门职工薪酬支付表审批金额与薪酬系统、会计凭证中应发数是否一致 ②核对会计凭证科目与成本部门 ③核对网银付款单中实发数是否一致计凭证付款单金额是否一致	财务部门	部门负责人	

（四）管理技巧

1. 实行人工成本预算管理

表 7-30　人工成本预算管理技巧

序号	技巧要点	具体内容
1	编制成本预算	每年各部门编制下年度部门和综合预算，涉及人工成本部分统一报请人力资源部门归口管理，人工成本预算编制应有明确清晰的规则，对比往年发生较大的成本增量均需要有合理的依据，预算总量与增量均按预算编制流程审批
2	执行成本预算	部门预算经过各环节审批后，各部门人工成本支出严格按照预算执行
3	检查执行情况	相关管理部门按照各自职能职责，落实管理责任，严格把控部门预算、项目预算、工资总额控制等关键环节及重要节点，定期检查与跟踪控制，执行率偏差过大需及时纠偏，避免工资超预算支付

2. 明确人工成本核算科目

表 7-31　人工成本核算科目管理技巧

序号	技巧要点	具体内容
1	规范核算体系	人工成本包括工资、社会保险费用、福利费、教育经费等，公司应该在科目体系建立上考虑不同类别的人工成本的核算科目，避免后期核算及统计发生混乱
2	分析成本数据	各明细科目的核算内容应有明确、清晰的指引，且应保持一贯性，便于人工成本各项指标分析

3. 自动化人工成本计提

表 7-32　自动化人工成本计提管理技巧

序号	技巧要点	具体内容
1	连通业财数据	在项目绩效工资核算上，业务系统薪资模块可以根据项目预算和收入、回款情况确定当年的可分配绩效工资，由项目经理向下分配给各专业负责人，专业负责人再向下分给各生产人员。分配结束后，业务系统将部门、项目、薪资数据等信息传递给财务系统

续表

序号	技巧要点	具体内容
2	高效确认成本	财务系统需要与业务系统薪资模块对接，根据薪资系统传递的人工成本数据，按照项目和部门分类汇总，自动生成人工成本确认的凭证模板，核算至项目与部门层级

4. 人工成本支付流程审核要点

表 7-33　人工成本支付流程审核要点

序号	审核项目	具体内容
1	工资应发数	工资薪金事项审批需按权限审批同意。财务部门审核人力资源部门提供的工资明细表应发数与审批流程是否一致，审批流程结束后不允许变更金额，不得调增
2	社会保险基数及个人所得税公式	社会保险基数由人力资源部门核定，财务部门审核社会保险个人部分扣除数据及个人所得税计算金额
3	成本核算及网银付款	财务部门按照人力资源部门提供的人工成本明细表，分项目及部门核算公司人工成本，出纳录入网银信息，经过两级付款审核后发放工资

5. 公积金管理、个人所得税申报要点

（1）公积金管理要点。

表 7-34　公积金管理要点

序号	技巧要点	具体内容
1	开通网上业务	企业应开通公积金网上业务，以便实时查看员工账户信息、办理公积金业务
2	核对汇缴数据	每月缴纳公积金时，应确认实际汇缴数与人力资源部门提供的人工成本明细表一致
3	按期年度自查	每年至少全面清查员工账户信息一次（建议在每年调整公积金基数时），核对员工账户姓名、身份证号、基数及账户状态是否正确，自查是否有错误操作

（2）个人所得税申报要点。

表 7-35　个人所得税申报要点

序号	技巧要点	具体内容
1	加强政策宣贯	财务部门需对税务局出台的各项个人所得税政策及时掌握，涉及个税优惠的政策需向公司员工宣贯
2	完善涉税服务	财务部门需对公司员工提供部分涉税咨询服务，如年末年初指导公司员工填报专项附加扣除信息，帮助员工合理利用政策优惠；提醒和指导员工及时办理年度综合所得汇算清缴；帮助查询员工各申报期个税申报数据等

四、期间费用管理

（一）管理基础

1. 概念

期间费用指企业为组织和管理企业生产经营、筹集生产经营所需资金以及销售商品等而发生的各项费用。期间费用应在发生当期直接计入损益，并在利润表中分项目列示，包括管理费用、财务费用和销售费用等。

2. 特征

表 7-36　期间费用特征

序号	特征	内容
1	与产品生产的关系	期间费用的发生是为产品生产提供正常的条件和进行管理的需要，而与产品的生产本身并不直接相关
2	与会计期间的关系	期间费用只与费用发生的当期有关，不影响或不分摊到其他会计期间
3	与会计报表的关系	期间费用直接列入当期损益表，扣除当期损益。期间费用由于它不能提供明确的未来收益，按照谨慎性原则，在这些费用发生时采用立即确认的办法处理

3. 分类

表 7-37　期间费用分类

序号	类别	内容
1	差旅费	差旅费是指公司员工因公到常驻地以外地区出差所发生的城市间交通费、住宿费、伙食补助费和市内交通费

续表

序号	类别	内容
2	职工教育经费	主要用于公司统一组织职工培训、学习交流等活动以及部门自行组织的相关学习培训，包括培训期间的住宿费、伙食费、培训场地费、讲课费、培训资料费、交通费和其他费用
3	车辆使用费	指公车的保险费、油料费、修理及配件费、停车费、路桥费、洗车费、年检换证费等
4	交通运输费	指市内交通费开支，包含员工外出办事的士票、地铁票、租车费等
5	办公费	指为满足公司办公条件和工作便利，办公用品购置费、办公设备耗材、文件资料印刷装订费、饮用水、茶叶等费用
6	资料费	指各部门购买的图书、报纸杂志、规范、规程、手册、标准图等
7	业务招待费	指公司为生产、经营业务的合理需要而支付的招待费用
8	会务费	主要指公司承办的各类大型会议发生的相关费用，包括会议期间的住宿费、伙食费、会议室租金、会议统一组织的代表考察、调研等发生的交通支出、文件印刷费、医药费等
9	邮电通信费	指电话费、邮寄费、上网费、传真费、专用通信通道租赁费等
10	广告宣传费	指公司形象宣传、参加会展、贯标、简报编印等生产管理活动的宣传用品、宣传资料、标语横幅制作、宣传设施租赁等费用
11	中介机构服务费	指公司支付给社会中介机构的各种费用，包括咨询服务费、审计费、评估费、法律事务费等
12	修理费	主要指办公房屋、电梯、空调系统等维修发生的费用
13	劳务费	指外部聘请临时劳务人员支付的费用（如安装设备、搬运资料、搬运家具等）

续表

序号	类别	内容
14	租赁费	指公司租入各类管理用资产而支付的租金，包括办公用房租赁费、生活用房租赁费、车辆租赁费等
15	团体（协会）会费	指公司参加各类社会团体、理事会缴纳的会费（会员费、理事费）等
16	三会费用（股东会、董事会、监事会）	指公司股东大会、董事会、监事会及其成员为执行职能而发生的各项费用，包括会议费、差旅费、业务招待费、办公费、培训费、董事津贴等
17	专家评审费	因项目需要，邀请外单位专家参加的专项审查会、专题咨询会等会议发生的相关费用
18	标书、招标代理费	在投标过程中购买标书的费用，以及中标后向招标代理机构支付项目招标代理过程中所产生的费用
19	财务费用	公司为筹集资金等而发生的费用，包括银行借款的利息支出、汇兑损益、担保费用、承兑汇票贴现息、发行债券的利息和发行费用等

（二）管理要点

表 7-38　期间费用管理要点

序号	管理要点	说明
1	管理原则	预算管理原则：所有费用必须纳入全面预算管理，各部门应当合理安排预算支出，预算内开支按程序办理，预算不足的按预算管理办法规定程序追加或调整预算，预算外开支原则上不予受理
		分级归口原则：根据费用性质，实行归口管理、分级负责办法，各部门负责人对所在部门发生的费用在授权层级内负有责任，对费用的合理性、真实性、必要性进行审核确认
		先申请、后使用原则：费用开支和报销遵循"先申报、审批，后支出、报销"的原则，费用报销需及时，避免开支的随意性，保证财务信息的准确性和及时性
		厉行节约原则：根据不同部门和费用类型，设置报销标准和审批流程，减少不必要的开支，确保费用的合理性和必要性，杜绝铺张浪费

续表

序号	管理要点	说明
2	审批原则	费用报销应经过业务审批和财务审批两道程序，各部门负责人对其所在部门发生的财务开支业务事项及费用的真实性、必要性、合规性、合法性进行审核确认并负责，具体经办人对其提供的票据真伪承担责任。财务部门对所有财务开支事项，从财经法规、预算管理、原始凭证的完整性、正确性、合规性、合法性等方面进行审核确认并负责
3	填单要求	费用报销单填写完整，主要包含填写日期、部门、姓名、项目名称、项目设计号、合计数、大写金额（大写金额与小写金额必须相等），报销单底联需填写报销总金额和单据总张数
		发票的日期、抬头、金额记载内容均不得涂改、挖补或记录错误，如有涂改、挖补或记录错误的，应当由出具单位重开
4	发票要求	票据报销的有效期 各项票据原则上须在自开票日期起三个月内报销，超过规定时间的须经过特殊审批
		票据类型的审核 办公用品、文印费、电脑、电脑配件及耗材、分包、会务费、大额采购等原则上须提供增值税专用发票
5	附件要求	招待费：如接待审批单（重点关注接待时间、接待事由、人均标准）、菜单等 办公费：如税务系统打印的费用明细清单（销货清单）等 快递费：如快递明细清单等 会务费：如预算审批表、会议通知、参会人员签到表、会议结算清单等 专家评审费：如会议通知、专家签到表、评审结果、个税计算表等 培训费：如培训通知、参加人员签到表、费用明细清单、合同等 其他费用附件要求根据各公司实际情况进行要求

（三）管理流程

1. 期间费用报销流程

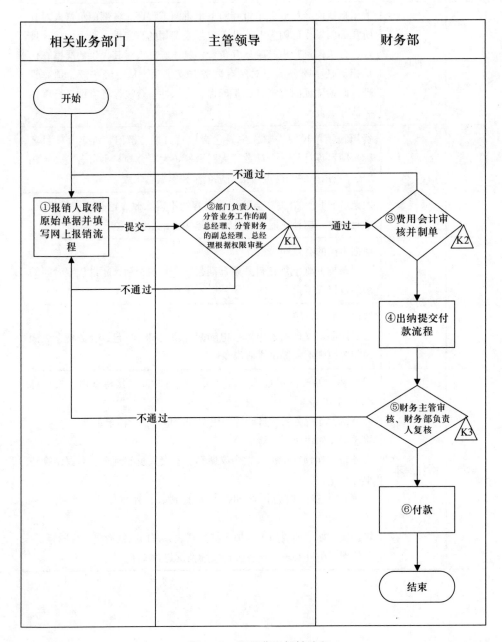

图 7-7　期间费用报销流程

2. 期间费用报销管理流程说明

表 7-39 期间费用报销管理流程说明

编号	流程步骤	流程步骤描述	责任部门	责任岗位	控制文档	备注
①	申请	报销人填写网上报销流程并粘贴票据填写粘贴单信息。出差发生的费用填写"差旅费报销单"流程，接待发生的费用填写"招待费报销单"流程，其他一般费用（例如：办公费、文印制作费、快递费、市内交通费等）填写"一般报销单"流程	各部门	报销人员	网上报销申请流程	
②	审批	网上报销流程经部门负责人、分管业务工作副总经理、分管财务工作的副总经理及总经理按权限审批	各部门	部门负责人、分管业务工作副总经理、分管财务工作的副总经理、总经理	网上报销流程审批	
③	审核	审批通过后，报销人将报销单提交给财务部门的核算会计审核并编制记账凭证	财务部	核算会计岗	会计凭证	
④	提交付款流程	核算会计将会计凭证提交给出纳，出纳制单提交付款流程	财务部	出纳		
⑤	复核	资金主管、财务部负责人一级 / 二级复核	财务部	资金主管、部门负责人		
⑥	付款	复核通过后付款	财务部	资金主管、部门负责人	银行回单	

3. 期间费用报销管理关键控制点风险控制矩阵

表7-40 期间费用报销管理关键控制点风险控制矩阵

控制编号	关键控制点	风险描述	控制措施	主控部门	主控岗位	控制文档
K1	审批	由于报销事项与事实不符或不合规造成虚假报销	每笔经济业务的发生和核销，应经过业务审批和财务审批两道程序，各部门负责人对其所在部门发生的财务开支业务及费用的真实性、必要性、合规性、合法性进行审核确认并负责，具体经办人对其提供的票据真实性等承担责任	各部门	部门负责人、分管业务工作的副总经理、分管财务工作的副总经理、总经理	费用发票费用报销单接待审批单等相关附件审批记录审核记录
K2	审核	由于审核不严，接收虚假发票、金额被涂改的票据、领导审批手续不全的票据，造成公司损失	财务部门对所有财务开支事项，从财经法规、预算管理、原始凭证的完整性、合规性、正确性等方面进行审核确认并负责	财务部	会计核算岗	
K3	复核	全盘复核报销事项的合规性、票据合法性、数据真实性、流程规范性，以免造成公司资金损失	财务部门对所有财务开支事项，从财经法规、预算管理、原始凭证的完整性、合规性、正确性等方面进行审核确认并负责	财务部	资金主管、部门负责人	

（四）管理技巧

推广网上报销系统，通过健全的财务制度，将制度流程化，流程信息化，将期间费用管理中关键控制点嵌入系统进行管控。

表 7-41 报销系统管理技巧

序号	管理技巧	系统控制
1	无预算不开支	网上报销系统与项目预算编制系统关联，如报销相关项目的费用时，系统自动校验该项目是否编制了预算，如果没有编制不能提交报销单
2	报销先抵借款	网上报销系统与备用金系统关联，如报销人名下有备用金，系统自动冲抵备用金
3	事前审批控制	相关费用报销需事前审批，如招待费需提交事前审批单，当费用类别为招待费时，系统控制必须提交事前审批单
4	重复发票校验	增加电子发票的发票号等字段，校验发票是否重复报销
5	凭证自动生成	根据会计凭证要素，与报销单字段建立对照关系表，通过网上报销系统与财务系统进行对接，自动生成会计凭证。字段对照示例如下： ① 会计科目：网上报销系统中的费用类别与会计科目建立对照关系表，自动传入财务系统 ② 辅助核算：网上报销系统中的部门名称、项目名称等，自动传入财务系统，形成辅助核算 ③ 摘要：网上报销系统中的部门名称、项目名称、报销人等字段，通过组合形成摘要，自动传入财务系统 ④ 金额：网上报销系统中设置税金、不含税金额、冲抵借款金额、应付款金额，分别对应不同的科目（税金对应应交税金，冲抵借款金额对应其他应收款，应付款金额对应银行存款等），自动传入财务系统 ⑤ 附件张数：网上报销系统中设置附件张数字段，自动传入财务系统 ⑥ 其他字段根据要求设置
6	银企直连付款	在网上报销系统中设置收款单位、收款人、收款账户等信息，审核通过后，自动传入银行系统批量付款
7	报销信用管理	根据报销审核出现的问题，对报销人信用进行评级 如信用高，可以先付款后抽查审核；如信用低，先审核后付款，甚至可进行一定的罚款

（五）管理表格

表 7-42　招待费报销样表

<u>×××公司招待费报销单</u>

报销单编号　　　　　　　　　填写日期：　　　　　年　月　日　　　附件　张

部　门		冲借款	付款对象				事　由	项目设计号			项目经理制
报　销　人											
前期立项	立项号						项目名称				
项目	金额	财务审核金额					备注				领导签字栏
								部门负责人			
								公司分管业务工作副总经理			
								公司分管财务工作副总经理			
								公司主要领导			
合计							金额（大写）				
冲借款审核金额							应付金额				

财务审核人：　　　　　　经办人：　　　　　　项目经理：　　　　　　收款人：

表 7-43 一般费用报销样表

×××公司一般费用报销单

报销单编号：　　　　　　填写日期：　年　月　日　　　附件　张

部　门		冲借款				项目经理制
报　销　人		付款对象	事　由	项目设计号		领导签字栏
前期立项		立项号		项目名称		
项目	金额	财务审核金额		备注		部门负责人
						公司分管业务工作副总经理
						公司分管财务工作副总经理
						公司主要领导
合计		金额（大写）			应付金额	
冲借款金额		抵扣进项税金 3%			抵扣进项税金 9%	
旅客运输电子普通发票税金						

财务审核人：　　　　项目经理：　　　　经办人：　　　　报销人：　　　　收款人：

表 7-44　差旅费报销样表

×××公司差旅费报销单

单据编号：　　　　　　　　　　　　　　　　　填写日期：　　年　　月　　日　　　　　附件　　张

部　门		冲借款		出差事由										项目经理制			其他	
出差人		立项号		项目设计号														
前期立项				项目名称														
起讫日期及地点					机票费	铁路火车费	客车费	住宿费	伙食补助									
开始时间	结束时间	地点							人数	天数	补贴标准	金额	项目	金额		项目	金额	

| 小　计 | | | | | | | | | | | | | | | | | | |

总计金额：（大写）　　　　　　　　　　　　　　　　　　　　　　应付金额　　　　　　　¥

冲借款金额																		
其中民航发展基金金额			抵扣进项税 3%							抵扣进项税 9%								
旅客运输电子普票税金			增值税专票税金							不含税金额（元）								

备注

部门负责人：　　　　　　　经办人：　　　　　　分管业务工作副总经理：　　　　　分管财务工作副总经理：　　　　　财务审核：

公司主要领导：　　　　　　　　　　　　　　　项目经理：　　　　　　　　　　　收款人：　　　　　　　　报销人：

第八章　税务管理

【内容提要】

纳税申填必紧盯，
收据管理每张清。
税额筹划窍门妙，
金税三期称赞声。

【本章导航】

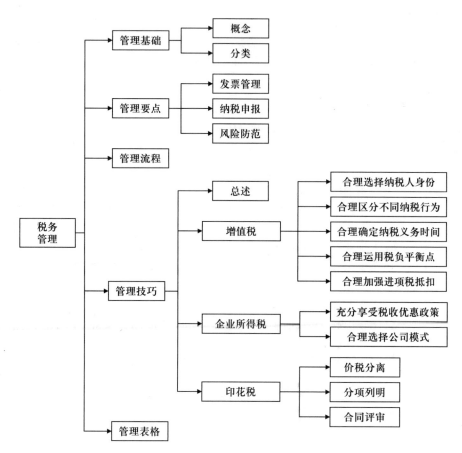

一、管理基础

（一）概念

企业税务管理是企业对其涉税业务所实施的研究分析、计划筹划、处理监控、协调沟通、预测报告的全过程管理，主要包括税务基础信息管理、税务计划管理、纳税实务管理、税务行政管理等。

（二）分类

表 8-1　企业税务管理的内容

序号	要点	主要内容
1	税务基础信息管理	企业内部税务信息收集。企业内部（含各级分子公司）基本税务信息，如纳税人识别号、主管税务机关、是否为一般纳税人、享受的税收优惠政策、纳税信用评级等
		企业外部税务信息管理工作，包括政策的收集、整理、分析、学习培训
2	税务计划管理	企业税务筹划。税务筹划是纳税人在遵守国家法律及税收法规的前提下，在多种纳税方案中，做出选择税收利益最大化方案的决策。企业税务筹划具有合法性、事前性、目的性等特点
		企业重大项目的税负测算
		企业纳税方案的选择和优化
		企业税负成本的分析和控制
3	纳税实务管理	发票管理。发票是指一切单位和个人在购销商品、提供或接受服务以及从事其他经营活动中，所开具和收取的业务凭证，是会计核算的原始依据，也是审计机关、税务机关执法检查的重要依据。为促进企业依法合规使用发票，避免企业经济利益受损及潜在税务风险，企业应对发票购买、发票开具、发票保管、发票作废、发票归档等业务进行系统规范和管理
		企业税务登记、纳税申报、税款缴纳、税收减免申报、延期纳税申报等。其中，纳税申报是指纳税人、扣缴义务人在发生法定纳税义务后，按照税法或税务机关相关行政法规所规定的内容，在申报期限内，以书面形式向主管税务机关提交有关纳税事项及应缴税款的法律行为
		其他管理，如税务会计处理；企业签订合同之前，应对税务相关条款进行审核等
4	税务行政管理	税务证照保管、税务检查应对、税务咨询等

本章主要从发票管理、纳税申报、税收筹划三个切入点来阐述企业税务管理的要点及技巧。

二、管理要点

（一）发票管理

表 8-2　发票管理要点

序号	管理环节	管理要点
1	发票分类	增值税专用发票 增值税纳税人销售货物或者提供应税劳务开具的发票，是购买方支付增值税额并可按照增值税有关规定据以抵扣增值税进项税额的凭证
		增值税普通发票 增值税纳税人销售货物或者提供应税劳务、服务时，通过增值税税控系统开具的普通发票
		机动车销售统一发票 凡从事机动车零售业务的单位和个人，从 2006 年 8 月 1 日起，在销售机动车（不包括销售旧机动车）收取款项时开具的发票
		二手车销售统一发票 二手车经销企业、经纪机构和拍卖企业，在销售、中介和拍卖二手车收取款项时，通过开票软件开具的发票
2	发票领购	当发票库存不足时，办税人员应及时去税务局领购发票
		纳税人根据企业纳税信用评级情况，可以申请一次领取特定数量的增值税发票
3	发票开具	发票开具前，应当评估合同价款的可回收性，在确认合同甲方有明确的付款意图后，方可申请开具发票
		发票开具需要的附件资料：合同、已到收款节点的证明资料（合同甲方已支付款项的证明、甲方确认的完工进度确认单、甲方已盖章的申请开发票函件、政府批文、施工图合格证、竣工验收资料等）、合同甲方的开票信息
		企业可以将开票程序制作成"二维码"，开票申请人通过使用"扫码开票"功能，自行录入开票信息并自动上传到开票软件，快速准确地开具发票
		发票开具应重点审核发票类型、纳税人名称、纳税人识别号等纳税人信息是否与合同一致，并审核开票内容、开票金额以及开票备注的准确性
		提供建筑服务，纳税人自行开具增值税发票时，应在发票的备注栏中注明建筑服务发生地县（市、区）名称及项目名称

序号	管理环节	管理要点
4	发票登记	对于发票开具较为频繁的企业，应使用发票管理信息系统进行信息化全流程的管理。发票开具后，财务经办人在发票管理信息系统中登记，包括开票时间、发票号码、发票金额、税率、税额等相关信息
		对工程预收款开具不征税发票时，应建立不征税发票专用台账，同时登记是否重新开具征税发票
		发票开具之日起××日内未全额到款的，业务经办人应上传发票签收单并将原件保留存档。发票签收单要求合同甲方签字或盖章，并注明签收人的联系电话
		业务经办人应根据实际需要对发票联、抵扣联进行扫描存档，方便与合同甲方对账等事宜
5	发票保管	除国务院税务主管部门规定的特殊情形外，不得跨规定使用区域携带、邮寄、运输空白发票
		财务部门应按照税务机关的规定妥善存放和保管发票（含空白发票、作废发票、红字发票、被红字发票等），不得擅自毁损。发票遗失的管理要点见表8-3
6	发票作废	当发生购买方开票信息变更、发票信息填写错误、销售退回等情形时，业务部门经办人可申请发票作废，经财务部门经办人审批后方可作废或冲红。发票作废、冲红的条件、要求、需提交的资料见表8-4
7	发票入账	财务人员应及时对发票进行账务处理
8	发票对账	财务部门应定期统计已开票未到账发票情况，并及时通知各业务部门进行确认

表8-3　发票遗失的管理要点

序号	情形	管理要点
1	遗失增值税专用发票"发票联""抵扣联"	同时遗失"发票联""抵扣联" 购买方可取得销售方发票"记账联"复印件，并加盖发票专用章，作为记账凭证、退税凭证或抵扣凭证
		遗失"发票联"或"抵扣联" ①遗失"发票联"，可用"抵扣联"复印件作为记账凭证 ②遗失"抵扣联"，可用"发票联"复印件作为退税凭证或抵扣凭证
2	遗失增值税专用发票"记账联"	一般情况下，可以用"发票联"或"抵扣联"复印件作为记账凭证，也可直接在开票系统里重新打印一张发票记账

续表

序号	情形	管理要点
3	遗失普通发票"记账联"	一般情况下,可以用"发票联"复印件作为记账凭证,也可直接在开票系统里重新打印一张发票记账
4	遗失普通发票"发票联"	要取得销售方加盖公章证明且注明原来凭证号码、金额、摘要等,由经办单位会计机构负责人、会计主管、单位领导审批后作为原始凭证
5	遗失空白发票	应当于发现遗失当日书面报告税务机关,填报《发票挂失/损毁报告表》
		风险提示:遗失发票或者擅自损毁发票的,由税务机关责令改正,可以处1万元以下的罚款;情节严重的,处1万元以上3万元以下的罚款;有违法所得的予以没收

表8-4 发票作废、冲红的条件、要求、需提交的资料

序号	管理要点	说明
1	条件	发票信息填写错误,如公司名称、纳税人识别号、银行账号等信息开错
		发生结算金额变更、项目中止等情形
2	要求	当月开具的发票申请作废时,需同时将发票联、抵扣联全部联次退回开票方,方可作废
		跨月开具发票申请冲红时 ① 受票方已抵扣,或者虽未抵扣但无法退回发票联和抵扣联的,由受票方申请红字信息表后开票方方可冲红,开具的负数发票需受票方签收 ② 受票方未抵扣的,开票方将发票联及抵扣联收回后,方可冲红
3	提交的资料	发生合同结算金额变更、项目中止等情形,需提交合同双方签章认可的补充协议、中止协议、情况说明等资料

(二)纳税申报

表8-5 纳税申报管理要点

序号	管理要点	说明
1	申报范围	新成立公司应先联系主管税务机关进行税种核定,按核定的税种申报缴纳税款(注意申报期限,区分是按月、按季还是按次),一般包括增值税及附加税、个人所得税、企业所得税、印花税等

续表

序号	管理要点	说明
2	增值税申报	根据现行增值税征收管理规定，增值税纳税申报表主要包括：增值税纳税申报表主表、增值税纳税申报表附列资料（一）（本期销售情况明细）、增值税纳税申报表附列资料（二）（本期进项税额明细）、增值税纳税申报表附列资料（三）（服务、不动产和无形资产扣除项目明细）、增值税纳税申报表附列资料（四）（税额抵减情况表）、增值税减免税申报明细表。在实际纳税申报时，通常按以下顺序填写申报表：本期销售情况明细、服务、不动产和无形资产扣除项目明细、增值税减免税申报明细表、本期进项税额明细、税额抵减情况表，最后会自动生成增值税纳税申报表
		本期销售情况明细填报要点：在填写本表前，可先在 Excel 中自制本期销售情况项目明细表，然后根据项目及税率将销售情况填至本表的正确位置
		服务、不动产和无形资产扣除项目明细填报要点：针对勘察设计行业，一般纳税人为甲供工程提供建筑服务且选择适用简易计税方法时，可以取得的全部价款和价外费用扣除支付的分包款后的余额为销售额，按照 3% 的征收率计算应纳税额。此种情况下，应该根据当期实际取得的 3% 征收率的发票，填写本表第六行的"应税服务扣除项目"的本期发生额和本期实际扣除金额。若纳税申报人员当期漏填这两项金额，会使企业多缴增值税税款，给企业造成资金流失
		增值税减免税申报明细表填报要点：根据《财政部国家税务总局关于增值税税控系统专用设备和技术维护费用抵减增值税税额有关政策的通知》（财税〔2012〕15 号），购置增值税税控系统专用设备和接受技术维护服务取得的增值税普票，可按含税销售额全额填写本表第 2 列、第 3 列和第 4 列
		本期进项税额明细填报要点：该表第一栏认证相符的增值税专用发票可从增值税发票综合服务平台的认证系统自动传入，纳税申报人员填写该表时核实即可，另外需要根据应交增值税科目余额表的计算抵扣进项税额和国内旅客运输电子普票进项税额的借方发生额，填写第 10 栏本期用于抵扣的旅客运输服务扣税凭证
		税额抵减情况表填报要点：根据《纳税人跨县（市、区）提供建筑服务增值税征收管理暂行办法》（国家税务总局公告 2016 年第 17 号印发），纳税人跨县（市、区）提供建筑服务，需向建筑服务发生地主管税务机关预缴增值税，在机构所在地主管税务机关申报增值税时可予以抵减。建筑服务预缴增值税款填写本表第三行的本期发生额和本期实际抵减税额
		增值税纳税申报表（主表）填报要点：主表系自动生成，纳税人在填完其他申报表后，检查该表，比较是否与之前计算出来的税额相等即可

续表

序号	管理要点	说明
3	企业所得税申报	每季（月）度预缴申报 ① 符合条件的居民企业之间的股息、红利等权益性投资收益免税，申报时要纳税调减 ② 认定为高新技术企业时，按 15% 税率申报 ③ 根据《财政部　税务总局关于进一步完善研发费用税前加计扣除政策的公告》（财政部　税务总局公告 2021 年第 13 号），企业预缴申报当年第三季度（按季预缴）或 9 月（按月预缴）企业所得税时，可以自行选择就当年上半年研发费用享受加计扣除优惠政策，采取"自行判别、申报享受、相关资料留存备查"办理方式。企业在预缴申报当年第三季度（按季预缴）或 9 月（按月预缴）企业所得税时，可以选择享受研发费用加计扣除政策，为企业节约现金流，同时避免未享受研发费用加计扣除政策导致汇算清缴时产生退税
		每年度汇算清缴 ① 符合条件的研发费用要加计扣除 ② 职工教育经费支出，不超过工资薪金总额一定比例的部分，在计算企业所得税应纳税所得额时扣除 ③ 工会经费，不超过工资薪金总额 2% 的部分，在计算企业所得税应纳税所得额时扣除 ④ 企业发生的与生产经营活动有关的业务招待费支出，按照发生额的 60% 扣除，但最高不得超过当年销售（营业）收入的 5‰，申报时要纳税调整
4	印花税申报	税务会计应对公司所订立的合同登记合同归档日期、合同号、合同名称、合同金额、合同类型、是否属于应税合同、应税合同种类、计税依据、税率、印花税税金等，进而生成印花税应纳税合同登记簿

（三）企业税务管理风险防范

表 8-6　企业税务管理的风险

序号	要点	主要内容
1	发票管理风险	"金税三期"实施后，所有发票数据集中管理，通过稽核比对，企业一旦开具了虚假发票或者取得了虚开发票，都将被系统发现并预警。一旦一方出现违法行为，另一方企业必将面临发票管理风险，可能遭受税务行政处罚，甚至刑事处罚
2	纳税申报风险	"金税三期"基本实现了企业涉税流程的线上化管理，通过比对企业各项申报数据发掘数据异常，使企业纳税申报风险增加。 ① 增值税与发票数据比对。企业当期开具开票、认证发票与申报数据不一致时，系统会自动预警，导致企业税盘被锁，无法开票，影响企业正常经营

序号	要点	主要内容
2	纳税申报风险	② 企业所得税与报表数据比对。企业申报企业所得税时利润数据与报表数据不一致，利润率与同行业水平相差巨大时，可能被税务局列为重点稽查对象 ③ 增值税收入与所得税收入数据比对。对于已完工尚未结算的项目，未开票的项目，预估收入的项目，境外免税、零税率的项目，增值税纳税义务发生时间点与财务报表确认收入时间点不一致的项目，都会产生一定的纳税申报风险 ④ 个人所得税申报与报表数据比对。税务系统会比对个人所得税申报数据与企业报表数据、企业人数。当个人所得税申报过程中出现申报错误提示时［如人员信息有误、人员状态有误（非正常／离职）、个税申报信息有误］，税务局可以进行联动稽查，将会给企业带来税务风险 ⑤ 房产税、土地使用税与房产局信息比对。企业房源信息、土地信息必须采集完整、数据真实，房产税、土地使用税必须据实申报。企业收到业主工程款抵押的外地房产，若未及时在房产所在地申报缴纳税款，将产生滞纳金及罚款
3	征管稽查风险	企业信用评级风险 对于勘察设计企业而言，跨区建安项目办理了临时税务登记，未及时清理注销，被"录入"到"金税三期"系统中，对公司税务评级产生影响，进而影响企业生产经营。企业财务需提供大量证明资料才将信用评级调整正常 税务稽查风险 在大数据分析技术的快速发展环境下，"金税三期"所汇集的数据，为税务机关进行征管排查提供了有力的信息支撑与保障。如"金税三期"将自动对收入变化异常、税款申报异常、发票缴销异常的企业进行识别预警，这时税务局会要求企业对异常情况进行说明，如果理由陈述不充分或虚假，企业将被认定为税务检查或稽查的重点企业，使得企业面临的征管稽查环境更加严格

企业可以通过加强税务基础管理来防范税务风险。例如：

（1）通过信息系统对企业基础税务数据进行数字化整理，如企业（含分子公司）基本税务信息、信用评级、跨区域事项报告、预缴税款、临时户、外地房产信息、房产出租信息等，减少因办税人员遗忘、失误等原因造成的重复缴纳、错误缴纳、少缴纳等问题，降低企业涉税风险。

（2）重视对税务资料的档案化管理。对税款申报、减免备案等工作做到留痕处理，对税务资料进行电子化和纸质化双重归档，以应对税务检查。对于增值税收入口径与企业所得税口径不一致情况的，做好统计说明；对于涉及预计合同收入变化的，提供完整详细的变更资料；对于已完工尚未结算的项目，积极催收款项。

三、管理流程

（一）发票管理流程

1. 流程

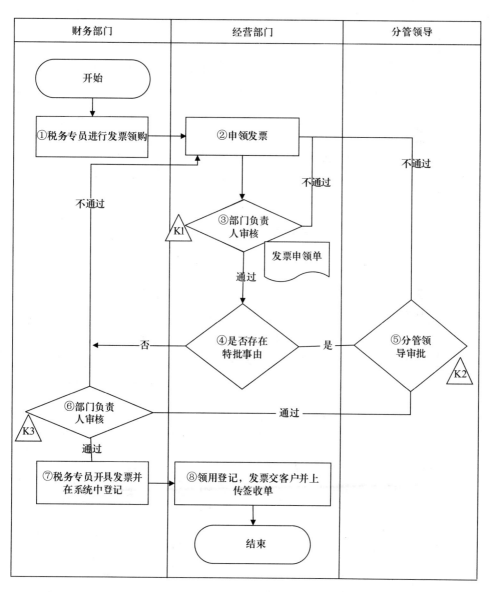

图 8-1 发票管理流程

2. 流程说明

表 8-7 发票管理流程说明

编号	流程步骤	流程步骤描述	责任部门	责任岗位	控制文档	备注
①	发票领购	税务专员根据业务需要领购发票	财务部门	税务专员	发票领购单	
②	申领发票	经营部门根据业务需要申领发票	经营部门	业务经办人	发票申领单	
③	经营部门负责人审核	经营部门负责人审核开票信息	经营部门	部门负责人	发票申领单	
④	是否存在特批事由	系统自动判断是否存在特批事由	财务部门	税务专员	发票申领单	
⑤	分管领导审批	分管领导审批特批事由等	分管领导		发票申领单	
⑥	财务部门负责人审核	财务部门负责人审核开票信息、特批事由	财务部门	部门负责人	发票申领单	
⑦	开具发票并在系统中登记	税务专员开具发票并在发票管理系统中登记发票信息等	财务部门	税务专员	发票登记台账	
⑧	领用登记、发票交客户并上传签收单	业务经办人领取发票并登记，发票交客户并上传发票签收单	经营部门	业务经办人	发票登记簿 发票签收单	

3. 关键控制点风险控制矩阵

表 8-8 发票管理关键控制点风险控制矩阵

控制编号	关键控制点	风险描述	控制措施	主控部门	主控岗位	控制文档
K1	审核开票信息	因不合法、不合规发票而造成公司经济利益受损及潜在税务风险	经营部门负责人、财务经办人、财务部门负责人等审核开具发票资料是否合规、数据是否准确，发票信息是否完整，"纳税人名称"与"客户名称"不一致情况说明等	经营部门	部门负责人	发票申领单
K2	审批特批事由等			分管领导		
K3	审核开票信息			财务部门	部门负责人	

（二）纳税申报流程

1. 流程

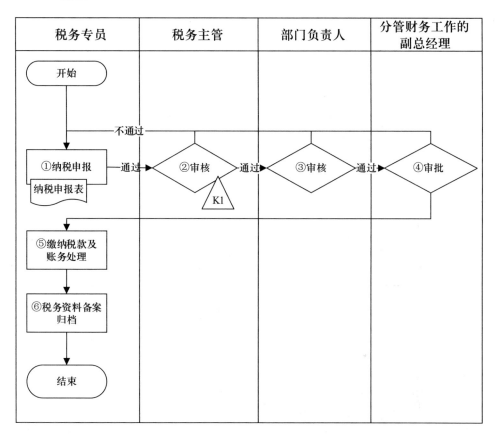

图 8-2 纳税申报流程

2. 流程说明

表 8-9 纳税申报流程说明

编号	流程步骤	流程步骤描述	责任部门	责任岗位	控制文档	备注
①	申报	税务专员进行纳税申报	财务部门	税务专员	纳税申报表	
②	审核	税务主管审核	财务部门	税务主管	事项审批单	
③	审核	部门负责人审核	财务部门	部门负责人	事项审批单	
④	审批	分管财务工作的副总经理审核	分管财务工作的副总经理		事项审批单	

续表

编号	流程步骤	流程步骤描述	责任部门	责任岗位	控制文档	备注
⑤	缴纳税款及账务处理	税务专员进行缴纳税款及账务处理	财务部门	税务专员	事项审批单	
⑥	税务资料备案归档	税务专员将纳税申报表、专项审计报告、发票抵扣联、作废及红字发票、高新技术企业减免税备案资料、研发费用加计扣除备案资料等税务资料备案归档	财务部门	税务专员	税务资料	

3. 关键控制点风险控制矩阵

表 8-10　纳税申报关键控制点风险控制矩阵

控制编号	关键控制点	风险描述	控制措施	主控部门	主控岗位	控制文档
K1	审核	由于应纳税额计算差错等可能导致多缴税款或少缴税款的风险；由于审批流程不严格，申报不及时，可能导致申报纳税不合规的风险；由于核算不正确，可能造成税金成本不能在会计报表中真实反映的风险；由于未及时了解相关税费政策，导致优惠政策没有及时享受	①纳税申报和税款缴纳按公司制度审批②建立税款台账③税务档案及时备案、归档	财务部门	税务主管	纳税申报表审批记录

四、管理技巧

　　近几年，我国税收体制发生了巨大变化，税务局采取多项举措深化放管服，企业对外面临金税三期、金税四期的严格监管。企业在享受政策红利的同时也应建立、完善税务信息系统，将税务风险管控及税收筹划的意识贯穿于业务端全过程，提高公司财税管理水平。

表 8-11　企业税务管理技巧

序号	技巧要点	具体内容
1	企业层面高度重视	勘察设计企业一般会跨地区、跨行业经营，分支机构较多、业务类型及涉税事项较为复杂，税收管理难度普遍较大。企业层面应高度重视税收风险管控及税收筹划 ① 税务管理模式应符合业务发展要求。企业的经营模式根据市场需求会时常变化，但企业税务管理通常未根据经济业务的变化及时进行调整，税务业务流程更新较慢，企业需要及时做出调整 ② 企业税务管理应由业务链后端走向前端。企业税务管理模块通常处于企业经营业务链条后端，包括发票开具、纳税申报等，都依托于经营部门签订的合同来进行管理和筹划，往往较为被动，应将企业税务管理贯穿于业务端全过程，提前谋划 ③ 企业税务管理应建立税务信息系统集成与共享。企业需要的税务信息分散在不同的业务系统、数据平台中，且企业内部各个信息系统数据格式及数据标准不一，造成各系统间的数据传递难以兼容且不能进行共享，容易造成税务风险，也使税收筹划不能发生最大限度作用 ④ 企业税务管理应注重培养兼备财务、税务管理的复合型人才。企业层面不重视税务管理，税务管理将逐渐被边缘化，企业相关财税人员专业知识水平低、能力不足，无法主动识别风险及进行税收筹划，无法对企业经营提供有价值、有参考的建议 ⑤ 企业应加强税企沟通。一方面，应针对企业税务管理中存在的新知识点、难点、模糊点等积极主动地与税务主管部门进行沟通，将政策理解透彻；另一方面，应积极响应、配合主管税务机关、税务征管部门的纳税评估、税务稽查工作
2	完善内部税务知识学习机制	设置税务专门小组，小组定期或因特定事项召开会议，发挥集体决策的优势
		制订税务人才培养计划，建立内部培养和外部培训相结合的培养机制
		建立企业自己的财税知识库。企业财务部门组织相关人员，收集国家及省市相关政策规定，定期编辑《财务政策信息汇编》。通过建立适合企业自己的财税政策知识库，既使企业及时了解并利用相关税务优惠政策，也能从容应对各项税务检查工作，提高公司税务管理水平
		建立一个事前预防、事中控制、事后评价的税务风险防范处理机制

　　勘察设计行业涉及的税种主要包括增值税、企业所得税、印花税等，现将各税种的主要筹划技巧总结如下。

1. 增值税税收筹划技巧

表 8-12　增值税税收筹划技巧

序号	技巧要点	具体内容
1	合理选择纳税人身份	我国增值税纳税人分为一般纳税人和小规模纳税人。在征收增值税时，对其会计核算方法和管理要求不同
		一般纳税人实行增值税专用发票抵扣税款的制度，税收机关对其会计核算水平要求较高，而小规模纳税人则实行简易计税方法计算缴纳增值税
		为减轻增值税税负，企业可以综合考虑销售额、增值税税收优惠政策制度等，进行税收筹划，选择合适的增值税纳税人身份
2	合理区分不同纳税行为	根据《增值税暂行条例》第三条规定，纳税人兼营不同税率的项目，应当分别核算不同税率项目的销售额，未分别核算销售额的，从高适用税率
		在总包类合同中分别列明设计、采购与建安各自对应的合同金额或者分别就设计、采购与建安与业主分项签订合同，按照各自适用的税率来缴纳增值税
		合同中项目管理服务费、现场服务费等放弃浮动比例方式，采取列明具体数额的方式作为单独的服务项目，按"现代服务"适用6%税率
3	合理确定纳税义务时间	纳税人提供建筑服务收到工程费付款时，可以开具不征税的普通发票，并建立不征税发票台账
4	合理运用"简易征收"税负平衡点	企业在投标过程中，招标文件里指定了部分材料采购，符合甲供材的有关规定，可以适用简易征收 假定：如果选择联合体形式整体分包，分包总金额为 A（含税），可以取得增值税专用发票；如果选择劳务分包和采购分包分开进行，采购金额为 B（含税），且可以开具13%专用发票，则剩余（A–B）可以选择简易征收方式 A/1.09×9%×（1+15%）=B/1.13×13%×（1+15%）+（A–B）/1.03×3% B/A=63.8% 当采购金额大于63.8%时，选择简易征收形式，将劳务分包与采购分包分开进行，对企业是有利的，前提： ① 业主方一般为政府单位，不涉及进项税抵扣，接受企业开出的3%税率的发票 ② 此时劳务分包开给我单位的发票税率为3%，比一般计税下9%的税负低，可以与劳务分包商进行合同谈判，争取更优惠的合同价款和付款条件

续表

序号	技巧要点	具体内容
4	合理运用"简易征收"税负平衡点	③ 企业业财税应该一致，业务谈判、合同签订条件、发票开具与财务核算都应保持一致，选择简易征收的企业工程款部分不得抵扣进项税额，避免税务风险
5	合理加强进项税抵扣	勘察设计企业的成本主要是人工成本，人工成本不允许抵扣进项税，可抵扣项相较于其他行业明显偏低，企业应加强既有可抵扣项的管理
		加强合同管理，可抵扣范围内，应在合同中约定开具增值税专用发票及对应的增值税税率
		合理选择分包商和供应商，合同谈判时重点关注不含税价格
		优化内部管理程序，加快发票流转流程。由于工程总承包项目涉及合同额一般较高，开具发票时就产生较大销项税额，因此总承包企业应积极联系分包、采购单位及时开具发票，避免产生多预缴税款及垫付税款的情况
		加强预缴税管理。EPC项目总承包企业应加强预缴税款管理，按建筑项目名称及发生地，从收款和分包付款两个维度建立预缴税款登记台账，留存备查

2. 企业所得税税收筹划技巧

表 8-13　企业所得税税收筹划技巧

序号	技巧要点	具体内容
1	充分享受高新企业所得税优惠政策	企业一方面应重视研发创新及科技成果的转化，另一方面应逐年提高研发投入 ① 加强组织建设，成立科研部门，统筹协调企业技术资源和创新要素，引入市场机制，自上而下推动系统性成套设计产品和工程产品研发 ② 加强平台建设，通过强技术后台的搭建重点开展细分领域产品研发，构建公司产品研发体系，为打造拳头产品提供强劲技术支撑 ③ 积极申报科研课题及各项知识产权 ④ 通过信息系统做好研发项目的立项和研发费用的归集、核算工作。建立业务系统与财务系统的数据传输接口，实现业务系统和财务系统的互联互通。研发人工费用通过信息化手段进行自动分配和归集；研发直接费用通过报销系统直接归集到立项项目中。公司应事先界定研发部门、研发人员、研发项目，做到研发费用的计提有理可依

序号	技巧要点	具体内容
2	利用对弱势群体的税收优惠政策进行纳税筹划	通过安置特殊就业人员，享受税收优惠，主要体现在两个方面：一是优惠范围扩大到包括外资企业在内的所有安置特殊就业人员（残疾人员、下岗人员、军转干部、随军家属等）的企业；二是优惠形式由过去的直接减免税改为间接优惠，即对安置特殊就业人员所支付的工资可以在计算应纳税所得额时加计扣除。企业可以结合自身情况，在一定的适合岗位上，优先选取一些有技术有专长的下岗失业或残疾人员，既可以享受到税收优惠，减轻税负，还可以为社会提供更多的就业机会，提升企业形象
3	巧用技术转让所得减免税政策	居民企业在一个纳税年度内的技术转让所得不超过500万元的部分免征企业所得税，如果超过了500万元，则超过的部分，减半征收企业所得税。在具体筹划时，企业可以充分关注、利用该优惠政策
4	合理选择公司模式	分公司 优点：总分公司之间的盈利和亏损需合并，即分公司产生的亏损可以在总公司进行弥补，对于企业整体税负会有一定的均衡作用 缺点：分公司不能单独适用小微企业的企业所得税优惠政策，需要将分公司数据汇总总公司后整体看是否满足小微企业的优惠条件，无形中提高政策适用门槛
		子公司 优点：子公司可以独立享受小微企业的企业所得税优惠政策 缺点：母子公司独立申报各自的盈利与亏损，子公司产生的亏损只允许自己弥补

3. 印花税税收筹划技巧

表 8-14　印花税税收筹划技巧

序号	技巧要点	具体内容
1	价税分离	印花税应税凭证主要为合同，其计税依据为合同额。在签订合同时，应签订价税分离合同，此时可以不含税合同额为计税依据
2	分项列明	应明确不同印花税税率的合同额，避免无法区分时导致从高纳税
3	合同评审	财务部门应积极参与合同评审环节，从源头解决印花税筹划问题

五、管理表格

（一）发票管理表格

1. 发票申领单

表 8-15　发票申领单

基本信息					
合同名称					
项目名称					
设计号		合同号			
客户名称					
发票类型		发票性质			
开票金额		申请日期			
开票金额大写					
申请部门		经办人			
开票内容					
纳税人名称					

开票明细					
发票号	金额（元）	税率（%）	税额（元）	不含税（元）	开票时间

合同节点				
合同节点名称	收款项编号	已开票金额（元）	可开票金额（元）	本次申请开票（元）

情况说明	
部门负责人	
分管业务工作的副总经理	
分管财务工作的副总经理	
财务部门负责人	
财务经办人	

2. 发票登记簿

表 8-16　发票登记簿

发票号码	单位名称	项目名称	金额	部门	领取人签字	领取时间

3. 发票作废申请单

表 8-17 发票作废申请单

基本信息						
申请单号		申请日期				
经办部门		经办人				
作废原因						
发票号	金额（元）	税额（元）	价税合计（元）	开票日期	说明	作废类别	红字发票号	红字发票日期
审批栏						
经办人						
经办部门负责人						
财务部门						

4. 不征税发票台账

表 8-18　不征税发票台账

发票号码	开具时间	金额	设计号	项目名称	部门	经办人	是否重新开具征税发票

（二）纳税申报管理表格

1. 税款台账

表 8-19 税款台账

税款所属期	增值税	城建税	教育费附加	地方教育费附加	房产税	城镇土地使用税	企业所得税	印花税	合计

2. 印花税应纳税合同登记

表8-20　印花税应纳税合同登记

合同归档日期	合同号	合同名称	合同金额	合同类型	是否应税	应税合同种类	计税依据	税率	印花税税金	备注

3. 跨区涉税事项预缴税台账

表 8-21　跨区涉税事项预缴税台账

编号	部门	申请人	经办人	经营地址	合同名称	合同号	有效期起	有效期止	税款	预缴时间

参考文献

［1］蔡铭.企业资金集中管理存在的问题及对策研究［J］.中国商论，2018（9）.

［2］曹文火.数字资产会计核算问题探究［J］.财务与会计，2020（20）.

［3］曹新颖.关于设计行业财务管理市场化转变的思考［J］.北方交通，2014（S2）.

［4］程平，施先旺，姜亭杉.基于业财一体化的施工企业建造合同业务大会计研究［J］.财会月刊，2018（13）.

［5］程琬清，孙明春.人工智能技术在金融业的应用与挑战［J］.现代金融导刊，2021（2）.

［6］单士辉.数字经济环境下数字资产的会计核算刍议［J］.财会研究，2020（30）.

［7］党文亮.DL集团货币资金风险管理研究［D］.西北大学博士学位论文，2018.

［8］董亚芹.公路勘察设计单位财务管理策略研究［J］.商讯，2019（29）.

［9］傅钰莹.建设工程分包合同"背靠背"条款研究［D］.西南政法大学硕士学位论文，2019.

［10］龚巧莉.全面预算管理：案例与实务指引（第2版）［M］.北京：机械工业出版社，2020.

［11］广发银行"大数据智能实时风控体系"课题研究小组，王立，王泽坤，杨海龙.基于大数据AI技术的智能实时风控体系［J］.金融科技时代，2021（2）.

［12］霍浩彬，刘月涵.数字化背景下勘察设计院业财一体信息化建设的思考［J］.建筑设计管理，2021（1）.

［13］靳洁.A公司现金流财务风险管理研究［D］.中国地质大学（北京）博士学位论文，2020.

［14］科技问题新制造微信公众号.数据安全：数据产权概述［EB/OL］.2021-

08-04.

[15] 李建军 . 世界 500 强企业财务管理制度·流程·表格·文本大全 . 上海：立信会计出版社，2020.1

[16] 李延滨 . 业财一体化在建筑工程总承包企业的运用方法及优化对策 [J].金融经济，2019（16）.

[17] 刘偲 . 企业财务分析的问题与对策研究——评《企业财务分析》[J].财务与会计，2021（1）.

[18] 马永义 . 新收入、金融工具及租赁准则下资产负债表的填列规则 [J].财会月刊，2021（5）.

[19] 欧阳湘萍，卢欣艺 . 业财融合视角下 EPC 项目管理存在的问题及对策研究—以设计企业为例 [J].建筑经济，2021（3）.

[20] 沙浩洁 . 高新技术企业战略性薪酬管理体系构建的探讨 [J].中外企业家，2020（14）.

[21] 史学智，阳镇 . 从资产要素之定义重新审视"数据资产"[J].清华管理评论，2021（8）.

[22] 孙竞 . 项目预算管理在 N 公司的应用研究 [D].南开大学硕士学位论文，2010.

[23] 谭明军 . 论数据资产的概念发展与理论框架 [J].财会月刊，2021（10）.

[24] 唐慧姬，王阳 .EPC 总承包项目分包工程款支付流程探讨 [J].建材与装饰，2016（45）.

[25] 陶乾 . 论数字作品非同质代币化交易的法律意涵 [J].东方法学，2022(2).

[26] 王亚平 . 财务管理视角下企业人工成本控制及实践路径分析 [J].商讯，2020（1）.

[27] 吴玉欣 .SF 公司财务风险管理问题研究 [D].长春工业大学博士学位论文，2020.

[28] 熊艳，裴潇 . 企业数据资产会计核算研究 [J].中国注册会计师，2022(3).

[29] 颜红 . 电力勘测设计院预算管理体系研究 [J].商业会计，2011（11）.

[30] 杨芳 .EPC 项目全面预算管理中业财融合的若干思考 [J].中国总会计师，2019（1）.

[31] 杨林 . 数据资产化会计核算问题研究 [J].中国统计，2021（1）.

[32] 叶雅珍，刘国华，朱扬勇 . 数据资产相关概念综述 [J].计算机科学，2019（11）.

[33] 于佳宁，何健 . 元宇宙 [M].北京：中信出版社，2021.

[34] 张福宝，叶小杰 . 供应链金融与企业风险承担——基于融资约束和信息

环境的影响分析［J］.会计之友，2020（18）.

［35］张巧.基于平衡计分卡的项目预算管理模式探讨——以 S 图像设计公司为例［D］.对外经济贸易大学硕士学位论文，2014.

［36］张玮斌，帅立方，蒋雪.新形势下的建筑设计项目业财融合［J］.中国勘察设计，2017（8）.

［37］张玮斌，余雪薇，把昕桐.氢能建筑推进中若干问题的思考［J］.建筑设计管理，2021（9）.

［38］张玮斌，余雪薇，把昕桐.智慧建筑时代设计企业如何战略布局［J］.中国勘察设计，2019（11）.

［39］张玮斌.基于建筑物联网的设计院战略思考［J］.中国勘察设计，2018(6).

［40］张玮斌.建筑设计企业进入"新基建"市场的七大路径［J］.中国勘察设计，2020（4）.

［41］张玮斌等.图表诗说金融产业链融资［M］.北京：经济管理出版社，2015.

［42］张玮斌等.图表诗说投融资成本节省［M］.北京：经济管理出版社，2017.

［43］张耀文.基于战略导向的 A 公司全面预算管理优化研究［D］.浙江财经大学硕士学位论文，2020.

［44］朱辛辰.勘察设计企业全面预算管理优化研究——以 H 公司为例［D］.中南财经政法大学硕士学位论文，2019.

后 记

《财管务实——图表诗说企业财务管理与技巧》在领导、老师、朋友等的关切下，终于面世了，在此感谢各位的鼓励、关心和帮助。

感谢广东省人大常委会党组书记、主任黄楚平博士在我们编辑书籍时给予的指导与鼓励。

感谢湖北省政协副主席张柏青博士在我们编辑书籍时给予的指导与鼓励。

感谢中国勘察设计协会建筑设计分会副会长、秘书长陈轸，中南建筑设计院股份有限公司党委书记、董事长、全国工程勘察设计大师李霆为本书作序。

感谢中南建筑设计院股份有限公司党委副书记、总经理杨剑华在我们编辑书籍时给予的鼓励与支持。

感谢中国勘察设计协会建筑设计分会财资委的三位专家周束平、姚奕华、顾宁的帮助。

感谢中南建筑设计院股份有限公司科研管理部郑瑾博士、蒋哲尧，经济管理出版社工作人员为本书出版付出的辛勤劳动。

感谢北京国富会计师事务所（特殊普通合伙）胡勇、郑春林为本书提供的建议及修改。

本书由具有企业、业财融合、数据资产、资金管理、税务管理等经历的大学教授、上市公司高管、企业财务人士等编写。司汝安、张玮斌、杨海文负责策划、审稿；帅立方、晏远东、徐大权、龚兆俊、李嘉负责统稿、审核；蒋雪、王奇编写第一章；蔡铭编写第二章；蔡铭、伍思雪、覃士菊、刘灵韵、汪曼琛、魏倩昕、谢巧丽、龚海文编写第三章；张琪骥编写第四章；蒋雪、涂荣荣编写第五章；覃士菊编写第六章；蒋雪、孙嘉钰、彭慧妍编写第七章；覃士菊、万恒编写第八章。

由于时间仓促，加之笔者水平有限，书中难免存在不当或遗漏之处，竭诚希望广大读者提出宝贵意见。